Lehrerbildung auf dem Prüfstand

Teacher Education under Review

11. Jahrgang 2018

1. Heft

D1662399

Verlag

Empirische Pädagogik e. V.

Bürgerstraße 23, 76829 Landau/Pfalz

Telefon: +49 6341 280 32180, Telefax: +49 6341 280 32166

E-Mail: info@vep-landau.de

Homepage: http://www.vep-landau.de

Druck

DIFO Bamberg

Zitiervorschlag

Rothland, M. & Schaper, N. (Hrsg.). (2018). Forschung zum Praxissemester in der Lehrerbildung (Lehrerbildung auf dem Prüfstand, 11 (1), Themenheft). Landau: Verlag Empirische Pädagogik.

ISSN 1867-2779

ISBN 978-3-944996-50-9

© Verlag Empirische Pädagogik, Landau 2018

Inhalt

Editorial

Martin Rothland und Niclas Schaper
Forschung zum Praxissemester in der Lehrerbildung – Zur Einführung in
das Themenheft 1

Originalarbeiten

Tobias Leonhard und Simone Herzog
Was Langzeitpraktika leisten (können) – empirische und konzeptionelle
Erkundungen 5

Jörg Doll, Armin Jentsch, Dennis Meyer, Gabriele Kaiser, Kai Kaspar
und Johannes König
Zur Nutzung schulpraktischer Lerngelegenheiten an zwei deutschen
Hochschulen: Lernprozessbezogene Tätigkeiten angehender Lehr-
personen in Masterpraktika 24

Petra Herzmann und Anke B. Liegmann
Studienprojekte im Praxissemester. Wirkungsforschung im Kontext
Forschenden Lernens 46

Sarah Mertens, Sabine Schlag und Cornelia Gräsel
Die Bedeutung der Berufswahlmotivation, Selbstregulation und
Kompetenzselbsteinschätzungen für das bildungswissenschaftliche
Professionswissen und die Unterrichtswahrnehmung angehender
Lehrkräfte zu Beginn und am Ende des Praxissemesters 66

Anne Böhnert, Marius Mähler, Franz Klingebiel, Martin Hänze, Hans Peter Kuhn
und Frank Lipowsky
Die Entwicklung der berufsspezifischen Selbstwirksamkeitserwartung
von Lehramtsstudierenden in schulischen Praxisphasen – Ein Vergleich
von Lehramtsstudierenden im Praxissemester mit Studierenden in
einem fünfwöchigen Blockpraktikum 85

Mathias Dehne, Susi Klaß und Alexander Gröschner
Veränderung motivationaler Orientierungen im Praxissemester: Eine
videobasierte Studie auf Basis der Erwartungs-Wert-Theorie 109

Andrea Westphal, Hendrik Lohse-Bossenz, Miriam Vock und Gerlinde Lenske
Was wissen Studierende über Klassenführung? – Lerngelegenheiten und
Lerngewinne in Studium und Praxissemester 132

Thomas Fischer, Andreas Bach und Kathrin Rheinländer
Veränderung von Einstellungen zur Theorie- und Praxisorientierung des
Lehramtsstudiums im Praxissemester 152

Timo Beckmann und Timo Ehmke
Kooperation von Lehrkräftebildnern im Langzeitpraktikum – Tandems
und Fachnetze aus universitären und schulpraktischen Lehrenden 168

Geschäftsbericht zum Jahrgang 10 (2017) 186

Impressum 187

Content

Articles

Tobias Leonhard and Simone Herzog
The (potential) impact of long term internships – empirical and
conceptual perspectives 5

Jörg Doll, Armin Jentsch, Dennis Meyer, Gabriele Kaiser, Kai Kaspar
and Johannes König
The use of in-school opportunities to learn at two German universities:
Learning process-related activities of future teachers in internships at
the master level.. 24

Petra Herzmann and Anke B. Liegmann
Project work and the teaching practice semester: Effectiveness research
in the context of research-based learning 46

Sarah Mertens, Sabine Schlag and Cornelia Gräsel
The relevance of preservice teachers' professional motivation, self-
regulation, and self-assessed competencies for educational knowledge
and professional vision at the beginning and the end of an internship 66

Anne Böhnert, Marius Mähler, Franz Klingebiel, Martin Hänze, Hans Peter Kuhn
and Frank Lipowsky
The development of teacher self-efficacy in student teaching field experiences – A comparison of student teachers in 15 weeks of field training
vs. 5 weeks of field training 85

Mathias Dehne, Susi Klaß and Alexander Gröschner
Changes in motivational orientations during pre-service teacher
practicum: A video-based study based on expectancy-value theory 109

Andrea Westphal, Hendrik Lohse-Bossenz, Miriam Vock and Gerlinde Lenske
A comparison of how much teaching students know about classroom
management.. 132

Thomas Fischer, Andreas Bach and Kathrin Rheinländer
Attitude change towards the theoretical and practical orientation of
teacher training during a practical semester.. 152

Timo Beckmann and Timo Ehmke
  Cooperation of teacher educators in the long-term internship –
  "teaching tandems" and "subject networks" 168

Lehrerbildung auf dem Prüfstand
2018, 11. Jahrgang, Heft 1, S. 1-4

Editorial

Forschung zum Praxissemester in der Lehrerbildung
Zur Einführung in das Themenheft

Martin Rothland und Niclas Schaper

Der Ausbau schulischer Praxisphasen gehört trotz wiederholter Kritik an ihrer (curricularen) Einbindung in das Lehramtsstudium zu den fortwährenden, generellen Trends in der Lehrerbildung. Während in der Schweiz und in Österreich Langzeitpraktika weniger verbreitet sind (Hascher & de Zordo, 2015), zählt in Deutschland aktuell die zeitliche Ausdehnung schulpraktischer Lerngelegenheiten für alle Lehrämter in der ersten, universitären Phase der Lehrerbildung zu den studienstrukturell und curricular bedeutsamen Trends der Lehrerbildungsreform (König & Rothland, 2018; Rothland & Boecker, 2015; Weyland & Wittmann, 2015). Das in der Mehrzahl der deutschen Bundesländer eingeführte Praxissemester gilt hier als „Königsweg neuer Lehrerbildungsmodelle" (Schubarth et al., 2012, S. 202) oder auch als Herzstück der Lehrerbildungsreform (Floß & Rotermund, 2010). Konkret erscheinen dabei die Zielsetzungen des Praxissemesters in bisherigen Konzeptionen insgesamt durchaus heterogen. In der Perspektive auf die Entwicklung professioneller Handlungskompetenz und eines professionellen Selbstkonzepts findet sich hingegen verbreitet eine geteilte Intention.

Empirische Belege für eine erwiesenermaßen „bessere" Lehrerbildung durch umfangreichere Praxanteile im Studium stehen jedoch noch weitgehend aus. Ob also ein Praxissemester den bislang etablierten, kürzeren Praxisphasen überlegen ist, ist zumindest auf der Basis empirischer Studien weitgehend ungeklärt.

Das vorliegende Themenheft 1 (2018) der *Lehrerbildung auf dem Prüfstand* setzt hier an. Es präsentiert empirische Forschungsarbeiten, die sich begleitend zur Etablierung des Praxissemesters in der ersten Phase der Lehrerbildung in Deutschland oder aber zur Anwendung verlängerter Praxisphasen im Lehramtsstudium in anderen Kontexten mit deren Nutzung und Wirkung sowie dem Vergleich unterschiedlicher Gestaltungsansätze befassen. Forschung zum Praxissemester als Teil der empirischen Lehrerbildungsforschung – so wird in den Beiträgen des Themenheftes deutlich – ist dabei nicht nur als Wirkungsanalyse etwa im Vergleich zu bisherigen, bereits etablierten Praxisphasen zu verstehen. Hier wäre ohnehin zunächst zu klären, wie orientiert an welchen Kriterien Erfolg und (intendierte) Wirkung zu bemessen sind. Vielmehr werden unterschiedliche Forschungsfragen sowie Aspekte, Variablen, Akteure und Institutionen in den forschenden Blick genommen, so dass eine umfassendere Beurteilung auf der Basis empirischer Befunde im Themenheft vorgenommen werden kann.

Im ersten Beitrag wird der Frage nachgegangen, was Langzeitpraktika von Lehramtsstudierenden leisten können und welche Erwartungen im Hinblick auf die wissenschaftlich fundierte Reflexion der praktischen Erfahrungen und die Entwicklung eines professionellen Selbstverständnisses gerechtfertigt erscheinen. *Leonhard und Herzog* analysieren hierzu Mentoratsgespräche mit Lehramtsstudierenden einer Schweizer Fachhochschule zum Abschluss eines halbjährlichen schulischen Vertiefungspraktikums mithilfe einer qualitativen, sequenzanalytischen Methodik. Die Ergebnisse nutzen sie, um eine Neu-Interpretation der Praktikumsziele vorzunehmen.

Wie das Praxissemester als Lerngelegenheit gestaltet und wahrgenommen wird und welche lernprozessbezogenen Aktivitäten dabei angeregt und genutzt werden, ist Gegenstand des zweiten Beitrags von *Doll, Jentsch, Meyer, Kaiser, Kaspar und König*. Der vorgestellte Untersuchungsansatz zeichnet sich dadurch aus, dass unterschiedliche Gestaltungsansätze des Praxissemesters an zwei verschiedenen Universitäten (Köln und Hamburg) verglichen werden. Hierzu wurden umfangreiche Stichproben von Lehramtsstudierenden an beiden Standorten hinsichtlich verschiedener Angebotsmerkmale und der Nutzung der schulpraktischen Lerngelegenheiten befragt.

Den Fokus auf Prozesse des forschenden Lernens im Praxissemester legen *Herzmann und Liegmann* im dritten Beitrag zum Themenheft. Mit Hilfe von qualitativen, strukturierenden Inhaltsanalysen wird analysiert, was die Lehramtsstudierenden zum Gegenstand des forschenden Lernens machen und welche Varianten von Wirkungsforschung sich dabei in den Studienprojekten zeigen. Darüber hinaus wird untersucht, wie die Studierenden ihre Studienprojekte hinsichtlich ihrer praktischen Relevanz für Unterricht und Lehrerhandeln einschätzen und begründen.

In einem vierten Beitrag von *Mertens, Schlag und Gräsel* wird untersucht, in welchem Verhältnis selbstbezogene Kognitionen, konzeptionelles bildungswissenschaftliches Wissen und eine professionelle Unterrichtswahrnehmung stehen. In einer Längsschnittstudie, in der Lehramtsstudierende zu Beginn und am Ende des Praxissemesters befragt wurden, wurde mittels multipler Regressionsanalysen untersucht, welchen Einfluss die Berufswahlmotivation, Selbstregulation und Kompetenzselbsteinschätzungen auf das konzeptuelle bildungswissenschaftliche Wissen und die professionelle Unterrichtswahrnehmung haben.

Der Vergleich von Lehramtsstudierenden im Praxissemester mit Studierenden in einem fünfwöchigen Blockpraktikum im Hinblick auf die Entwicklung berufsspezifischer Selbstwirksamkeitserwartungen steht im Fokus des fünften Beitrags von *Böhnert, Mähler, Klingebiel, Hänze, Kuhn und Lipowsky*. Ausgangspunkt sind uneinheitliche Ergebnisse in vorangegangenen Studien zur Entwicklung der Lehrerselbstwirksamkeitserwartungen (sowohl Anstiege als auch Rückgänge im Verlauf des Praktikums). In der Studie von Böhnert und Kollegen wurde daher untersucht, wie sich die Lehrerselbstwirksamkeitserwartungen in den drei Subfacetten Classroom Management, Instructional Strategies und Student Engagement bei Studierenden im Praktikum und über den Zeitraum von insgesamt 12 Monaten entwickeln und ob sich dabei Unterschiede in Abhängigkeit von der Länge der Praxisphase ergeben.

In einem sechsten Beitrag des Themenhefts von *Dehne, Klaß und Gröschner* wird die Rolle der Leistungsmotivation und ihrer Erwartungs- und Wertdimensionen bei der Nutzung der Lerngelegenheiten im Praxissemester untersucht. Lehramtsstudierende aus unterschiedlichen Schulformen werden dazu vor und nach dem Praxissemester in einer universitären Begleitveranstaltung befragt. Dabei wird im Rahmen eines Kontrollgruppendesigns zusätzlich die Wirkung eines videobasierten Formats zur Reflexion ausgewählter Unterrichtserfahrungen im Vergleich mit herkömmlichen Begleitseminaren im Hinblick auf Veränderungen der Kompetenzselbsteinschätzungen und der Leistungsmotivationsfacetten verglichen.

Wie sich das Wissen über Klassenführung im Verlauf des Lehramtsstudiums – insbesondere im Praxissemester – entwickelt, ist Gegenstand des siebten Beitrags von *Westphal, Lohse-Bossenz, Vock und Lenske*. Sie befragten Lehramtsstudierende der Universität Potsdam hierzu in der Bachelorausbildungsphase, zu Beginn des Masterstudiums und während des Praxissemesters jeweils zu Beginn und Ende des Semesters. Dabei wurde sowohl die Intensität des jeweiligen Lernangebots in Bezug auf die Wissensfacetten „Interventionen bei Störungen", „effektive Zeitnutzung" und „Gruppenaktivierung" als auch der Wissenszuwachs in Bezug auf diese Facetten in den drei Kohorten erfasst und mit Hilfe verschiedener statistischer Auswertungsansätze analysiert.

Im Fokus des achten Beitrags von *Fischer, Bach und Rheinländer* stehen die berufsbezogenen Einstellungen von Lehramtsstudierenden – insbesondere zur Theorie-Praxis-Orientierung des Lehramtsstudiums – im Verlauf des Praxissemesters. Hierzu werden die Studierenden vor und nach dem Praxissemester mit Hilfe eines neu entwickelten Instruments befragt, das die Einstellungen zur Theorie-Praxis-Orientierung auf den Dimensionen „theoretisch-reflexive Professionalisierungsfunktion" und „berufseinführende Professionalisierungsfunktion" erfasst.

In einem neunten und letzten Beitrag des Themenhefts haben *Beckmann und Ehmke* unterschiedliche Akteure bzw. Lehrende der Universität, Schulpraxis und

Studienseminare im Hinblick auf verschiedene Aspekte der Kooperation bei der Ausbildung der Lehramtsstudierenden im Praxissemester befragt. Dabei zeigt sich, dass die Akteure die Kooperation untereinander auf mehreren Ebenen wichtig finden und intensiv kooperieren. Durch die Kooperationserfahrungen haben die Befragten z. B. ihre eigenen Lehrkonzepte verändert. Außerdem werden die Fachnetze – als Zusammenschlüsse aller an der Praxisphase beteiligten Lehrenden eines Faches – mehrheitlich als „kollektive Ressource" wahrgenommen.

Literatur

Floß, P. & Rotermund, M. (2010). Das Praxissemester in Nordrhein-Westfalen. In A. Krüger, Y. Nakamura & M. Rotermund (Hrsg.), Schulentwicklung und schulpraktische Studien – Wie können Schulen und Lehrerbildung voneinander profitieren? (S. 263-278). Leipzig: Leipziger Universitätsverlag.

Hascher, T. & de Zordo, L. (2015). Langformen von Praktika. Ein Blick auf Österreich und die Schweiz. journal für lehrerInnenbildung, 15 (1), 22-32.

König, J. & Rothland, M. (2018). Das Praxissemester in der Lehrerbildung: Stand der Forschung und zentrale Ergebnisse des Projekts Learning to Practice. In J. König, M. Rothland & N. Schaper (Hrsg.), Learning to practice, learning to reflect? Ergebnisse aus der Längsschnittstudie LtP zur Nutzung und Wirkung des Praxissemesters in der Lehrerbildung (S. 1-62). Wiesbaden: Springer VS.

Rothland, M. & Boecker, S. K. (2015). Viel hilft viel? Forschungsbefunde und -perspektiven zum Praxissemester in der Lehrerbildung. Lehrerbildung auf dem Prüfstand, 8 (2), 112-134.

Schubarth, W., Speck, K., Seidel, A., Gottmann, C., Kamm, C., Kleinfeld, M. & Krohn, M. (2012). Kompetenzentwicklung im Praxissemester: Ergebnisse einer Längsschnittanalyse zum „Potsdamer Modell der Lehrerbildung". In T. Hascher & G. H. Neuweg (Hrsg.), Forschung zur (Wirksamkeit der) Lehrer/innen/bildung (S. 201-220). Wien: LIT.

Weyland, U. & Wittmann, E. (2015). Langzeitpraktika in der Lehrerausbildung in Deutschland – Stand und Perpsektiven. journal für lehrerInnenbildung, 15 (1), 8-21.

Autoren:

Prof. Dr. Martin Rothland, Universität Siegen, Fakultät II, Department Erziehungswissenschaft – Psychologie.

Prof. Dr. Niclas Schaper, Universität Paderborn, Arbeits- und Organisationspsychologie.

Korrespondenz an: Martin.Rothland@uni-siegen.de

Lehrerbildung auf dem Prüfstand
2018, 11. Jahrgang, Heft 1, S. 5-23

Was Langzeitpraktika leisten (können) – empirische und konzeptionelle Erkundungen

Tobias Leonhard und Simone Herzog

Langzeitpraktika liegen im Trend. Doch die im Beitrag vorgestellten empirischen Befunde aus einem solchen Praktikum verweisen darauf, dass die Bewährung in der beruflichen Praxis die zentrale Strukturlogik dieses Formats darstellt und die wissenschaftsfundierte Distanzierung dabei systematisch unter Druck gerät. Die Ergebnisse einer objektiv-hermeneutischen Sequenzanalyse verdeutlichen, dass dies für Studierende durchaus attraktiv ist und das Selbstwirksamkeitserleben durchaus stärkt. Die damit aber aufgeworfene Frage nach konzeptionellen Konsequenzen wird auf der Basis einer alternativen theoretischen Grundlage zu beantworten versucht.

Schlagwörter: Langzeitpraktika – Praxistheorie – Sequenzanalyse – Theorie und Praxis

1   Einleitung

Die weitverbreitete Einführung von Praxissemestern in den Lehramtsstudiengängen in Deutschland oder die Etablierung von Jahrespraktika an Partnerschulen in der Schweiz machen deutlich, dass ‚mehr Praxis' in Form längerer Praxisphasen aktuell im Trend liegt. Doch was erleben die Studierenden in einem solchen Praktikum, wie rahmen sie diese Erfahrungen und welche ‚Wirkungen' werden in ihren Aussagen sichtbar? Im vorliegenden Beitrag werden zunächst zwei studentische Bilanzen eines Langzeitpraktikums vorgestellt und bezüglich der darin sichtbar werdenden Strukturlogik rekonstruiert (2). Die dort dargestellten Befunde stimmen bezüglich einer akademisch orientierten Konzeption schulpraktischer Studien bzw. dem ‚impact' akademischer Anteile des Studiums zum Lehrberuf generell nachdenklich. Um das mit Langzeitpraktika zunehmend an Gewicht gewinnende Studienelement der schulpraktischen Studien aber konzeptionell und systematisch als Teil eines Studiums verorten zu können, wird jenseits der Figur von ‚Theorie und Praxis' eine alternative Rahmung vorgeschlagen (3). Aus dieser Rahmung werden Postulate für die Gestaltung schulpraktischer Studien im weiteren Sinne abgeleitet (4), bevor die empirischen Befunde und die konzeptionellen Überlegungen für die Gestaltung von Langzeitpraktika zusammengeführt werden (5).

2   Langzeitpraktika in der Bilanz von Studierenden

Studierende der Pädagogischen Hochschule FHNW absolvieren im zweiten Jahr ihres BA-Studiums das sog. Vertiefungspraktikum an Partnerschulen. Partnerschulen sind Schulen, die mit der Hochschule eine Kooperation eingehen, in der Regel zwölf Studierende für ein Schuljahr als Teil des Kollegiums aufnehmen und eine qualifizierte Begleitung durch Lehrpersonen sicherstellen. Die Studierenden gestalten in diesem Vertiefungspraktikum das Schulleben an mindestens einem (festen) Tag pro Woche mit, ergänzt durch zwei jeweils zweiwöchige Blockpraktika. Je zwei Studierende sind einer Praxislehrperson zugeordnet, die sie in die Aktivitäten ihrer Klasse einbindet und ihnen ermöglicht, zunehmend anspruchsvollere Aufgaben im Unterricht eigenständig zu übernehmen. Zusätzlich wird das Vertiefungspraktikum über das gesamte Schuljahr hinweg durch eine/-n Mitarbeitende/-n der Hochschule begleitet, die/der wöchentlich an der Schule ist, die Studierenden im Unterricht besucht, Situationen des Unterrichts dokumentiert und zum Gegenstand der Analyse in den 14-täglich stattfindenden Begleitveranstaltungen macht. Diese Begleitveranstaltungen stehen auch den Praxislehrpersonen offen. Die Expertise einer zweiten Fachperson der Hochschule steht für ein halbes Jahr darüber hinaus zur Verfügung. Die Hochschulmitarbeitende, die das Vertiefungspraktikum über das Schuljahr hinweg begleitet, ist zugleich Mentorin der Studierenden. Das Mentorat dient konzeptionell dazu, die individuellen Professionalisierungsprozesse der Studierenden zu begleiten (vgl. Herzog, Peyer & Leonhard, 2017). Mentor/-in und Studierende führen in regelmäßigen Abständen Gespräche. Diese Vieraugengespräche sind Gegenstand einer empirischen Studie, die schulpraktische Studien als soziale Praxis der Lehrerbildung untersucht. Die im Folgenden dargestellten Daten stammen aus dieser Studie.

2.1   Daten, Erkenntnisinteresse und Auswertungsmethode

Vier mit der gleichen Mentorin, aber voneinander unabhängig geführte Mentoratsgespräche (zwischen 30 und 60 Min. Dauer) wurden audiografiert. Die jeweils am Gespräch beteiligte Studierende hatte zum diesem Zeitpunkt ca. acht Monate des Vertiefungspraktikums absolviert, jede Studierende wurde in diesem Zeitraum von einer anderen Lehrperson begleitet.

Bei allen Gesprächen war neben der Studierenden und ihrer Mentorin auch die Forscherin als teilnehmende Beobachterin anwesend. Die Beobachtungen dienten vorwiegend der verständnisfördernden Anreicherung und Kontextualisierung der Audiodaten für die nachfolgende Transkription. Die interaktionspragmatisch vermutlich als ‚Türöffner' eingesetzte Aufforderung zu einer allgemeinen Bilanzierung des Partnerschulprojekts ergab in allen vier Gesprächen bemerkenswerte Parallelen in Bezug auf Form und Inhalt der studentischen Antwort.

Dieser auffällige Befund führte zum Erkenntnisinteresse, die in den Aussagen der Studierenden zum Ausdruck kommende Strukturlogik studentischer Partizipation im Berufsfeld im Rahmen von Langzeitpraktika zu untersuchen. Aus Gründen des Umfangs greifen wir auf zwei der vier Fälle zurück, pragmatisches Auswahlkriterium war die Kompaktheit der studentischen Darstellung im Gespräch.

Als Auswertungsmethode kommt die Sequenzanalyse nach der Objektiven Hermeneutik zum Einsatz, um „aus der detaillierten, unvoreingenommenen, nicht von vornherein selektiv verfahrenden Betrachtung eines Einzelereignisses (...) dessen allgemeine Struktureigenschaften zu erschließen" (Oevermann, 2000, S. 117). Ziel der Rekonstruktion der thematisch einschlägigen Ausschnitte der beiden Gespräche ist die Entwicklung einer Fallstrukturgeneralisierung, bei der es sich weder um eine „Generalisierung im Sinne der quantitativen Forschung handelt, also um den Schluss von einer Stichprobe auf die Grundgesamtheit [...], noch um eine einfache Fallbeschreibung (im Sinne einer verkürzten Nacherzählung des vorliegenden Materials durch die forschende Person). Fallrekonstruktionen im Sinne der Objektiven Hermeneutik beanspruchen einen anderen Status: Verallgemeinert werden hier Strukturen, die sich nach und nach in einem sequentiellem Ablauf, d. h. in der Öffnung und Schließung einer Lebenspraxis, ergeben haben" (Garz & Raven, 2015, S. 152). In einer solchen Rekonstruktion wird also jenseits der spezifischen Ausdrucksgestalt des Einzelfalls immer zugleich auch die allgemeine Strukturlogik sichtbar, die als Repräsentanz eines allgemeinen Phänomens zu verstehen ist: Der damit formulierte Geltungsanspruch besteht also darin, die in beiden Fällen festzustellenden Phänomene als gewichtige Hinweise auf eine allgemeine Struktur zu verstehen, deren Repräsentativität es im Rahmen weiterer Studien zu prüfen gilt.

2.2   Rekonstruktion von Transkriptausschnitt 1: Sabine[1]

M: Mentorin; S: Studentin Sabine

1   M: und wie läuft's im Partnerschulprojekt?
2   S: sehr gut
3   M: schön
4   S: ich genieße es also es ist echt toll wir lernen viel wir dürfen viel
5   ausprobieren wir haben alleine Lektionen gemacht auch zusammen und
6   auch zu dritt
7   M: mhm (bejahend)
8   S: also es ist eine coole Klasse es ist ganz ganz toll
9   M: <u>schön</u>
10   S: ja ((lacht)) also ich merke auch so langsam wirklich dass ich ein bisschen
11   sicherer werde ehm vor der Klasse zu stehen weil ich wirklich merke ehm so
12   langsam jetzt geht es auf's Ende zu und ich merke wirklich es ist so langsam
13   (..) doch schon besser als am Anfang weil am Anfang ist man doch immer so
14   ein bisschen unsicher nervös und so
15   M: (mhm)

---

[1]   Alle Namen sind pseudonymisiert.

16 S: und mittlerweile ehm ich mache meine Präp[2] und dann (kurze Pause) hab
17 ich's im Kopf und mache meinen Unterricht und (kurze Pause) kann auch
18 spontan ausweichen und so (kurze Pause) also ehm ja

(1) M: und wie läuft's im Partnerschulprojekt?

Gesprächspragmatisch ist die Eröffnung als thematisch weitgehend offene Erzähl-aufforderung an die Studierende zu verstehen. In der Formulierung ist sie infor-mell[3] und eher Ausdruck der Erwartung eines evaluativen Gesamteindrucks als Ausdruck des Interesses an detaillierten Aussagen.

(2) S: sehr gut

Die Antwort der Studierenden ist in der Form erwartungsgemäß und regelhaft. So wie Kinder auf die elterliche Frage „und wie war's in der Schule?" mit „gut" ant-worten, formuliert die Studierende eine Gesamtbewertung des Verlaufs, an der allerdings der Grad des positiven Urteils auffällt und der situativ auch schwächer wohlgeformt gewesen wäre.

(3) M: schön

Die Mentorin artikuliert ihre Zufriedenheit mit der Antwort. Die studentische Ein-Wort-Evaluation ist für sie eine sehr erfreuliche Mitteilung, die mit „schön" unspe-zifisch quittiert wird und keine weitere Aufforderung enthält.

(4) S: ich genieße es

Die Studierende ergreift die Initiative, verlässt damit den Modus der Antwortenden und berichtet von sich aus. Das Verb ‚genießen' ist nun bemerkenswert. Obwohl bisher unklar ist, was am Gesamtarrangement des Partnerschulprojektes genossen wird, kann der Begriff als Ausdruck vollständiger Involvierung gelten. Wer genießt, ist mitten drin statt nur dabei, ist sinnlich und leiblich mit einer Situation verbun-den sowie sich selbst und seiner Sache sicher. Genuss ist der semantische Gegen-pol zu Unsicherheit, Sorge und Krisenhaftigkeit, impliziert aber auch das eher seltene und außergewöhnliche Gut, das aus der Normalität herausgehoben ist.

Wie passt dieser Ausdruck aber zu einer Praktikums- und Ausbildungssituation? Was genau wird hier genossen? Was ist der Gegenpol des Außergewöhnlichen?

(4) S: also es ist echt toll

Mit ‚also' kündigt sich die Explikation des Genießens an. Die überaus positive Wahrnehmung der Studierenden verschafft sich als Begeisterung (‚toll') Ausdruck, und erfährt in der expliziten Betonung der Aufrichtigkeit der Aussage (‚echt') eine

---

[2] Abkürzung für Präparation, Helvetismus für (schriftliche) Unterrichtsplanung
[3] Das informelle ‚Du' ist in der Schweiz im Bildungssystem unabhängig von formalen Differenzen weit verbreitet, so auch zwischen Studierenden und Lehrenden der Hochschule.

weitere Steigerung. Das ‚es' verweist grammatikalisch auf das Partnerschulprojekt als Gegenstand der Begeisterung.

(4) S: wir lernen viel

Die Studierende führt das Lernen als erste Erklärung des überaus positiven Gesamteindrucks an. Dieses Lernen ist in der Darstellung der Studierenden kein mühsames Pflichtpensum, sondern eben gerade Anlass für Begeisterung. Während ‚lernen' in institutionalisierten Bildungskontexten oft mit ‚müssen' verbunden ist, etwa bei der Vorbereitung auf eine (Abschluss-)Prüfung, ist es hier ‚echt toll'. Und das trotz – oder gerade wegen – des subjektiv als groß wahrgenommenen Ausmaßes, alternativ dazu wäre ‚viel' auch im Sinne von vielfältig zu verstehen. Man reibt sich die Augen: Die Studierende berichtet, mit Holzkamp gesprochen, von „expansivem Lernen" (Holzkamp, 1995, S. 190). Wenn ‚viel lernen' zum Genuss wird, scheint im Partnerschuljahr als Langzeitpraktikum „der innere Zusammenhang zwischen lernendem Weltaufschluss, Verfügungserweiterung und erhöhter Lebensqualität unmittelbar zu erfahren" zu sein (ebd.).

Die sequenzanalytische Vorgehensweise lässt die Spannung steigen: Woran liegt das?

(4) S: wir dürfen viel ausprobieren

Die mit ‚wir' als kollektiv markierte Erfahrung der Studierenden[4] besteht darin, ‚viel ausprobieren zu dürfen'.

Dabei kennzeichnet das ‚dürfen' einerseits den Vorbehalt einer Erlaubnis und ist damit Ausdruck eines Asymmetriekonzepts. Jemand wird als vorgesetzte Instanz wahrgenommen, im Wort ‚dürfen' manifestiert sich damit aber auch ein Arrangement der Studierenden mit dieser Konstellation. Eine Erlaubnis ist aber auch nur in einem Kontext ein relevantes Konzept, in dem auch ein Bedürfnis besteht, oder anders: Das ‚Dürfen' setzt ein ‚Wollen' voraus. Sabines Aussage verweist also auf das studentische Bedürfnis, ‚viel ausprobieren zu dürfen'. Und diesem Bedürfnis wird im bilanzierten Zeitraum offensichtlich entsprochen. Das Wort ‚ausprobieren' verweist auf das praktische Tun, das Probehandeln, das zugleich nicht unter externem Erfolgsdruck zu stehen scheint.

Verdichtet man die bisherigen Aspekte zu einer ersten Fallstrukturhypothese, scheint im Praktikum der Studentin das Bedürfnis, sich ausprobieren zu dürfen, in geradezu optimaler Weise befriedigt zu werden. Diese Befriedigung wird sowohl mit Lernen als auch mit Genuss assoziiert.

---

4 Die Studierenden sind üblicherweise zu zweit bei einer Lehrperson.

Auch wenn auf der Basis der empirischen Aussagen noch nicht abschließend bestimmt ist, was denn hier ‚ausprobiert' wird, liegt die Vermutung nahe, dass unterrichtliches Probehandeln gewollt, erlaubt und durchgeführt wird, was sich in der
folgenden Sequenz auch endgültig manifestiert:

(5) S: wir haben alleine Lektionen gemacht auch zusammen und auch zu dritt

Zunächst wird deutlich, dass konkretes Unterrichtshandeln als ‚Machen mit Ernst-
charakter' der Auslöser der Begeisterung ist. Die konzeptionelle Spannung zwischen ‚Ausprobieren' als Probehandeln und ‚Lektionen machen' als beruflichem
Vollkontakt bringt einerseits die Ausbildungssituation und anderseits das damit
verbundene Unterstützungssystem ans Licht, das etwaigen Fehlversuchen im Pro-
bieren die potentielle Härte nimmt. Ein weiteres Bedeutungsmoment kommt im
‚alleine' in seiner Sequenzierung vor ‚zusammen' und ‚zu dritt' als Autonomiefigur
zum Tragen, die zusammen mit dem Probehandeln eine Strukturlogik offenbart,
die in geradezu perfekter Weise in der Praktikumssituation wirksam wird. Im eigen-
ständigen Probehandeln, das zugleich durch eine Praxislehrperson abgesichert ist,
wird die individuelle Bewährung möglich, die im (hier subjektiv) erfolgreichen Fall
das zum Ausdruck kommende Hochgefühl erzeugt. Offensichtlich bieten die eigentlichen Praktikumsanteile der schulpraktischen Studien im vorliegenden Fall die
Gelegenheit zur individuell richtig dimensionierten Bewährung aufgrund reduzierter bzw. dosierter Verantwortungsübernahme.

(7)   M: mhm (bejahend)
(8)   S: also es ist eine coole Klasse es ist ganz ganz toll
(9)   M: <u>schön</u>

Die Aussagen der Studierenden rufen förmlich nach einer psychologisierenden Re-
formulierung, denn sie lassen sich geradezu prototypisch als Befriedigung der psy-
chologischen Grundbedürfnisse nach Deci und Ryan (1993) bestimmen. Die Autonomie in der Mitgestaltung, Kompetenzerleben als Erfahrung von Wirksamkeit vor
der ganzen Klasse und soziale Eingebundenheit mit Peers und einer begleitenden
Lehrperson artikulierten sich im vorliegenden Fall als Begeisterung, die im Trans-
kriptabschnitt auch der ‚coolen Klasse' zugeschrieben wird.

(10)   S: ja ((lacht)) also ich merke auch so langsam wirklich dass ich ein bisschen
(11)   sicherer werde ehm vor der Klasse zu stehen weil ich wirklich merke ehm so
(12)   langsam jetzt geht es auf's Ende zu und ich merke wirklich es ist so langsam
(13)   (..) doch schon besser als am Anfang weil am Anfang ist man doch immer so
(14)   ein bisschen unsicher nervös und so
(15)   M: (mhm)
(16)   S: und mittlerweile ehm ich mache meine Präp und dann (kurze Pause) hab
(17)   ich's im Kopf und mache meinen Unterricht und (kurze Pause) kann auch

(18)   spontan ausweichen und so (kurze Pause) also ehm ja

Die obigen Abschnitte erhellen, aus welchen Fortschritten sich die Begeisterung der Studierenden speist. Der Zugewinn bezieht sich auf die Performanz der Studierenden, ‚sicherer vor der Klasse zu stehen', auf die Routinisierung des Planungsgeschehens und die Flexibilisierung der Handlungsmöglichkeiten in kontingenten Situationen. Bemerkenswert ist die Zurückhaltung der Studierenden in der Beschreibung des Ausmaßes dieser Fortschritte. Im recht langen Zeitraum von acht Monaten ‚langsam ein bisschen sicherer' zu werden, wirft die Frage auf, welche Prozesse hier wirksam sind.

Es fällt konzeptionell schwer, die Aussagen der Studierenden z. B. als transformatorischen Bildungsprozess zu reformulieren, der „verstanden wird (1) als ein Prozess der Transformation (2) grundlegender Figuren des Welt- und Selbstverhältnisses (3) in Auseinandersetzung mit Krisenerfahrungen, die die etablierten Figuren des bisherigen Welt- und Selbstverhältnisses in Frage stellen" (Koller 2012, S. 20). Die Beschreibungen der Studierenden weisen hingegen keinerlei Züge von Krisenhaftigkeit auf. Zieht man die Unterscheidung von Hackl (2017) zwischen inzidentellem und intentionalen Lernen hinzu, verweist die Beschreibung eindeutig auf inzidentelle Prozesse der Eingewöhnung. Die Rekonstruktion wird zur Fallstrukturhypothese verdichtet: Das Langzeitpraktikum wird in den vorliegenden Daten als voller Erfolg für die Studierende sichtbar, der längerfristig wahrnehmbare Zuwachs an Könnerschaft erfolgt im Modus der Bewährung als anfechtungsfreie Einsozialisierung in die berufliche Praxis.

2.3   Kursorische Rekonstruktion von Transkriptausschnitt 2: Fabienne

Bei Fabienne findet sich ein ähnliche Erzählaufforderung, in der ebenfalls die evaluative Logik aufscheint.

M: Mentorin; F: Studentin Fabienne

1   M: jetzt wie war's (lachen)
2   F: ehm (.) mega toll (lachen) also ich hab wirklich ein mega cooles halbes Jahr
3   jetzt gehabt (.) ich war ja alleine in einer dritten Klasse (.) aber also zuerst
4   hatte ich ziemlich Respekt davor weil ich dachte ja Dritte gar keine Erfahrung
5   und dann noch alleine aber es war mega cool weil ich durfte alles
6   ausprobieren was ich irgendwie wollte und ehm nächste Woche nein in zwei
7   Wochen bin ich den ganzen Vormittag alleine
8   M: wow
9   F: und dann ehm ja es ist einfach ja es ist mega cool so zum (.) eigentlich
10   wirklich so den Beruf kenn/also wirklich machen und nicht nur einzelne

11   Stunden
12   M: mhm
13   F: sondern halt wirklich das ganze (.) Rundumpaket einmal zu planen und zu
14   organisieren ja es war mega spannend

Die Rekonstruktion der Aussagen von Fabienne erfolgt aus Platzgründen kursorisch und ohne Berücksichtigung der Aussagen der Mentorin. Unmittelbar auffällig ist jedoch, wie sich die analogen Figuren der Begeisterung ('mega toll' und 'mega cool'), der Ermächtigung durch die Praxislehrperson ('durfte'), des Probehandelns ('alles ausprobieren' und 'wirklich machen'), und der Herausforderung ('Respekt davor') als Konstitutionsmerkmal einer gewollten Bewährung Ausdruck verschaffen. Semantisch variierend, aber strukturlogisch analog wird hier die zunächst als fehlend wahrgenommene soziale Eingebundenheit als Gelingensbedingung markiert und der Herausforderungscharakter mit 'mega spannend' pointiert. Das 'ganze Rundumpaket' ist die Formel für den umfassenden Anspruch, in dem sich Studierende im Rahmen des Langzeitpraktikums bewähren wollen, dürfen und – wie hier empirisch sichtbar wird – wohl auch können, bzw. in Ausnahmesituationen sogar 'einen ganzen Vormittag' müssen.

2.4   Vorläufige Bilanzierung der empirischen Untersuchung

Wie ist die Strukturlogik des Langzeitpraktikums als 'gewollte Bewährung' zu deuten? Man kann sie zunächst als Replikation des häufigen Befundes lesen, nach dem Praktika für die Studierenden während des Studiums ein attraktives Element desselben bzw. willkommene Abwechslung sind (vgl. dazu im Überblick Hascher, 2012). Über diese Attraktivität hinaus ist die Möglichkeit der Mitgestaltung beruflicher Praxis in den Augen der Studierenden aber ein hochgradig effektives Setting des Erwerbs beruflicher Handlungsfähigkeit und der damit verbundenen Handlungssicherheit. Anders gesagt: Die berufliche Praxis macht 'ihren Job', weil es ihr gelingt, Studierende in längerfristige Sozialisationsprozesse zu involvieren und die subjektiv als erfolgreich berichtete Bewährung durch 'abgesicherte' und dennoch verantwortliche Mitgestaltung der beruflichen Praxis zu ermöglichen. Die Deutung dieses Befunds, der sich auch in den anderen beiden vorliegenden Gesprächen replizieren lässt, erfolgt unter zwei Perspektiven: Aus einer konzeptionellen Perspektive kann man für dieses Langzeitpraktikum feststellen, dass es von den Studierenden als „Lernsituation" erlebt und gestaltet wird, die zwar hohe Ansprüche an sie stellt, aber keine formellen Hürden durch Bewertungsauflagen enthält, die eine Rahmung als „Leistungssituation" (Weinert 2001, S. 72) nahelegen würden. 'Alles ausprobieren zu dürfen' werten wir als empirischen Beleg für die zuvor bereits in Anlehnung an Holzkamp vorgenommene Rahmung 'expansiven Lernens'. Aus einer evaluativen Perspektive begrüßen wir diesen Befund durchaus, denn das Arrangement im Partnerschulprojekt scheint die vollumfängliche Einlassung auf das ‚Gesamtpaket' beruflichen Handelns zu ermöglichen, wenngleich mit geteilter und damit noch eindeutig reduzierter Verantwortung.

Berücksichtigt man aber, dass im vorliegenden Fall nicht nur nach einem Praktikum gefragt wurde, sondern durch die Offenheit der beiden Erzählaufforderungen durchaus auch die begleitenden Lehrveranstaltungen in den Blick hätten geraten können, fällt die Ausschließlichkeit des Praxisbezugs (vgl. Hedtke, 2003) auf. Diese Beobachtung stimmt nachdenklich, weil das, was aus einer lehrerbildnerischen Sicht den Unterschied zwischen ‚Praktikum' und ‚schulpraktischen Studien' ausmachen sollte, im Sinne des Wortes kein Thema ist. Sind die Ergebnisse damit ein Beleg für das, was Neuweg kritisch als „blinde Einsozialisierung in Praxis" (2007a, S. 240) kennzeichnet?

Auf die Frage „wie's läuft" oder „wie's war", wird nicht die Deutungsmächtigkeit der theoretischen Konzepte oder die Erkenntnispotenziale wissenschaftlicher Analysemethoden für das berufliche Handeln markiert. Der Blick der Studierenden richtet sich auch ausschließlich auf die Zugewinne an Sicherheit und Routine der eigenen Performanz. Sie attestieren der Klasse zwar, dass sie ‚cool' sei, ohne dass darin aber eine Orientierung am Lernen der Schüler/-innen als finaler Zweck der Bemühungen der Lehrperson in den Blick käme (vgl. Fraefel, 2012).

Mit dieser vorläufigen Bilanzierung rücken zwei Fragenkomplexe in den Blick, die im Folgenden vertieft diskutiert werden: Wozu sind schulpraktische Studien da, wenn sie Element eines Studiums zum Lehrberuf sind und einen Beitrag zur Professionalisierung leisten sollen? Welche Konsequenzen ergeben sich in dieser Rahmung für die Gestaltung insbesondere von Langzeitpraktika?

3 Intentionalität und theoretische Rahmung von (Langzeit-) Praktika

Weyland (2010) kommt das Verdienst zu, die Frage nach Zweck und Intentionalität schulpraktischer Studien systematisch untersucht zu haben. Die Diagnose besteht im Grunde in zwei koexistierenden Zielperspektiven, die wir im Folgenden im Sinne von Prototypen zuspitzen. Eine Fraktion betrachtet schulpraktische Studien als akademische Formate der forschend-distanzierten Hinwendung auf das spätere Berufsfeld. Für sie sind Fragen der Erprobung eigenen Handelns oder gar der Einübung von Handlungsroutinen irrelevant bis schädlich, weil sie die Distanz gefährden (vgl. Bommes, Radtke & Webers, 1995). Die andere Fraktion legt darauf Wert, dass pädagogisches Handeln einer Handlungsqualität bedürfe, die elementar auf unterrichtspraktische Erprobung und Einübung angewiesen sei und die man nicht als Wissen auf Vorrat erwerben könne, sondern nur in der Ausübung der einschlägigen Praktiken. Nun lässt sich angesichts der Zuspitzung argumentieren, dass sich die Lehrerbildung aus drei Gründen nicht im Sinne eines ‚entweder – oder‘ entscheiden kann:

▶ Pragmatisch betrachtet können bildungspolitische Rahmensetzung wie die Einführung von Praxissemestern kaum ignoriert werden; der Freiheit des Wissenschaftssystems sind bezogen auf Lehrerbildung politisch enge Grenzen gesetzt.

▶ Es bestehen, zumindest in Deutschland, keine grundlegenden Anfragen an die Gestaltung einer akademischen bzw. wissenschaftlichen Lehrerbildung.[5]

▶ Professionalisierungstheoretisch leistet gerade die strukturtheoretische Position eine Modellierung, die mit der Figur einer „doppelten Professionalisierung" (Helsper, 2001, S. 7) dem pädagogisch-praktischen und dem wissenschaftlich reflexiven Habitus eine gleichrangige Stellung einräumt.

Insofern ist im Folgenden zu klären, wie ein ‚sowohl – als auch‘ zunächst systematisch konzipiert und darauf aufbauend auch konkret gestaltet werden kann.

3.1   Eine Rahmung jenseits von Theorie und Praxis

Die bei Weitem häufigste Rahmung schulpraktischer Studien ist das Theorie-Praxis-Konzept, nicht selten in der Form des ‚Theorie-Praxis-Problems‘. „Dass das Verhältnis von wissenschaftlicher Ausbildung und beruflicher Praxis in der pädagogischen Diskussion als Theorie-Praxis-Problem kodifiziert wurde, ist seinerseits ein diskussionsbedürftiges Problem" (Dewe, Ferchhoff, Scherr & Stüwe 2011, S. 74). Die Problematik besteht darin, dass in der Gegenüberstellung von ‚Theorie‘ und ‚Praxis‘ sowohl die mit ‚Theorie‘ identifizierte lehrerbildende Hochschule als auch die pädagogische ‚Praxis‘ an Schulen in doch offensichtlich unzulässiger Weise amputiert werden. Implizit unterstellt diese Figur, eine Hochschule oder Universität habe keine eigene Praxis und die Berufspraxis keine Theorie. Zudem ist das Konzept heuristisch im Grunde ohne Wert, denn die damit vorgenommenen Deutungen der Verhältnisse von Lehrerbildung im Allgemeinen und schulpraktischen Studien im Besonderen führen zu Polarisierung, Abgrenzung und gegenseitiger Abwertung. Studierende des Lehrberufs führen sie zudem in einen Loyalitätskonflikt, den die berufliche Praxis dann nicht selten für sich entscheidet, denn dort kann man ja sehen, ‚wie man's macht‘.

„Um das leidige Theorie-Praxis-Problem sinnvoll angehen zu können", schlägt Hackl (2014, S. 52) vor, „den *Umgang mit Theorie* selbst als eine *spezifische Praxis* zu betrachten" (ebd., Hervorh. i. O.). Eine solche im Grunde praxistheoretische Ar-

---

[5]   Wer in Analogie zum Handwerk die Einübung in die berufliche Praxis als prioritäre Anforderung der Lehrerbildung stark macht, kommt konzeptionell durchaus ohne die Distanzforderung aus.

gumentation, in der die Berufspraxis (an Schulen) und die Wissenschaftspraxis[6] (an Hochschulen) als gesellschaftliche Teilpraxen (neben anderen) und als für die Lehrerbildung relevante Bezugssysteme konzeptualisiert werden (vgl. Leonhard et al., 2016), erweist sich als wesentlich produktiver für die Frage nach Zwecken und Zielen der Lehrerbildung bzw. der schulpraktischen Studien. Eine solche praxistheoretische Rahmung bringt auch die Perspektive mit sich, dass Könnerschaft in jeder Praxis durch aktive Teilhabe und Mitgestaltung sowie ein nicht unwesentliches Maß an Übung (vgl. Brinkmann, 2012) erworben wird und dass nur in diesem Modus der Teilhabe entsteht, was Alkemeyer und Buschmann (2016, S. 132) als „Mitspielfähigkeiten" in der spezifischen sozialen Praxis kennzeichnen. Die Differenz zwischen den beiden Praxen, ihren regulativen Ideen und spezifischen Formen von Könnerschaft sowie die daraus resultierenden Begrenzungen der jeweiligen Perspektive machen zudem deutlich, dass professionelles Handeln notwendig auf Könnerschaft in beiden Praxen angewiesen ist.

Erweitert man das Konzept der zwei Praxen um die heuristische Figur von „Distanz und Einlassung" (Neuweg, 2011, S. 33) als zentrale und bewusst zu trennende Modi der Lehrerbildung, entsteht ein theoretisch fundiertes Modell, das dazu beitragen kann, die Intentionalität schulpraktischer Studien zu klären und auf dieser Basis den Sinn von Langzeitpraktika zu fokussieren. Da wir Neuweg dahingehend lesen, dass er die Distanz als prioritären Modus und Stärke der Universität betrachtet, während sich die Einlassung auf das berufliche Handeln im Feld bezieht, erweitern wir diesen Gedanken graduell und kennzeichnen Distanz und Einlassung als Modi der Auseinandersetzung mit jeder Praxis. Für eine Lehrerbildung in zwei Praxen bedeutet dies, dass Studierende aufgefordert wären, sich sowohl auf die Wissenschaftspraxis einzulassen und dennoch von Zeit zu Zeit zu deren Deutungsangeboten in Distanz zu treten.[7] Auch auf die berufliche Praxis in der Schule gilt es sich einzulassen, von Zeit zu Zeit aber auch in Distanz zu ihr zu treten, um die sprichwörtliche Betriebsblindheit zumindest zu reduzieren.

Entscheidend an dieser Überlegung ist nun zweierlei: Distanz und Einlassung sind in jedweder Praxis nicht gleichzeitig zu haben: „Das Bestreben freilich, Wissens- und Handlungsexperten gleichzeitig zu erziehen, birgt immer auch das Risiko, beides gleichzeitig zu verfehlen: den Aufbau impliziter Wissensformen, weil die Einlassung dauerreflexiv und damit verhalten bleibt, den Aufbau reflexiver Kompetenz, weil die Distanz praxisbedrängt und damit bloß scheinbar ist" (Neuweg, 2005, S. 226). Und: Der Zusammenhang zwischen Distanz und Einlassung in beiden Pra-

---

[6] Fragwürdig an dieser begrifflichen Fassung ist, dass auch die Wissenschaftspraxis eine Berufspraxis darstellt, doch gemeint ist die berufliche Praxis von Lehrpersonen in Schule und Kindergarten.

[7] Diese Figur einer „doppelten Distanzierung" findet sich auch bei Neuweg (2005, S. 220).

xen entsteht dadurch, dass die Einlassung auf die Wissenschaftspraxis die Distanz zur beruflichen Praxis ermöglicht oder sie gar konstituiert. Die erkenntnisbezogene methodisch geleitete Analyse der (auch eigenen) beruflichen Praxis ist damit die Kernidee einer auf Professionalisierung zielenden Lehrerbildung.[8]

Wissenschaftspraxis	Berufspraxis
- Umgang mit Theorien - Umgang mit Methoden	- Umgang mit kontingenten Situationen und Bedingungen
Regulative Idee: **Geltung von Aussagen**	Regulative Idee: **Angemessenheit**

Kultur der Distanz	Kultur der Einlassung	**ermöglicht, konstituiert**	Kultur der Distanz	Kultur der Einlassung

Abbildung 1:   Einlassung und Distanz in zwei Praxen (vgl. Dewe, Ferchhoff & Radtke, 1992, S. 82)

Fragt man nach dem systematisch richtigen Ort dieses Programms, kann man es als Prinzip in den Studienbereichen Bildungswissenschaften und den Fachdidaktiken verankern, wo je spezifische analytische Perspektivierungen vorgenommen werden können. Die auf den ersten Blick plausible Verortung im Studienbereich schulpraktische Studien bedarf differenzierter Betrachtung. Wo schulpraktische Studien institutionell vorwiegend als Praktikumsplatzverwaltung verankert sind und Begleitveranstaltungen zum Praktikum nur punktuell und nicht von für diese Zwecke speziell qualifizierten ‚Könnerinnen und Könnern der Wissenschaftspraxis' gestaltet werden, wäre vom skizzierten Programm wohl abzuraten. Können im Rahmen schulpraktischer Studien aber praktikumsbegleitende Veranstaltungen im Umfang regulärer Seminare realisiert werden, die akademischen Mitarbeitenden systematisch Einblicke in die Praktikumssituationen nehmen und diese nicht parallel, aber doch in plausiblem zeitlichem und personellem Zusammenhang zum Praktikum Gegenstand akademischer Auseinandersetzung werden, steht der Ent-

---

[8] Diese Überlegung kann zudem die Diffusität der weit verbreiteten Reflexionsforderung in der Lehrerbildung und den Eindruck von Beliebigkeit und Folgenlosigkeit dieser Reflexionen zumindest erheblich reduzieren, denn fasst man ‚Reflexion' als methodisch geleitete Analyse (auch eigener) beruflicher Praxis auf, gewinnen Prozess und Produkt erheblich an Systematizität und disqualifizieren wohlfeile Selbstbespiegelungen, die transintentional für Studierende in der Generierung und Lehrende in der Rezeption wenig sinnstiftend sind.

wicklung eines konzeptionellen ‚Alleinstellungsmerkmals' der schulpraktischen Studien nichts entgegen.[9]

4   Konzeptionelle Konsequenzen für die Lehrerbildung

Mit der Figur zweier Praxen lassen sich für die Lehrerbildung klare konzeptionelle Konsequenzen ableiten. Die ersten beiden schließen direkt an die Ergebnisse der Rekonstruktionen an, der dritte Aspekt ist ein daraus mittelbar abgeleitetes Postulat.

(1) Wider die Fehlstelle: Arrangiert eine starke Wissenschaftssozialisation!
Wenn die Abwesenheit studentischer Bezugnahmen auf die Bedeutung ihres Studiums (vgl. 2.4) Geltung beanspruchen kann, lautet die Konsequenz, das Studium zum Lehrberuf ausdrücklich als Teilhabe an Wissenschaftspraxis zu gestalten. Das schiene nicht nur aus praxistheoretischer Perspektive aussichtsreich, sondern entspräche auch der Kernkompetenz wissenschaftlicher Institutionen, wie es die dichte Beschreibung Neuwegs deutlich macht: „Die Praxis des Neugierigseins und der Suche danach, wie die Dinge wirklich sind oder auch sein könnten, die Praxis des Zweifelns und des Aushaltens von Zweifeln, die Praxis des präzisen Denkens und begründeten Argumentierens, vor allem auch die Praxis des Hinausdenkens über den Tellerrand der unmittelbaren Betroffenheit durch Handlungszwänge. In diese Praxis mutig und selbstbewusst einzuführen, ist nicht zuletzt praktisch wichtig. Denn die falsifikatorisch-skeptische Grundhaltung, die man an den Wissenschaften und am darin gepflegten Habitus erwerben kann, macht im günstigsten Fall später auch vor den eigenen Überzeugungen nicht halt" (Neuweg, 2005, S. 220).
Lehrerbildung als Vorbereitung auf eine professionalisierte Berufspraxis zu betrachten, erforderte aber auch anzuerkennen, dass die Wissenschaftspraxis für die Berufspraxis eine dienende Funktion hat. Diese Aussage ist keineswegs als Ruf nach unmittelbarer Verwertbarkeit oder funktionalistisch verkürzter Praxisrelevanz als ‚1:1 Umsetzung' zu verstehen, sie negiert auch nicht die Differenz zwischen Sein und Sollen, die in affirmativen Programmen der Lehrerbildung nicht selten verschwimmt. Gleichwohl ist eine berechtigte Leitfrage erziehungswissenschaftlicher Theorie und Forschung in der Lehrerbildung, welchen Zugewinn an Deutungsmächtigkeit die Konzepte und Befunde für die berufliche Praxis bringen.

---

[9] Dass an Pädagogischen Hochschulen traditionell andere institutionelle Orientierungen und systematische Kontakte zum Berufsfeld als an Universitäten existieren, kann bezüglich der Profilierung der schulpraktischen Studien als eigenem Studienbereich sicher als Vorteil markiert werden, gerade wenn bildungspolitisch ‚mehr Praxis' verordnet wird.

Die Kennzeichnung als Wissenschaftspraxis eröffnet auch die Frage nach den Praktiken der Lehrerinnenbildung als „Vollzugswirklichkeit" (Hillebrandt, 2015, S. 17) sowie danach, in welchem Ausmaß die universitäre Lehrpraxis als Teilhabe an Wissenschaftspraxis im Sinne diskursiver oder forschender Praxis gekennzeichnet werden kann bzw. welche Bedingungen dafür erforderlich wären.

(2) Der Sog der Berufspraxis: Lasst sie mitarbeiten!
Wenn die begleitete Mitgestaltung der beruflichen Praxis fast euphorisierende Wirkung hat, scheinen konzeptionelle Überlegungen wenig aussichtsreich, gerade dort die Kultur der Distanz möglichst lange aufrecht zu erhalten, wie dies Bommes et al. (1995) argumentativ stark machen. Wer Studierende nur zur teilnehmenden Beobachtung und/oder Dokumentation beruflicher Praxis ins Feld schickt, unterschätzt die Attraktivität, von den Akteuren vor Ort als eine/-r von ihnen oder Zukünftige/-r adressiert zu sein. Wer dann aber ohne Aussicht, sich zeitnah auch in der Rolle der interaktiv handelnden Lehrperson erproben zu können zur Beobachtung verpflichtet ist, wird sich kaum auf die Kultur der Distanz einlassen, sondern eher Widerstand gegen die Deutungsangebote entwickeln oder (eingebunden in die Leistungsverwaltungslogik des Studiums) die gewünschte Distanzierung durch routinierte Erledigung geforderter Reflexionen vortäuschen.
Auch wenn vermutlich nicht von der Hand zu weisen ist, dass „alltäglicher Unterricht oft hinter didaktischen Mindeststandards zurück bleibt und [...] auf Impulse der Qualitätsverbesserung und Innovation verzichtet" (Neuweg, 2007b, S. 5), er damit nur bedingt als zur Mimesis (vgl. Gebauer & Wulf, 1998) sich eignendes Modell erscheint, ist die Lösung, Studierenden die Teilhabe an dieser Praxis in ihrer Ambivalenz möglichst lange vorzuenthalten fragwürdig, denn die Berufspraxis holt sie in jedem Fall ein. Es gilt nicht nur, die Lehre im Studium als ebenfalls implizit wirksames Modell genauso skeptisch zu befragen, sondern sich auch von der Idee zu verabschieden, Studierende im Rahmen noch so emphatischer Bemühungen um Wissenschaftssozialisation gegen die anzutreffende Mittelmäßigkeit beruflichen Handelns imprägnieren zu können. Der oben bereits verwendete Begriff der „Mitspielfähigkeiten" (Alkemeyer & Buschmann, 2016, S. 132) macht als deskriptives Konzept zudem deutlich, dass es auch eine Form der Könnerschaft ist, in Spielen jedweder Qualität mitspielen zu können.

(3) Die Notwendigkeit von Schulpraktischen Studien als eigenem Studienbereich
Die institutionelle Anbindung der schulpraktischen Studien in den Institutionen der Lehrerbildung ist höchst divers. Diese Feststellung harrt zwar bisher der systematisierenden Untersuchung, doch kann sie als Hinweis darauf gewertet werden, dass eine akademische Auseinandersetzung mit theoretisch fundierten Konzeptionen und systematischer Analyse der dort stattfinden Prozesse und

ihrer Wirkungen in der Hochschule und im Berufsfeld bisher noch wenig insti-
tutionalisiert ist. Dabei wären für diesen Studienbereich zumindest zwei inhaltliche Kernbereiche zu benennen:

(a) Der Brückenschlag zwischen den Praxen

Der Brückenschlag zwischen den Praxen ist ein doppelter. „Protokolle sozialen
Handelns" (Wernet, 2006, S. 53) sind die minimal invasiven Brücken zwischen
den Erlebnissen und Widerfahrnissen Studierender in der beruflichen Praxis
und der Hochschule, wo diese zum Gegenstand „bohrenden Befragens"
(Oevermann, 1996, S. 101) werden, ohne zuvor die Einlassung auf die berufliche Praxis wesentlich zu behindern. Diese Brücke ist fragil, wenn es nicht
gelingt, die beklagte Mittelmäßigkeit des sozialen Handelns auch als Struktur-
logiken der Institution Schule zu rekonstruieren und nicht (nur) als Unzuläng-
lichkeit einzelner Personen, die entweder anwesend oder als Lehrpersonen vor
Ort auch Identifikationsfiguren für die Studierenden sind. Aus der „Überlegenheit des Interpreten" (Gadamer, 1960, S. 198, zitiert nach Wernet, 2006, S. 51)
heraus zu konstatieren, was in der Praxis alles schiefläuft, fördert die Einlassung
auf Wissenschaftspraxis angesichts des angestrebten Berufsziels eher nicht.
Während ein solcher Brückenschlag via Protokolle die institutionelle Architek-
tur der weitgehenden Trennung zwischen Wissenschafts- und Berufspraxis im
Wesentlichen unberührt lässt, ist der zweite Brückenschlag mit der traditionel-
len und im ‚Theorie-Praxis-Problem' gepflegten Distanz zwischen Hochschule
und Berufsfeld nicht mehr zu vereinbaren. Eine längerfristige, institutionell und
personell verlässliche Zusammenarbeit zwischen der lehrerbildenden Hochschule und Schulen mit dem Ziel partizipativer Lehrerbildung ist ein Modell,
das schulpraktische Studien, Studium und Weiterbildung auf konzeptioneller
Ebene und in Einlassung auf die situativen Bedingungen und Themen der
Schule vor Ort zusammen denkt und kollaborativ gestaltet. Es ist zweifelsohne
auch ein starkes Programm, dessen Realisierung und Auswirkungen empirisch
weitgehend offen sind (vgl. Fraefel, 2018; Fraefel, Berhardsson-Laros & Bäuerlein, 2017; Leonhard et al., 2016).

(b) Eine Methodologie und Methodik zur systematischen Analyse auch eigener beruflicher Praxis

Wenn das Potenzial der Wissenschaftspraxis darin liegt, mit theoretischen Konzepten Deutungsangebote und mit Forschungsmethoden Erkenntniswerkzeuge
für die berufliche Praxis zur Verfügung zu stellen, die es ermöglichen, tragfähi-
ge, im Sinne von Geltung beanspruchende Aussagen über die berufliche Praxis
zu treffen, stellt sich die Frage, welche Methoden geeignet sind, auch die eigene berufliche Praxis zum Gegenstand systematischer Analyse zu machen. Die
einzigartige Faktorenkonstellation schulischer und unterrichtlicher Situationen

lässt die Aussage zu, dass qualitativ-rekonstruktive Verfahren hier ein wesentliches Erkenntnispotenzial haben. Die (notwendige) Rigidität und ‚Schonungslosigkeit' derartiger Analysen wird durch die Involvierung der Akteure jedoch paradoxerweise gerade erschwert. Auch an ‚heißen Fällen' erkenntnisorientiert[10] arbeiten zu können – ohne die soziale Eingebundenheit der Akteure zu gefährden – ist aus unserer Sicht ein zentrales Entwicklungsfeld schulpraktischer Studien, das auch für Schulentwicklung und Weiterbildung von wesentlicher Bedeutung sein könnte.

5 Fazit: Potentiale und Limitationen von Langzeitpraktika

Für Langzeitpraktika lässt sich in der Zusammenführung der empirischen Befunde und der konzeptionellen Überlegungen Folgendes ableiten:

▸ Die berufliche Praxis ‚wirkt' und kommt studentischen Bedürfnissen nach Bewährung im angestrebten Berufsfeld entgegen. Die längerfristige Anwesenheit und Beteiligung ermöglicht – und bedingt – sozialisatorische Lernprozesse für den ‚pädagogisch-praktischen Habitus' (vgl. Helsper, 2001), eine wahrgenommene Zunahme an Handlungssicherheit und erste Routinen.

▸ Eine parallele Forcierung des „wissenschaftlich-reflexiven Habitus" (ebd.) und damit forschend-distanzierter Hinwendung auf die mitgestaltete berufliche Praxis z. B. durch begleitende Formen ‚forschenden Lernens' erscheint im Rahmen von Langzeitpraktika weder sinnvoll noch realistisch. Die konzeptionelle Idee eines „Wechselspiel[s] von Einlassung auf Erfahrung, Reflexion auf Erfahrung und Rückübersetzung in neues Handeln und Erfahren" (Neuweg, 2005, S. 223) gerät nämlich gerade bei Langzeitpraktika unter Druck, weil sich die Frage der Taktung dieses Wechsels stellt: Wenn Studierende wie in der Partnerschule unserer Hochschule wöchentlich einen Tag oder im Praxissemester drei bis vier Tage pro Woche über mehrere Wochen in der Einlassung auf den Modus berufspraktischer Planungs- und Gestaltungsnotwendigkeiten operieren, sind gleichzeitige Distanzforderungen seitens der Hochschule Zumutung und Störfaktor, die entweder zur Ablehnung oder zum defensiv-strategischen Umgang mit dieser Forderung führen, aber nicht zur bereitwilligen Einlassung auf die potentiellen Rationalitätsgewinne durch Wissenschaftspraxis.

▸ Wer Langzeitpraktika will, muss diese also systematisch intensiv vorbereiten, muss klare, aber ‚minimal invasive' Brücken zwischen Berufspraxis und Wissen-

---

[10] Wir verwenden ein an Erkenntnis und an Geltungsfragen orientiertes Vorgehen hier als Gegensatz zu lösungsorientierten Formen supervisorischer Arbeit im weiteren Sinne, bei denen das Potenzial subjektiver Erkenntnisfortschritte zwar keinesfalls bestritten wird, Geltungsfragen aber zumindest von untergeordneter Bedeutung sind.

schaftspraxis schlagen (s. o.) und die damit zu gewinnenden Protokolle der schulischen Wirklichkeit zum Gegenstand intensiver handlungsentlasteter Auseinandersetzung machen. Inwiefern diese Distanzierungsnotwendigkeiten in den Studienordnungen zum Lehrberuf systematisch Berücksichtigung finden, wäre genauso eine Untersuchung wert, wie die Frage, wie ,Praktikumserfahrungen' an der Hochschule denn zum Gegenstand der ,Reflexion' werden und inwieweit die Erkenntnispotentiale wissenschaftspraktisch genutzt oder interaktiv gerade unterboten werden.

▸ Die Skepsis gegenüber der Qualität beruflicher Praxis ist solange wohlfeil, wie man sie lediglich beklagt, ohne die doppelte Anstrengung zu unternehmen, die besten der Könnerinnen und Könner der Berufspraxis für die Arbeit mit den Studierenden in den Langzeitpraktika zu gewinnen und mit den anderen in verlässlichen Kooperationen versucht, die gewünschte Qualität zu entwickeln.

Nichtsdestotrotz kann die Frage, wie Studierende unter den Eindrücken von Selbstwirksamkeit und Kompetenzerleben in Langzeitpraktika auch noch zur Distanzierung von gerade ,flüssig' werdenden Handlungsroutinen zu bewegen sind, als große Herausforderung der Hochschulen auf institutioneller, konzeptioneller und interaktiver Ebene gekennzeichnet werden.

Literatur

Alkemeyer, T. & Buschmann, N. (2016). Praktiken der Subjektivierung – Subjektivierung als Praxis. In H. Schäfer (Hrsg.), Praxistheorie. Ein soziologisches Forschungprogramm (S. 115-136). Bielefeld: transcript.

Bommes, M., Radtke, F.-O. & Webers, H.-E. (1995). Schulpraktische Studien an der Johann Wolfgang Goethe Universität Frankfurt am Main. Gutachten. Universität Bielefeld: Zentrum für Lehrerbildung.

Brinkmann, M. (2012). Pädagogische Übung Praxis und Theorie einer elementaren Lernform. Paderborn: Schöningh.

Deci, E. L. & Ryan, R. M. (1993). Die motivationale Theorie der Selbstbestimmung und ihre Bedeutung für die Pädagogik. Zeitschrift für Pädagogik, 39 (2), 223-238.

Dewe, B., Ferchhoff, W. & Radtke, F.-O. (1992). Das "Professionswissen" von Pädagogen. Ein wissenstheoretischer Rekonstruktionsversuch. In B. Dewe, W. Ferchhoff & F.-O. Radtke (Hrsg.), Erziehen als Profession. Zur Logik professionellen Handelns in pädagogischen Feldern (S. 70-91). Wiesbaden: Springer.

Dewe, B., Ferchhoff, W., Scherr, A. & Stüwe, G. (2011). Professionelles soziales Handeln. Soziale Arbeit im Spannungsfeld zwischen Theorie und Praxis. Weinheim: Juventa.

Fraefel, U. (2012). Berufspraktische Studien und Schulpraktika: Der Stand der Dinge und zwei Neuorientierungen. Beiträge zur Lehrerbildung, 30 (2), 127-152.

Fraefel, U. (2018). Hybride Räume an der Schnittstelle von Hochschule und Schulfeld: Ein zukunftsweisendes Konzept der Professionalisierung von Lehrpersonen. In L. Pilypaityte & H.-S. Siller (Hrsg.), Schulpraktische Lehrerprofessionalisierung als Ort der Zusammenarbeit (S. 13-43). Wiesbaden: Springer VS.

Fraefel, U., Berhardsson-Laros, N. & Bäuerlein, K. (2017). Partnerschulen als Ort der Professionalisierung angehender Lehrpersonen: Konzept, Implementierung, forschungsbasierte Weiterentwicklung und generelle Einführung im Bildungsraum Nordwestschweiz. In U. Fraefel & A. Seel (Hrsg.), Konzeptionelle Perspektiven Schulpraktischer Studien. Partnerschaftsmodelle – Praktikumskonzepte – Begleitformate (S. 57-75). Münster: Waxmann.

Garz, D. & Raven, U. (2015). Theorie der Lebenspraxis. Einführung in das Werk Ulrich Oevermanns. Wiesbaden: Springer.

Gebauer, G. & Wulf, C. (1998). Spiel Ritual Geste: Mimetisches Handeln in der sozialen Welt. Reinbek bei Hamburg: Rowohlt.

Hackl, B. (2014). Praxis der Theorie und Theorie der Praxis. Die Rekonstruktion von Unterrichtsszenen als Medium der Vermittlung von Wissenschaft und didaktischem Handeln. In I. Schrittesser, I. Malmberg, R. Mateus-Berr & M. Steger (Hrsg.), Zauberformel Praxis. Zu den Möglichkeiten und Grenzen von Praxiserfahrungen in der Lehrerbildung (S. 51-68). Wien: new academic press.

Hackl, B. (2017). Lernen. Wie wir werden, was wir sind. Stuttgart: UTB.

Hascher, T. (2012). Forschung zur Bedeutung von Schul- und Unterrichtspraktika in der Lehrerinnen- und Lehrerbildung. Beiträge zur Lehrerbildung, 30 (1), 87-98.

Hedtke, R. (2003). Das unstillbare Verlangen nach Praxisbezug. Zum Theorie-Praxis-Problem der Lehrerbildung am Exempel Schulpraktischer Studien. Verfügbar unter: http://www.uni-bielefeld.de/soz/ag/hedtke/pdf/praxisbezug_lang.pdf [10.03.2018].

Helsper, W. (2001). Praxis und Reflexion: Die Notwendigkeit einer „doppelten Professionalisierung" des Lehrers. journal für lehrerinnen- und lehrerbildung, 3, 7-15.

Herzog, S., Peyer, R. & Leonhard, T. (2017). Im Modus individueller Unterstützung: Zur Begleitung von Professionalisierungsprozessen im Mentorat. In U. Fraefel & A. Seel (Hrsg.), Konzeptionelle Perspektiven Schulpraktischer Studien: Partnerschaftsmodelle – Praktikumskonzepte – Begleitformate (S. 163-175). Münster: Waxmann.

Hillebrandt, F. (2015). Was ist der Gegenstand einer Soziologie der Praxis. In F. Schäfer, A. Daniel & F. Hillebrandt (Hrsg.), Methoden einer Soziologie der Praxis (S. 15-36). Bielefeld: transcript.

Holzkamp, K. (1995). Lernen. Subjektwissenschaftliche Grundlegung. Frankfurt a. M.: Campus Verlag.

Koller, C. (2012). Anders werden. Zur Erforschung transformatorischer Bildungsprozesse. In I. Miethe & H.-R. Müller (Hrsg.), Qualitative Bildungsforschung und Bildungstheorie (S. 19-34). Opladen: Barbara Budrich.

Leonhard, T., Fraefel, U., Jünger, S., Kosinar, J., Reintjes, C. & Richiger, B. (2016). Zwischen Wissenschafts- und Berufspraxis. Berufspraktische Studien als dritter Raum der Professionalisierung von Lehrpersonen. Zeitschrift für Hochschulentwicklung, 11 (1), 79-97.

Neuweg, G. H. (2005). Emergenzbedingungen pädagogischer Könnerschaft. In H. Heid & C. Harteis (Hrsg.), Verwertbarkeit. Ein Qualitätskriterium (erziehungs-)wissenschaftlichen Wissens? (S. 205-228). Wiesbaden: VS.

Neuweg, G. H. (2007a). Ist das Technologie-Modell am Ende? Zu den Möglichkeiten und Grenzen der Förderung der Kompetenz von Lehrerinnen und Lehrern durch erziehungswissenschaftlich-technologisches Wissen. In C. Kraler & M. Schratz (Hrsg.), Ausbildungsqualität und Kompetenz im Lehrerberuf (S. 227-245). Münster: LIT.

Neuweg, G. H. (2007b). Wie grau ist alle Theorie, wie grün des Lebens goldner Baum? LehrerInnenbildung im Spannungsfeld von Theorie und Praxis. Berufs- und Wirtschaftspädagogik – online, 12, 1-14.

Neuweg, G. H. (2011). Distanz und Einlassung. Skeptische Anmerkungen zum Ideal einer Theorie-Praxis-Integration in der Lehrerbildung. Erziehungswissenschaft. Mitteilungen der Deutschen Gesellschaft für Erziehungswissenschaft, 22 (43), 33-45.

Oevermann, U. (1996). Theoretische Skizze einer revidierten Theorie professionalisierten Handelns. In A. Combe & W. Helsper (Hrsg.), Pädagogische Professionalität (S. 70-183). Frankfurt: Suhrkamp.

Oevermann, U. (2000). Die Methode der Fallrekonstruktion in der Grundlagenforschung sowie der klinischen und pädagogischen Praxis. In K. Kraimer (Hrsg.), Die Fallrekonstruktion. Sinnverstehen in der sozialwissenschaftlichen Forschung (S. 58-156). Frankfurt a. M.: Suhrkamp.

Weinert, F. E. (2001). Leistungsmessungen in Schulen. Weinheim: Beltz.

Wernet, A. (2006). Hermeneutik, Kasuistik, Fallverstehen. Stuttgart: Kohlhammer.

Weyland, U. (2010). Zur Intentionalität schulpraktischer Studien im Kontext universitärer Lehrerausbildung. Paderborn: Eusl.

The (potential) impact of long term internships – empirical and conceptual perspectives

Long term internships in teacher education are in vogue. Results from a qualitative study on this type of internship show the predominance of student teachers orientation towards proving their worth in coping with the challenges of professional practice. Conceptual consequences of these findings are discussed from an alternative framework based on theories on social practices.

Keywords: long term internships – sequential analysis – theories on social practices – theory and practice

Autoren:

Prof. Dr. Tobias Leonhard, Simone Herzog, M. A., Pädagogische Hochschule FHNW, Institut Kindergarten-/Unterstufe.
Korrespondenz an: tobias.leonhard@fhnw.ch

Lehrerbildung auf dem Prüfstand
2018, 11. Jahrgang, Heft 1, S. 24-45

Zur Nutzung schulpraktischer Lerngelegenheiten an zwei deutschen Hochschulen: Lernprozessbezogene Tätigkeiten angehender Lehrpersonen in Masterpraktika

Jörg Doll, Armin Jentsch, Dennis Meyer, Gabriele Kaiser, Kai Kaspar
und Johannes König

Die Ausgestaltung von Schulpraktika (bzw. Praxissemestern) variiert beträchtlich zwischen unterschiedlichen Standorten. Trotzdem liegen bisher kaum empirische Vergleiche zwischen unterschiedlichen Formen von Praktika an unterschiedlichen Standorten vor. Diese Lücke will die vorliegende Studie schließen. Die Masterpraktika an den Universitäten von Hamburg und Köln werden als komplexe Lerngelegenheiten im Lehramtsstudium miteinander verglichen. Dazu werden zum einen die intendierten Curricula in zentralen Merkmalen wie den geforderten Lernzeiten, den curricularen Zielen und den praktikumsbegleitenden Seminaren miteinander verglichen. Zum anderen werden die lernprozessbezogenen Tätigkeiten der Studierenden in den Praktika gemäß der Angebots-Nutzungs-Konzeption als Nutzung der schulpraktischen Lerngelegenheiten erhoben. Diese schulpraktischen Tätigkeiten werden durch ein fünfdimensionales Modell lernprozessbezogener Tätigkeitsdimensionen beschrieben. Insgesamt N = 482 Lehramtsstudierende der beiden Hochschulen beurteilten die Angebotsmerkmale und ihre Nutzung der schulpraktischen Lerngelegenheiten. In allen Merkmalen treten große interindividuelle Unterschiede innerhalb beider Standorte auf, die auf die Komplexität der schulpraktischen Lerngelegenheiten und die Bedeutung individueller Lernorientierungen bei ihrer Nutzung hinweisen. Die abgestimmte Begleitung der Praktika durch die Universität Hamburg und das dortige Institut für Lehrerbildung erweist sich als besonders förderlich für die Auslösung von Reflexionen über Theorie-Praxis-Beziehungen.

Schlagwörter: Angebots-Nutzungs-Modell – intendiertes Curriculum – Lerngelegenheiten – lernprozessbezogene Tätigkeitsdimensionen

1 Einleitung und theoretischer Rahmen

Gröschner et al. (2015) haben in einer Strukturanalyse zum gymnasialen Lehramtsstudium dokumentiert, dass die Praxisphasen an unterschiedlichen Hochschulen durch unterschiedliche Strukturierungen, zeitliche Organisationen und unterschiedliche Formen mentorieller Begleitung charakterisiert sind. Diese Unterschiede machen Vergleiche der Lernprozesse in Praxisphasen mit unterschiedlichen Rahmenkonzeptionen besonders interessant. Trotzdem liegen hierzu bisher nur wenige Studien vor (z. B. König & Klemenz, 2015). Das Ziel der vorliegenden Studie ist es, diese Forschungslücke zu schließen, und die Masterpraktika an den Universitäten von Hamburg und Köln als bedeutsame Lerngelegenheiten im Lehramtsstudium vergleichend zu analysieren. Das Wissen und die Kompetenzen, über die

Lehrpersonen am Ende ihrer Ausbildung verfügen, sind eng verknüpft mit Art, Umfang und Qualität der Lerngelegenheiten in dieser Ausbildung (Doll, Buchholtz, Kaiser, König & Bremerich-Vos, 2018; Kunina-Habenicht et al., 2013). Lerngelegenheiten werden auf drei Ebenen als intendiertes, implementiertes und erreichtes Curriculum beschrieben (König et al., 2018; McDonnel, 1995). Das intendierte Curriculum besteht aus dem institutionell vorgegebenen Bildungsplan, das implementierte Curriculum beschreibt, welche Lehr-Lern-Angebote die Lehrenden tatsächlich entwickeln und anbieten, und das erreichte Curriculum bezieht sich auf die Lehrerkompetenz, wie sie beispielsweise im Kompetenzmodell von COACTIV (Baumert & Kunter, 2011) definiert wird. Vor diesem theoretischen Hintergrund können Schulpraktika wegen ihres zeitlichen Umfangs, ihrer multi-institutionellen Verortung (Universität, Institute für Lehrerbildung, Schule) und ihrer multiplen Zielvorgaben als Lerngelegenheiten von hoher Komplexität betrachtet werden (Arnold, Gröschner & Hascher, 2014; König et al., 2018). Im Folgenden werden zuerst die curricularen (intendiertes Curriculum) und organisatorischen Merkmale der Masterpraktika an den Universitäten von Hamburg und Köln vergleichend skizziert. Aus den Ähnlichkeiten und Unterschieden werden unter Anwendung des fünfdimensionalen Modells lernprozessbezogener Tätigkeitsdimensionen von König, Tachtsoglou, Darge und Lünnemann (2014) Hypothesen zum erwarteten Umfang der ausgeführten lernprozessbezogenen Tätigkeiten (LT) der Studierenden in den Praktika abgeleitet. Diese lernprozessbezogenen Tätigkeiten sollen die Nutzung des implementierten Curriculums durch die Studierenden und damit den Übergang vom implementierten zum erreichten Curriculum erfassen.

1.1 Intendierte Curricula und organisatorische Merkmale der Masterpraktika in Hamburg und Köln

In den Lehramtsstudiengängen der Universitäten von Hamburg und Köln sind Praxisphasen im Bachelor- und im Masterstudium curricular verankert. Die vorliegende Studie untersucht vergleichend die Praktika im Masterstudium an den beiden Hochschulen, die in Hamburg als „Kernpraktikum" und in Köln als „Praxissemester" bezeichnet werden. Diese Namensgebung verdeutlicht wichtige Unterschiede (s. Tabelle 1). Während Studierende der Universität zu Köln im Masterpraktikum ein Praxissemester an einer Schule absolvieren und dabei vier Tage pro Woche an ihrer Praktikumsschule verbringen, gibt es an der Universität Hamburg ein studienbegleitendes zweigeteiltes Masterpraktikum mit separaten Phasen in zwei Unterrichtsfächern. Diese finden im zweiten und dritten Mastersemester statt und enthalten zwei vierwöchige Blockpraktika (in der Regel an zwei Schulen unterschiedlicher Schulformen) in der vorlesungsfreien Zeit. Während des Semesters absolvieren Studierende der Universität Hamburg einen Schultag in der Praktikumsschule. Tabelle 1 präsentiert den Umfang und die Lokalisierung der Masterpraktika zusammen mit den Zielen der intendierten Curricula an beiden Hochschulen. Die Praktika haben an beiden Standorten mit 25 bzw. 30 ECTS-Punkten einen Umfang, der gemäß der Bologna-Reform einem Semester entspricht.

Tabelle 1:   Merkmale der Masterpraktika in Hamburg und Köln

	Kernpraktikum (KP, Hamburg)	Praxissemester (Köln)
Umfang und Seminare	Zweisemestriges Praktikum: ein Praktikumstag pro Woche in der Vorlesungszeit und zwei Blockphasen nach den Sommerferien (Kernpraktikum I, 5 Wochen, und Kernpraktikum II, 4 Wochen)	Einsemestriges Praktikum: vier Schultage pro Woche, ca. 250 Zeitstunden insgesamt mit Seminar zur Vorbereitung im Vorsemester
	73 Tage an zwei Schulen[1]	80 Tage an einer Schule[2]
	Fachdidaktisches Begleitseminar (der Universität)[3]	Vorbereitungsseminar (Universität)
	Reflexionsseminar (Begleitseminar des Landesinstituts für Lehrerbildung)	Mehrtägige Einführungsveranstaltung (Zentren für schulpraktische Lehrerausbildung)
	90 (Kernpraktikum I: 50, Kernpraktikum II: 40) Stunden hospitieren	Keine Vorgaben zum Hospitieren
	27-35 (Kernpraktikum I: 15-20, Kernpraktikum II: 12-15) Stunden unterrichten	24-30 Stunden unterrichten unter Anleitung einer Lehrperson
	30 ECTS-Punkte	25 ECTS-Punkte
Lokalisierung	2. (KP I) und 3. (KP II) Semester	2. Semester
Ziele (UHH, 2015; MSW, 2010)	(a) Fähigkeit, eigene Forschungsfragen zu Schule und Unterricht zu entwickeln und zu bearbeiten	(a) theoriegeleitete Erkundungen im Handlungsfeld Schule planen, durchführen und auswerten sowie aus Erfahrungen in der Praxis Fragestellungen an Theorien entwickeln
	(b) Fähigkeit, Unterricht in diesem Fach zielgerichtet zu beobachten und kriteriengeleitet auszuwerten	(b) -

	Kernpraktikum (KP, Hamburg)	Praxissemester (Köln)
Ziele (UHH, 2015; MSW, 2010) (Forts.)	(c) Diagnostische Kompetenzen, d. h. Fähigkeit, im Unterricht die Fähigkeit, Stärken und Schwächen von Schüler/-innen zu erkennen und Lernfortschritte zu beurteilen	(c) Konzepte und Verfahren von Leistungsbeurteilung, pädagogischer Diagnostik und individueller Förderung anwenden und reflektieren
	(d) Grundfähigkeit in der Planung und Durchführung von Unterricht sowie bei der Verknüpfung fachwissenschaftlicher und -didaktischer Aspekte von Unterrichtsthemen	(d) grundlegende Elemente schulischen Lehrens und Lernens auf der Basis von Fachwissenschaft, Fachdidaktik und Bildungswissenschaften planen, durchführen und reflektieren
	(e) Vertiefte Kenntnisse der Bildungspläne im Unterricht der jeweiligen Jahrgangsstufen und Wissen um die Bedeutung von Bildungsplänen für die Gestaltung und Bewertung von Unterrichtsabläufen	(e) -
	(f) -	(f) den Erziehungsauftrag der Schule wahrnehmen und sich an der Umsetzung beteiligen
	(g) Grundfertigkeit in der Überprüfung der Qualität des Lehrens im eigenen Fach	(g) in (d) als Reflexion enthalten
	(h) -	(h) Entwicklung eines professionellen Selbstkonzepts

Anmerkungen: [1] 2 x 14 Tage (im Semester) + 9 Wochen x 5 Tage = 73; [2] 5 Monate x 4 Wochen x 4 Tage = 80; [3] Lehramtsstudierende der Sonderpädagogik absolvieren statt des fachdidaktischen ein diagnostisches Begleitseminar

Das zweisemestrige Kernpraktikum an der Universität Hamburg wird sowohl von Lehrenden der Universität Hamburg durch ein fachdidaktisches Begleitseminar als auch von Mentoren[1] des Landesinstituts für Lehrerbildung durch ein Reflexionsseminar zu den Handlungsfeldern „Schule als System", „Unterrichten" und die „Berufsrolle erkunden und reflektieren" begleitet. Diese abgestimmte Begleitung (Zentrum für Lehrerbildung Hamburg, 2017) basiert auf Forschungsergebnissen (z. B. Felten, 2005; Kucharz, 2009), die Evidenz dafür liefern, dass die „Dauer von Praktika ... weniger bedeutsam (ist) als vielmehr die Gelegenheiten zur Verknüp-

---

[1] Mentoren sind Lehrkräfte, die im Rahmen der schulpraktischen Ausbildung an Schulen oder in einem Landesinstitut die Betreuung und Beratung der Studierenden übernehmen.

fung der theoretischen und praktischen Studienelemente und die Möglichkeit einer institutionenübergreifenden Reflexion" (Bach, 2013, S. 120, für eine Zusammenfassung). Ohne eine solche Reflexionen fördernde Begleitung erreichten Studierende in einem Blockpraktikum durch die Bearbeitung von Beobachtungsaufträgen allein kein hohes Ausmaß an Reflexivität (Rahm & Lunkenbein, 2014). Die kontinuierliche Begleitung des Kernpraktikums durch die Universität Hamburg und das Landesinstitut für Lehrerbildung und Schulentwicklung, die auch Hospitationen durch die Dozenten und Mentoren einschließt, soll den Theorie-Praxis-Transfer fördern (Racherbäumer & Liegmann, 2014) und die Studierenden dabei unterstützen, in den induzierten Reflexionsprozessen theoretisches universitäres Wissen mit schulpraktischen Erfahrungen zu verbinden. Die einsemestrige Organisation des Praxissemesters an der Universität zu Köln ist sowohl verbunden mit einem universitären Vorbereitungsseminar im vorangehenden Mastersemester als auch mit einer mehrtägigen Vorbereitungsveranstaltung durch die Zentren für die schulpraktische Lehrerausbildung zu Beginn des Praxissemesters. Die Studierenden werden im Rahmen eines Begleitseminars während des Praxissemesters betreut, das jedoch nicht zwingend regulär (z. B. wöchentlich) stattfinden muss. Ferner erfolgt eine Betreuung und Lernbegleitung durch die Zentren für schulpraktische Lehrerbildung.

Ein weiterer Unterschied zwischen beiden Standorten besteht darin, dass das Hamburger Curriculum 90 Hospitationsstunden vorschreibt, während das Curriculum in Köln keine derartige Vorgabe enthält. Dieser Unterschied wird außerdem im Hamburger Curriculum mit dem Ziel verbunden, die Fähigkeit im Schulpraktikum zu erwerben, Unterricht zielgerichtet zu beobachten. Schließlich sind weitere Standortunterschiede bei einzelnen Zielvorgaben vorhanden: Während nur in Köln die beiden Ziele betont werden, den Erziehungsauftrag der Schule wahrzunehmen und umzusetzen sowie ein professionelles Selbstkonzept zu entwickeln, werden ausschließlich in Hamburg vertiefte Kenntnisse der Bildungspläne als intendierte Wirkung des Schulpraktikums gefordert.

1.2   Praxisphasen, implementierte Curricula und das Modell lernprozessbezogener Tätigkeitsdimensionen

Ausgehend von Angebots-Nutzungs-Modellen (Helmke & Schrader, 2010; Kunina-Habenicht et al., 2013) können implementierte Curricula an Hochschulen durch Merkmale des Angebots (z. B. die mentorielle Unterstützung) und solche der Nutzung dieses Angebots durch Lehramtsstudierende (z. B. die investierte Unterrichtszeit, lernprozessbezogene Tätigkeiten) beschrieben werden. Dabei wird angenommen, dass die aktive Nutzung der im Lehramtsstudium angebotenen Lerngelegenheiten durch die Studierenden die motivationalen, kognitiven und meta-kognitiven

Prozesse umfasst, die den Einfluss institutioneller Merkmale des Lehramtsstudiums auf den Wissens- und Kompetenzerwerb vermitteln. Zur empirisch explorativen Erfassung der Lernprozesse in Schulpraktika haben Hascher und Kittinger (2014) die von Lehramtsstudierenden praktikumsbegleitend geführten Lerntagebücher inhaltsanalytisch ausgewertet und extrahierten folgende Lernbereiche: Tätigkeiten der Unterrichtsplanung, fachdidaktische Analysen, Leistungsbeurteilungen, Klassenführung und die Reflexion eigenen unterrichtlichen Handelns. Weitere Themen in den Lerntagebüchern betrafen Adaptivität, Stressbewältigung und das Rollenverständnis als Lehrperson. König et al. (2014) haben zur theoriebasierten Klassifikation der studentischen Nutzungsprozesse von Lerngelegenheiten in Schulpraktika ein Modell lernprozessbezogener Tätigkeiten (LT) entwickelt. Das Modell unterscheidet fünf Tätigkeitsdimensionen (in Klammern die im Text verwendeten Abkürzungen), die durch subjektive Einschätzungen der Studierenden erhoben werden (siehe 3.2): „Komplexität über forschungsmethodische Zugänge erkunden" (forschungsmethodischer Zugang), „pädagogische Handlungssituationen planen" (Handlungsplanung), „pädagogische Handlungssituationen durchführen" (Handlungsdurchführung), „Theorien auf Situationen beziehen" (Theoriebezug) und „mit Situationen analytisch-reflexiv umgehen" (Situationsreflexion).

Die curriculare Validität der LT-Dimensionen in Bezug auf die Masterpraktika in Hamburg und Köln kann aus dem Vergleich mit den curricularen Zielen in Tabelle 1 abgeleitet werden. Die Gegenüberstellung ergibt, dass sechs der acht curricularen Ziele ihre Entsprechung in den fünf Tätigkeitsdimensionen finden. Nur für die „vertiefte Kenntnis der Bildungspläne" (e) und die „Entwicklung eines professionellen Selbstkonzepts" (h) gibt es keine korrespondierenden LT-Dimensionen. Im Einzelnen korrespondiert der „forschungsmethodische Zugang" mit den curricularen Zielen (a) und (c), die „Handlungsplanung" mit Ziel (d), die „Handlungsdurchführung" mit Ziel (f), die „Situationsreflexion" mit dem Ziel (g) und der „Theoriebezug" mit den Zielen (a), (b) und (c).

Nachfolgend werden die lernprozessbezogenen Tätigkeitsdimensionen (LT-Dimensionen) kurz erläutert. Die erste Dimension bezieht sich auf die Anforderung an Lehramtsstudierende in Schulpraktika, im Sinne „forschenden Lernens" die Praxis als Forschungsfeld zu betrachten und wissenschaftsbezogene Denkweisen in Bezug auf die spätere praktische Tätigkeit zu erwerben und zu erproben (Kansanen, 2004). Eine solche forschende Grundhaltung wird als notwendig für die professionelle Analyse von Unterricht verstanden (Paseka, 2009). Dazu können und sollen auch selbstständig Daten erhoben und damit ein Bezug zwischen Praxisfeld und Universität hergestellt werden (Bohnsack, 2000). Die zweite und dritte Dimension beziehen sich auf die Planung und Durchführung pädagogischer Handlungssituationen im Schulpraktikum, die die vier Bereiche Unterrichten, Erziehen (insbesondere als Klassenführungskompetenz), Beurteilen/Beraten und Umgang mit Heterogenität umfassen (Standards der KMK für die Lehrerbildung, 2004). Erfolgreiches Unterrichten setzt die Planung unterrichtlichen Handelns voraus, die allerdings unterdeterminiert ist, verglichen mit der tatsächlichen Komplexität unterrichtlicher Situationen und Handlungen. Zur Erlangung von Expertise gehört auch, dass Unterschiede zwischen Planung und tatsächlicher Situation bewältigt werden können (Borko, Livingston & Shavelson, 1990; Bromme, 1992). In den beiden letzten Dimensionen des Modells wird die Vernetzung von akademischem Wissen und von Wissen aufgrund schulpraktischer Erfahrungen erfasst. Die vierte Dimension „Theorien auf Situationen beziehen" betont theoretische Ansätze, die in der akademischen Ausbildung erworben und in konkreten Situationen des Schulpraktikums auf ihre Anwendbarkeit erprobt werden sollen. Deklaratives Wissen aus Erziehungswissenschaft und Fachdidaktik wird auf diese Weise prozeduralisiert (Anderson, 1982). Die fünfte Dimension „mit Situationen analytisch-reflexiv" umgehen, betont die Reflexion schulpraktischer Unterrichtserfahrungen und die damit einhergehende Situationseinbettung des professionellen Wissens (Berliner, 2004; Schön, 1983). Hier werden Theorieelemente erziehungswissenschaftlicher Theorien angewendet, die einen analytischen Zugang zum Praxisfeld ermöglichen (Desforges, 1995).

König et al. (2018) konnten durch eine Pfadanalyse dieses fünfdimensionalen Modells mit Daten Lehramtsstudierender aus Nordrhein-Westfalen im Praxissemester zeigen, dass die von den Lehramtsstudierenden eingeschätzte Qualität der sozialen Beziehungen zu den Schülern, die erlebte Kohärenz zwischen Hochschullehre und Schulpraxis, die erlebte mentorielle Unterstützung (siehe auch Schubarth, Gottmann & Krohn, 2014; Schüpbach, 2007; Stanulis & Floden, 2009) und die selbst eingeschätzte investierte Lernzeit wesentliche förderliche Bedingungen für die Durchführung lernprozessbezogener Tätigkeiten Studierender im Praxissemester sind.

2   Hypothesen

Eine erste Hypothese (H1), die Merkmale der Standorte Hamburg und Köln vergleicht, soll für die „Handlungsdurchführung" formuliert werden. Diese durch die große Zahl von 31 Aktivitäten operationalisierte LT-Dimension umfasst Einzeltätigkeiten, die sich grob in die vier Bereiche „Hausaufgabenbetreuung", „Förderung des Lernverhaltens", „Förderung des Sozialverhaltens" und „regulative Tätigkeiten zur Förderung geordneter Abläufe in Klasse und Schule" untergliedern lassen. Es wird angenommen, dass diese vielfältigen LT nur dann zum größten Teil in einem Praktikum ausgeführt werden, wenn Studierende über einen längeren Zeitraum an derselben Praktikumsschule in einem vertrauten Lernkontext mit dem

Erleben der Integration in den Schulalltag ihr Praktikum absolvieren. Es sollten daher in dieser LT-Dimension mehr Tätigkeiten von Studierenden im Praxissemester in Köln ausgeführt werden als in den beiden vierwöchigen Blockpraktika in Hamburg zusammen, die in der Regel in variierenden Lernkontexten an zwei Schulen unterschiedlichen Typs absolviert werden und damit eine zweimalige Integration in den Schullalltag bzw. den jeweiligen Lernkontext erfordern. Außerdem wird nur im intendierten Curriculum Kölns das Ziel der Wahrnehmung und Umsetzung des Erziehungsauftrags der Schule durch explizite Nennung herausgehoben, das vor allem durch die Tätigkeiten, die auf die „Förderung des Sozialverhaltens" zielen, realisiert wird.

Eine zweite Hypothese (H2) thematisiert die intendierte Wirkung der beiden ausschließlich am Standort Hamburg zu den Kernpraktika I und II begleitend durchgeführten Seminare. Dabei handelt es sich um ein Reflexionsseminar des Landesinstituts für Lehrerbildung und Schulentwicklung sowie um ein fachdidaktisches Seminar der Universität Hamburg. Es wird angenommen, dass sich die in diesen beiden Seminaren angeregten theoriebasierten Reflexionen über schulpraktische Erfahrungen, die das Praktikum kontinuierlich begleiten und die von den zentralen Akteuren der ersten bzw. zweiten Phase der Lehrerbildung angeboten werden, sowohl förderlich auf die erlebte Kohärenz zwischen universitärem und schulischem Curriculum auswirken als auch auf den Umfang der Lernaktivitäten in den LT-Dimensionen „Theoriebezug" und „Situationsreflexion".

Zwei weitere Hypothesen betreffen mögliche Kovariate, die sowohl zusätzliche Varianzanteile in den LT-Dimensionen aufklären als auch eventuell auftretende Unterschiede im Umfang der ausgeführten LT zwischen den beiden Hochschulen erklären können. Als Kovariate werden die investierte Lernzeit im Schulpraktikum, die mentorielle Unterstützung und die Kohärenz zwischen den curricularen Angeboten der Universität und der Schule untersucht, die in einer Studie von König et al. (2018) signifikante Varianzanteile in der Durchführung von LT im Praxissemester aufklärten. Es wird angenommen (H3), dass diese Zusammenhänge nicht nur im Praxissemester, sondern auch in schulischen Blockpraktika (Bach, 2013) gelten. Das Ausmaß der investierten Lernzeit, die durch die Curricula an den beiden Studienorten geregelt wird, sollte den Umfang ausgeführter LT in den Masterpraktika positiv beeinflussen. Diese Hypothese spezifizierend, wird angenommen, dass insbesondere die Zeit selbstständigen Unterrichtens, verglichen mit den weniger selbstgesteuert verbrachten Lernzeiten des Hospitierens bzw. Mitunterrichtens im Unterricht einer anderen Lehrperson, den stärksten Einfluss haben sollte, da sie den kompletten Unterrichtszyklus von der Handlungsplanung, über die Handlungsdurchführung bis zur Handlungsreflexion umfasst.

Die beiden Angebotsmerkmale der Unterstützung durch den Mentor und der erlebten Kohärenz zwischen Hochschullehre und Schulpraxis sollten als weitere Kovariate wirken (H4). Es wird spezifizierend angenommen, dass der Zusammenhang der Kohärenz mit der Tätigkeitsdimension „Theoriebezug" am höchsten ausfallen sollte, verglichen mit den übrigen Tätigkeitsdimensionen, da das Angebotsmerkmal der Kohärenz die akademische Vorbereitung auf die schulische Praxis insbesondere durch die Vermittlung konzeptuellen und theoriebasierten Wissens thematisiert. König et al. (2014, Tabelle 6) berichten in diesem Sinn zwischen der Kohärenz und dem „Theoriebezug" mit $r = .44$ die höchste Produkt-Moment-Korrelation, während die Korrelationen zwischen der Kohärenz und den übrigen LT-Dimensionen mit $.14 \leq r \leq .25$ kleiner ausfallen.

Abschließend soll eine Hypothese (H5) zu Tätigkeitsunterschieden zwischen den berücksichtigten Lehramtsformen formuliert werden, namentlich zwischen dem Lehramt für Sonderpädagogik einerseits und den Lehrämtern für die Primar-/Sekundarstufe I und für das Gymnasium andererseits. Nur in Hamburg wird das Kernpraktikum II für die Sonderpädagogen, das im Förderschwerpunkt der Studierenden zu absolvieren ist, nicht von einem fachdidaktischen Begleitseminar, sondern von einem Begleitseminar im Bereich Diagnostik begleitet (Universität Hamburg, 2015). Die Modulbeschreibung (Universität Hamburg, 2015, S. 101) nennt die folgenden vier von acht Qualifikationsziele mit Bezügen zur Diagnostik: die (1) „Fähigkeit, Unterricht, insbesondere Diagnostik und Förderung in dem gewählten Förderschwerpunkt, zielgerichtet zu beobachten und kriteriengeleitet auszuwerten", (2) „diagnostische Kompetenzen, insbesondere in dem gewählten Förderschwerpunkt", (3) die „Fähigkeit, eigene Forschungsfragen ... zu Diagnostik und Förderung in dem gewählten Förderschwerpunkt zu entwickeln und zu bearbeiten" und (4) die „Fähigkeit, Methoden zur Sicherung und Evaluierung der Diagnostik und des Förderangebots und zur Überprüfung der Qualität des eigenen Lehrens, Diagnostizierens und Förderns im gewählten Förderschwerpunkt anzuwenden". Auch die Lerninhalte (Universität Hamburg, 2015, S. 101) enthalten die folgenden diagnostischen und forschungsmethodischen Bezüge: (1) die „zielgerichtete Beobachtung von Unterricht, Diagnostik und Förderung im gewählten Förderschwerpunkt;", (2) die „zielgerichtete Beobachtung der individuellen Auseinandersetzung einzelner Kinder mit sonderpädagogischem Förderbedarf ... mit dem Lerngegenstand, ... anhand systematisch zusammengestellter Arbeitsproben" und (3) die „Bearbeitung selbst entwickelter Forschungs- bzw. Evaluationsfragen". Es wird angenommen, dass sich diese verstärkte Auseinandersetzung mit diagnostischen und forschungsmethodischen Themen förderlich auf die LT im Bereich „forschungsmethodischer Zugang" auswirkt. Da diese diagnostische Fokussierung nur in Hamburg besteht, sollte sich dieser Unterschied zwischen den Lehrämtern nur in Hamburg zeigen.

3   Methodisches Vorgehen

3.1   Datenerhebung und Stichprobe

Die Datenerhebung fand in den letzten drei Wochen des Sommersemesters 2016 im Rahmen kooperierender Projekte der „Qualitätsoffensive Lehrerbildung"[2] an der Universität Hamburg und der Universität zu Köln durch parallele Online-Befragungen statt. Den freiwillig teilnehmenden Lehramtsstudierenden wurde per E-Mail der Zugang zur Befragung ermöglicht. Es liegen Daten von N = 482 Studierenden vor, die sich in Hamburg bzw. Köln folgendermaßen auf die Lehrämter verteilen: Lehramt an Gymnasien n = 78 bzw. 119, Lehramt für Sonderpädagogik n = 32 bzw. 103 und Lehramt für Primar-/Sekundarstufe I n = 68 bzw. 82.

Weil an der Universität zu Köln separate Lehrämter für die Primarstufe (n = 41) und die Sekundarstufe I (n = 41) angeboten werden, wurden die Kölner Teilstichproben dieser beiden Lehrämter zusammengefasst, um vergleichbare Lehramtsformen zu erhalten. Das Lehramt an Berufsschulen konnte wegen zu kleiner Fallzahlen nicht berücksichtigt werden.

Die Geschlechtsverteilung innerhalb der Gesamtstichprobe (78 % weiblich) ist an beiden Universitäten ähnlich ($\chi^2(1)$ = .10, p = .75). Die durchschnittliche Abiturnote fällt in Köln (M = 2.07, SD = .55) besser aus als in Hamburg (M = 2.18, SD = .56, t(476) = 2.33, p = .026, d = .20); ebenso zeigen Studierende des Lehramts an Gymnasien (M = 1.93, SD = .57) bessere Schulleistungen als Studierende des Lehramts für Primar-/Sekundarstufe I (M = 2.26, SD = .51, t(343) = -5.53, p < .001, d = .61) bzw. der Sonderpädagogik (M = 2.21, SD = .51, t(327) = -4.61, p < .001, d = .52). Die Studierenden in Hamburg (M = 26.6, SD = 3.4 Jahre) sind älter als die in Köln (M = 24.7, SD = 2.9, t(480) = 6.71, p < .001, d = .62), was teilweise Folge der curricularen Vorgaben sein dürfte, die vorschreiben, dass die Kölner Studierenden das Praxissemester im 2. Mastersemester absolvieren, die in Hamburg das abschließende Kernpraktikum II im 3. Mastersemester. Auch sind die Studierenden der Sonderpädagogik (M = 24.8. SD = 2.3) jünger als jene des Lehramts an Gymnasien (M = 25.7, SD = 3.7, t(330) = 2.51, p = .037, d = .29). Weitere Altersunterschiede bestehen nicht.

---

[2] Beide Projekte, das Projekt Professionelles Lehrerhandeln zur Förderung fachlichen Lernens unter sich verändernden gesellschaftlichen Bedingungen (ProfaLe) der Universität Hamburg und das Projekt Zukunftsstrategie Lehrer*innenbildung Köln – Heterogenität und Inklusion gestalten (ZuS) der Universität zu Köln, werden im Rahmen der gemeinsamen „Qualitätsoffensive Lehrerbildung" von Bund und Ländern aus Mitteln des Bundesministeriums für Bildung und Forschung gefördert.

3.2　Erhebungsinstrumente

Die lernprozessbezogenen Tätigkeiten wurden mit dem von König et al. (2014) konstruierten fünfdimensionalen Fragebogen, bestehend aus 74 Items, erhoben. Die Studierenden beantworteten die Frage, ob sie die LT im jeweiligen Schulpraktikum durchgeführt hatten (Codierung: 0 = nicht durchgeführt, 1 = durchgeführt). Durch eine Raschskalierung ließ sich die fünfdimensionale Struktur aus König et al. (2014) replizieren. Die Reliabilitäten (EAP/PV) zeigen befriedigende bis sehr gute Werte (.74 ≤ EAP/PV-Rel ≤ .89). Die Berechnung der fehlerbereinigten Korrelationen zwischen den LT-Dimensionen zeigt, dass einerseits „Handlungsplanung" und „Handlungsdurchführung" (ϕ = .79) und andererseits „forschungsmethodischer Zugang" und „Situationsreflexion" (ϕ = .74) eng zusammenhängen, während der „Theoriebezug" die schwächsten Zusammenhänge aufweist (.46 ≤ ϕ ≤ .59).

Außerdem wurden die Lernzeiten erhoben, die die Studierenden in ihrem Praktikum in unterschiedliche Lerngelegenheiten investierten. Unterschieden wurden (a) Hospitationen, (b) mit unterrichten, d. h. einzelne Schüler bzw. Schülergruppen im Unterricht einer Lehrperson betreuen, und (c) selbst unterrichten bei Anwesenheit einer Lehrperson. Als Antwortkategorien wurden sieben Zeitintervalle vorgegeben: „0", „1-10", „11-20", „21-30", „31-50", „51-100", „mehr als 100" Stunden. Um diese Variable auf Intervallskalenniveau auswerten zu können, wurden die Intervalle durch ihre ganzzahlig abgerundeten Mittelwerte 0, 5, 15, 25, 40, 75 bzw. den Wert 100 Stunden ersetzt. Schließlich wurden die Kohärenz zwischen Hochschullehre und Schulpraxis mit fünf Items (Cronbachs α = .92; z. B. „Die Lehrveranstaltungen haben mir geholfen, mich in der Schulpraxis zurecht zu finden.") und die mentorielle Unterstützung mit vier Items erfasst (Cronbachs α = .86; z. B. „Eine Lehrperson an der Schule hat mir Verbesserungsmöglichkeiten gezeigt."). Als Antwortkategorien wurden vierstufige Likertskalen verwendet (1 = „trifft gar nicht zu" bis 4 = „trifft voll zu").

4　Ergebnisse

Tabelle 2 gibt einen Überblick über Mittelwerte (M) und Standardabweichungen (SD) der fünf LT-Dimensionen, der beiden Angebotsmerkmale und der drei Zeitvariablen. Die hohen Standardabweichungen, insbesondere für die Zeitvariablen und die LT-Dimensionen, weisen trotz der Vorgaben der intendierten Curricula auf große interindividuelle Unterschiede in der zeitlichen Nutzung der schulpraktischen Lerngelegenheiten und der Ausübung der LT an beiden Hochschulen hin. Dies verringert die Wahrscheinlichkeit, Unterschiede von großer Effektstärke zwischen den Hochschulen oder den Lehramtsformen identifizieren zu können.

Tabelle 2: Mittelwerte (M) und Standardabweichungen (SD) der lernprozessbezogenen Tätigkeitsdimensionen (LT-Dimensionen), der Angebotsmerkmale und der Zeitvariablen

	Hamburg (Kernpraktikum)			Köln (Praxissemester)		
	Gymna-sium (n = 78)	Primar-/ Sek I (n = 68)	Sonder-päd. (n = 32)	Gymna-sium (n = 119)	Primar-/ Sek I (n = 82)	Sonder-päd. (n = 103)
	M (SD)	M (SD)	M (SD)	M (SD)	M (SD)	M (SD)
LT-Dimensionen						
Komplexität über forschungs-methodische Zugänge erkunden (9)[1]	2.28 (1.84)	3.15 (2.20)	5.25 (2.57)	3.10 (2.02)	2.96 (2.10)	3.15 (2.19)
Pädagogische Handlungs-situationen planen (12)[1]	7.28 (2.11)	7.62 (2.49)	7.41 (2.69)	8.40 (1.92)	8.40 (2.17)	8.46 (1.77)
Pädagogische Handlungs-situationen durchführen (31)[1]	14.42 (7.05)	19.25 (6.85)	19.06 (5.87)	18.86 (5.50)	22.30 (5.80)	23.23 (4.42)
Theorien auf Situationen be-ziehen (11)[1]	6.80 (2.15)	7.22 (2.87)	7.66 (2.15)	6.03 (2.51)	5.23 (2.60)	5.67 (2.45)
Mit Situationen analytisch-reflexiv umgehen (11)[1]	5.19 (2.32)	5.41 (2.52)	5.78 (2.17)	5.53 (2.38)	5.29 (2.33)	4.50 (2.18)
Angebotsmerkmale						
Mentoren-unterstützung[3]	3.56 (.51)	3.35 (.59)	3.37 (.63)	3.58 (.52)	3.50 (.60)	3.47 (.69)
Kohärenz[3]	2.29 (.66)	2.39 (.65)	2.26 (.56)	2.21 (.71)	2.01 (.71)	2.22 (.67)
Zeitvariablen						
Unterrichtszeit (hospitieren)[2]	84.7 (19.5)	73.6 (28.0)	87.7 (20.4)	84.4 (22.1)	72.7 (31.4)	61.8 (35.7)
Unterrichtszeit (mit unter-richten)[2]	36.4 (28.8)	51.8 (30.1)	61.7 (32.0)	34.1 (28.3)	48. 8 (33.0)	57.0 (33.1)
Unterrichtszeit (selbst unter-richten)[2]	36.2 (19.3)	34.3 (22.7)	39.2 (23.0)	21.1 (17.3)	27.1 (22.6)	19.9 (16.7)

Anmerkungen: [1] In ( ) werden die Itemzahlen genannt, über die Summenscores berechnet wurden. [2] Zeit-angaben in Stunden, 7-stufige Ratingskala zwischen 0 und 100 Stunden. [3] Likertskalen mit Abstufungen von 1 („trifft gar nicht zu") - 4 („trifft voll zu")

Tabelle 3 zeigt für die fünf LT-Dimensionen die Ergebnisse der univariaten 2 x 3 (Studienort x Lehramtsform)-Varianzanalysen. Wie erwartet (große interindividuelle

Unterschiede an beiden Hochschulen), sind nur signifikante Unterschiede von kleiner ($\eta_p^2 < .06$) oder mittlerer ($.06 \leq \eta_p^2 \leq .14$) Effektstärke feststellbar. Hypothese 1 über signifikant mehr LT der „Handlungsdurchführung" in Köln (M = 21.27, SD = 5.59) versus Hamburg (M = 17.10, SD = 7.15) wird durch die Daten gestützt. Auch LT der „Handlungsplanung" werden in Köln (M = 8.42, SD = 1.94) im Vergleich zu Hamburg (M = 7.43, SD = 2.36) signifikant häufiger ausgeführt. Außerdem kommen lehramtsspezifische Unterschiede vor, allerdings nur in der „Handlungsausführung": Studierende mit gymnasialem Lehramt (M = 17.10, SD = 6.52) führen im Schulpraktikum sowohl weniger LT aus als Sonderpädagogen (M = 22.24, SD = 5.10, t(330) = 7.69, p < .001, d = .88) als auch als Studierende mit Lehramt Primar-/Sekundarstufe I (M = 20.92, M = 6.46, t(345) = 6.06, p < .001, d = .59).

Tabelle 3: Lernprozessbezogene Tätigkeitsdimensionen: Ergebnisse der zweifaktoriellen Varianzanalysen mit den Faktoren Studienort und Lehramt

Faktor	Komplexität über forschungsmethodische Zugänge erkunden			Pädagogische Handlungssituationen planen			Pädagogische Handlungssituationen durchführen			Theorien auf Situationen beziehen			Mit Situationen analytisch-reflexiv umgehen		
	F	p	η_p^2	F	p	η_p^2	F	p	η_p^2	F	p	η_p^2	F	p	η_p^2
Studienort	5.5	.02	.01	22.1	.001	.04	44.5	.001	.09	40.7	.001	.08	2.4	.13	-
Lehramt	16.7	.001	.07	.3	.77	-	28.7	.001	.11	.9	.40	-	0.3	.72	-
Studienort x Lehramt	15.5	.001	.06	.3	.76	-	.6	.55	-	3.2	.04	.01	3.9	.02	.02

Hypothese 2 über mehr LT des „Theoriebezugs" und der „Situationsreflexion" an der Universität Hamburg als Folge eines praktikumsbegleitenden fachdidaktischen und eines zweiten begleitenden Reflexionsseminars wird nur für den „Theoriebezug" gestützt. Die Studierenden in Hamburg (M = 7.11, SD = 2.46) führen mehr LT zum „Theoriebezug" aus als jene in Köln (M = 5.69, SD = 2.53). Unterschiede zwischen den Lehrämtern treten hier nicht auf. Es interagieren jedoch Studienort und Lehramt signifikant. Die Interaktion spezifiziert, dass die Größe des Unterschieds im „Theoriebezug" zwischen den Studienorten für das Lehramt an Gymnasien geringer ausfällt als für die beiden anderen Lehrämter (vgl. Tabelle 2): Lehramt an Gymnasien (t(195) = 2.23, p = .03, d = .32), Lehramt für Sonderpädagogik (t(133) = 4.12, p < .001, d = .86) und Lehramt für Primar-/Sekundarstufe I (t(148) = 4.45, p < .001, d = .72).

Für die „Situationsreflexion" wird kein Haupteffekt signifikant, jedoch die Interaktion. A posteriori-Tests zeigen, dass nur die Studierenden der Sonderpädagogik in Hamburg mit M = 5.78 (SD = 2.17) versus M = 4.50 (SD = 2.18) in Köln mehr Situationsreflexionen ausführen (t(133) = 2.92, p = .002, d = .59). Für Studierende des Lehramts an Gymnasien (t(194) = -.98, p = .33, d = -.15) und des Lehramts für die Primar-/Sekundarstufe I (t(148) = .30, p = .76, d = .05) sind die Standortunterschiede nicht signifikant. Für den „forschungsmethodischen Zugang" werden beide Haupteffekte und die Interaktion signifikant (vgl. Tabelle 2). A posteriori-Tests stützen Hypothese 5 über die Wirkung des diagnostischen Begleitseminars in Hamburg, da nur an diesem Standort die Lehramtsstudierenden der Sonderpädagogik mehr LT ausführen als Studierende des Lehramts für Primar-/Sekundarstufe I (t(98) = 4.22, p < .001, d = .88) und als Studierende des Lehramts an Gymnasien (t(108) = 6.82, p < .001, d = 1.33), während in Köln keine Lehramtsunterschiede in dieser Dimension vorliegen (alle t ≤ .57, p ≥ .57, d ≤ .09).

Im Folgenden wird varianzanalytisch überprüft, ob die Ausprägungen in den Zeitvariablen[3] und den Angebotsmerkmalen vom Studienort und der Lehramtsform beeinflusst werden. Auch hier kommen nur kleine oder mittlere Effektstärken vor (s. Tabelle 4). Gemäß der ausschließlich in Hamburg gegebenen curricularen Normen für den Umfang des Hospitierens (s. Tabelle 1) hospitieren die Studierenden in Hamburg (M = 80.9, SD = 23.9) mehr Stunden als in Köln (M = 73.6, SD = 31.2). Der zeitliche Umfang des Hospitierens hängt zusätzlich von der Lehramtsform ab: Lehrpersonen des Gymnasiums hospitieren mit M = 84.5 Stunden (SD = 21.1) am längsten, gefolgt von Lehrpersonen der Primar-/Sekundarstufe I (M = 73.1,

---

[3] Da die Zeitangaben durch die Vorgabe von Zeitintervallen als Antwortkategorien erhoben wurden und für die Auswertung die Mittelwerte dieser Zeitintervalle verwendet wurden, wurde die Robustheit der varianzanalytischen Ergebnisse in Tabelle 4 durch die Berechnung non-parametrischer Signifikanztests überprüft. Haupteffekt Universität Hamburg versus Köln (MR = mittlerer Rang): (a) Zeit für Hospitieren MR = 255.4 versus 233.4, U = 24590 (p = .072), (b) Zeit für Mitunterrichten MR = 246.3 versus 238.7, U = 26199 (p = .55), (c) Zeit für Selbstunterrichten MR = 309.2 versus 201.9, U = 15001 (p < .001). Haupteffekt Lehramt (Gymnasium versus Primar-/Sekundarstufe I versus Sonderpädagogik): (a) Zeit für Hospitieren MR = 277.4 versus 226.2 versus 213.5, $\chi^2(2)$ = 19.64 (p < .001), (b) Zeit für Mitunterrichten MR = 192.4 versus 260.4 versus 292.2, $\chi^2(2)$ = 46.57 (p < .001), (c) Zeit für Selbstunterrichten MR = 243.0 versus 259.3 versus 219.6, $\chi^2(2)$ = 6.14 (p = .046). Interaktionseffekt: (1) χ^2-Tests für die Zeitvariablen der Hamburger Teilstichprobe: (a) Zeit für Hospitieren MR = 94.9 versus 76.1 versus 104.6, $\chi^2(2)$ = 9.86 (p = .007), (b) Zeit für Mitunterrichten MR = 71.8 versus 98.9 versus 112.7, $\chi^2(2)$ = 18.63 (p < .001), (c) Zeit für Selbstunterrichten MR = 93.6 versus 82.2 versus 95.1, $\chi^2(2)$ = 2.41 (p = .30). (2) χ^2-Tests für die Zeitvariablen der Kölner Teilstichprobe: (a) Zeit für Hospitieren MR = 177.7 versus 150.7 versus 124.8, $\chi^2(2)$ = 22.84 (p < .001), (b) Zeit für Mitunterrichten MR = 120.8 versus 160.7 versus 182.7, $\chi^2(2)$ = 29.18 (p < .001), (c) Zeit für Selbstunterrichten MR = 147.3 versus 171.7 versus 143.3, $\chi^2(2)$ = 5.89 (p = .053). Da sich diese Ergebnisse als weitgehend invariant zu den varianzanalytischen Ergebnissen erweisen, ziehen wir die varianzanalytische Darstellung aufgrund ihrer Einfachheit der nonparametrischen vor.

SD = 29.8) und denen der Sonderpädagogik (M = 67.9, SD = 34.5). Wie Tabelle 2 zeigt, spezifiziert die signifikante Interaktion von Studienort und Lehramtsform den Haupteffekt des Standortes dahingehend, dass nur die Sonderpädagogen in Hamburg mehr hospitieren als in Köln (t(133) = 3.90, p < .001, d = .90), während keine Standortunterschiede für die Studierenden der beiden anderen Lehrämter vorliegen: Lehramt für Primar-/Sekundarstufe I (t(148) = .18, p = .86, d = .03) und Lehramt an Gymnasien (t(195) = .10, p = .92, d = .02).

Tabelle 4:   Zeitvariablen und Angebotsmerkmale: Ergebnisse der zweifaktoriellen Varianzanalysen mit den Faktoren Studienort und Lehramt

Faktor	Unterrichtszeit (hospitieren)			Unterrichtszeit (mit unterrichten)			Unterrichtszeit (selbst unterrichten)			Mentoren- unterstützung			Kohärenz		
	F	p	η_p^2	F	p	η_p^2	F	p	η_p^2	F	p	η_p^2	F	p	η_p^2
Studienort	10.8	.001	.02	1.2	.27	-	50.1	.001	.10	2.4	.13	-	6.2	.01	.01
Lehramt	8.2	.001	.03	22.1	.001	.09	.5	.63	-	3.4	.04	.01	.2	.80	-
Studienort x Lehramt	8.0	.001	.03	.5	.95	-	3.1	.05	.01	.5	.59	-	2.7	.07	-

Auch für die zweite Zeitvariable des „Selbstunterrichtens" ergibt sich im Sinne der etwas höheren Vorgaben in Hamburg (vgl. Tabelle 1) eine signifikant höhere Ausprägung (vgl. Tabelle 4) mit M = 36.0 Stunden (SD = 21.3) als in Köln mit M = 22.3 (SD = 18.9). Wie Tabelle 2 zeigt, spezifiziert die signifikante Interaktion von Studienort und Lehramtsform diesen Haupteffekte des Studienortes dahingehend, dass der Standortunterschied für die Sonderpädagogen (t(133) = 5.19, p < .001, d = .96) und für Studierende des Lehramts an Gymnasien (t(195) = 5.70, p < .001, d = .82) höher ausfällt als für Studierende des Lehramts für die Primar-/Sekundarstufe I (t(148) = 1.96, p = .052, d = .32). Die dritte Zeitvariable des „Mitunterrichtens" im Sinne des Betreuens einzelner Schüler oder Schülergruppen im von einer anderen Lehrperson gestalteten Unterricht wird dagegen nicht vom Standort, sondern ausschließlich von der Lehramtsform beeinflusst: Studierende des Lehramts an Gymnasien (M = 35.0, SD = 28.5) unterrichten seltener mit als Sonderpädagogen (M = 58.1, SD = 32.8, t(330) = 6.83, p < .001, d = .75) und auch als Studierende der Primar-/Sekundarstufe I (M = 50.2, SD = 31.7, t(345) = 4.68, p < .001, d = .51).

Die erlebte Mentorenunterstützung wird ausschließlich von der Lehramtsform beeinflusst. Der Unterschied ist allerdings so gering, dass die a posteriori-Vergleiche zwischen den Lehramtsformen das Signifikanzniveau von 5 % verfehlen: Studierende des Lehramts an Gymnasien erzielen M = 3.57 (SD = .52), des Lehramts der

Primar-/Sekundarstufe I M = 3.43 (SD = .60) und der Sonderpädagogik M = 3.44 (SD = .68). Das Erleben der Kohärenz zwischen universitärem und schulprakti-schem Curriculum ist gemäß Hypothese 2 über den förderlichen Einfluss der bei-den abgestimmten Begleitseminare, die einerseits von der Universität Hamburg und andererseits vom Landesinstitut für Lehrerbildung und Schulentwicklung in Hamburg angeboten werden, mit M = 2.32 (SD = .63) in Hamburg höher als in Köln mit M = 2.16 (SD = .70).

Tabelle 5:　Lernprozessbezogene Tätigkeitsdimensionen: Ergebnisse der zweifak-toriellen Kovarianzanalysen

Faktor	Komplexität über for-schungsme-thodische Zu-gänge erkun-den			Pädagogische Handlungs-situationen planen			Pädagogische Handlungs-situationen durchführen			Theorien auf Situationen beziehen			Mit Situationen analytisch-reflexiv umgehen		
	F	p	η_p^2	F	p	η_p^2	F	p	η_p^2	F	p	η_p^2	F	p	η_p^2
Studienort	2.1	.16	-	30.8	.001	.06	59.9	.001	.11	28.4	.001	.06	0.3	.56	-
Lehramt	16.0	.001	.07	0.5	.60	-	27.4	.001	.10	1.1	.34	-	0.4	.68	-
Studienort x Lehramt	15.9	.001	.06	0.5	.60	-	1.10	.33	-	3.5	.03	.02	4.5	.01	.02
Kovariate															
Mentoren-unter-stützung	4.9	.03	.01	25.1	.001	.05	26.8	.02	.05	23.6	.001	.05	33.9	.001	.07
Kohärenz	6.5	.02	.01	7.1	.008	.02	5.2	.02	.01	61.1	.001	.12	8.0	.005	.02
Zeit (selbst unterrichten)	4.2	.04	.00	8.3	.004	.02	10.7	.001	.02	5.1	.03	.01	9.0	.003	.02
Zeit (mit unterrichten)	0.2	.64	-	0.9	.35	-	7.3	.007	.02	0.05	-	-	2.0	.16	-

Tabelle 5 präsentiert schließlich für die fünf LT-Dimensionen die Ergebnisse der univariaten 2 x 3 (Studienort x Lehramtsform)-Kovarianzanalysen mit den vier Ko-variaten Unterrichtszeit (mit unterrichtet), Unterrichtszeit (selbst unterrichtet), Mentorenunterstützung und Kohärenz. Die mit „Hospitieren" verbrachte Zeit wird nicht als Kovariate berücksichtigt, weil sie keine zusätzlichen signifikanten Varianz-anteile aufklären konnte. Die Mentorenunterstützung, die Kohärenz und die mit selbstständigem Unterricht verbrachte Praktikumszeit erweisen sich als bedeuten-de Kovariate, denn sie klären für alle fünf LT-Dimensionen signifikante Varianzanteile auf. Dagegen ist die Unterrichtszeit des „Mitunterrichtens" weniger bedeutsam und erweist sich ausschließlich für die „Handlungsdurchführung" als signifikante Kovariate. Der Einfluss der Kovariaten auf die durch den Studienort aufgeklärten Varianzanteile ist unterschiedlich. Für die „Handlungsplanung" und die „Handlungsdurchführung" ist der F-Wert des Studienorts leicht angestiegen (vgl. Tabellen 3 und 5), da die Fehlervarianz in der Kovarianzanzanalyse durch die Aufnahme der Kovariaten verringert wird. Für den „forschungsmethodischen Zugang", den „Theoriebezug" und die „Situationsreflexion" verringern sich die F-Werte des Studienorts jedoch. Diese Veränderung weist darauf hin, dass die beiden Kovariaten der Kohärenz und der Unterrichtszeit, in der selbst unterrichtet wird, die ihrerseits vom Studienort signifikant beeinflusst werden (vgl. Tabelle 4), den Einfluss des Studienortes auf diese drei LT-Dimensionen teilweise vermitteln. Die F-Werte für die Lehramtsform in den Tabellen 3 und 5 werden durch die Aufnahme der Kovariaten kaum verändert.

5   Zusammenfassung und Diskussion

Die Studie dokumentiert mit der investierten Lernzeit und den LT-Dimensionen das beträchtliche Lernpotenzial der beiden untersuchten Masterpraktika. Summiert über drei Zeitvariablen investieren die Studierenden in Hamburg M = 163.8 (SD = 56.6) Stunden und die in Köln M = 141.7 (SD = 54.3) Stunden in hospitierende sowie mit und selbst unterrichtende Aktivitäten. Summiert über die fünf LT-Dimensionen führen sie in Hamburg M = 40.17 (SD = 13.25) bzw. in Köln M = 43.58 (SD = 10.64) der 74 vorgegebenen lernprozessbezogenen Tätigkeiten mindestens einmal aus; das sind 54.3 bzw. 58.9 Prozent der Aktivitäten. Zur Einordnung dieser Anteile sollen Vergleichswerte herangezogen werden (König & Klemenz, 2015, Tabelle 3), die für 18 deutsche Hochschulen aus neun Bundesländern 48.4 Prozent (M = 35.8) betragen und für neun pädagogische Hochschulen und zwei Universitäten aus Österreich 66.5 Prozent (M = 49.2). Das österreichische PH-Studium, das von Studienbeginn an Praktika enthält (wöchentliche Praxistage, Blockpraktika), ist als sechssemestriges Bachelorstudiums durch eine enge Verzahnung von Theorie-Praxis-Elementen charakterisiert und ermöglicht aufgrund der Menge und zeitlichen Staffelung der angebotenen schulpraktischen Lerngelegenheiten mit einem Anteil von zwei Dritteln ausgeführter LT-Tätigkeiten mehr Aktivitäten als die beiden bedeutend kürzeren hier untersuchten Praktika.

Da ein Angebots-Nutzungs-Modell der Hochschullehre (Helmke & Schrader, 2010) den theoretischen Rahmen der vorliegenden Studie bildet, geht die abschließende Diskussion auf die Lernpotenziale von Angebotsmerkmalen auf der Institutionenebene und von Nutzungsmerkmalen auf der Individualeben der Studierenden ein. Auf der Institutionenebene wird Hypothese 2 bestätigt und die Forschungsergebnisse anderer Autoren (für Zusammenfassungen Bach, 2013; Hascher, 2012) werden repliziert, dass solche Angebotsmerkmale, die eine kohärente institutionenübergreifende Zusammenarbeit bei der Betreuung und Lernbegleitung von Praktikanten kennzeichnen, besonders lernwirksam sind. Unsere Ergebnisse deuten darauf hin, dass die zweisemestrige kontinuierliche Begleitung des Kernpraktikums durch die Universität Hamburg und das Landesinstitut für Lehrerbildung und Schulentwicklung den Theorie-Praxis-Transfer besonders gefördert hat und die Studierenden dabei unterstützt hat, in den induzierten Reflexionsprozessen theoretisches universitäres Wissen mit schulpraktischen Erfahrungen zu verbinden. Obwohl das Kohärenzerleben an der Universität Hamburg gemäß Hypothese 2 signifikant höher ausfällt als an der Universität zu Köln, liegen die mittleren Kohärenzratings der Studierenden an beiden Standorten (Hamburg: M = 2.32, SD = .60, Köln: M = 2.16, SD = .70) jedoch nur im Bereich des Skalenwertes 2 („trifft eher nicht zu") der vierstufigen Ratingskala und wegen der großen Streuung gibt es nicht wenige Studierende, die den ungünstigsten Skalenwert 1 („trifft gar nicht zu") gewählt haben, sodass aus Sicht der Studierenden an beiden Standorten eine noch größere Herstellung von Kohärenz gewünscht wird.

Unerwarteterweise wirkten sich die höheren curricularen Vorgaben in Hamburg zum Umfang des Hospitierens (nur in Hamburg Teil des Curriculums) und des selbstständigen Unterrichtens (Teil der Curricula an beiden Standorten) am stärksten auf die zeitlichen Investitionen der Studierenden des Lehramts für Sonderpädagogik aus. Ausschließlich die Hamburger Studierenden der Sonderpädagogik (M = 87.7, SD = 20.4) hospitierten signifikant länger als die in Köln (M = 61.8, SD = 35.7) und sie erzielten auch beim selbstständigen Unterrichten mit einer doppelt so hohen Stundenzahl verglichen mit Köln den größten Standortunterschied (M = 39.2, SD = 23.0 versus M = 19.9, SD = 16.7 Stunden). Weiterhin fand sich nur für die Studierenden der Sonderpädagogik ein Standortunterschied dahingehend, dass sie in Hamburg häufiger (M = 5.78, SD = 2.17) analytisch-reflexiv mit pädagogischen Situationen umgingen als in Köln (M = 4.50, SD = 2.18). Die Angebotsmerkmale des Kernpraktikums II für Studierende der Sonderpädagogik wie die Lokalisierung an einem Regionalen Bildungs- und Beratungszentrum, einer speziellen Sonderschule oder einer inklusiven Regelschule, die hohen normativen Zeitvorgaben und die Verzahnung von theoretischem diagnostischem Wissen und praktischen diagnostischen Erfahrungen in einem universitären Begleitseminar scheinen in Hamburg ein besonderes Lernpotenzial zu entfalten.

Wenn man die Standardabweichungen der Variablen in Tabelle 2 an ihren Mittelwerten relativiert, dann liegen die Anteile für die Zeitvariablen und für die LT-Dimensionen im Intervall von 23-80 % mit einer Häufung von Werten bei 50 %. Diese großen interindividuellen Unterschiede (siehe auch König & Klemenz, 2015, Tabelle 3; Racherbäumer & Liegmann, 2014 für ähnlich große interindividuelle Unterschiede) weisen auf die Bedeutung individueller Lernstrategien, Lernorientierungen und Lernmotivationen bei der Nutzung der vielfältigen Lerngelegenheiten in Schulpraktika hin, die in Angebots-Nutzungs-Modellen die Nutzerseite charakterisieren (Helmke & Schrader, 2010, Abbildung 1). Van Oosterheert und Vermunt (2001) sowie Van Oosterheert, Vermunt und Denessen (2002) identifizieren mit einem mehrdimensionalen Fragebogen vier „Lernmuster" der Lehramtsstudierenden in Schulpraktika. Der Fragebogen misst die Erwartungen Studierender an die Art der mentoriellen Unterstützung, meta-kognitive Überzeugungen zur selbst- oder außengesteuerten Anwendung von theoretischem Wissen in Unterrichtssituationen und den Umgang mit Misserfolgen beim Unterrichten. Bei den vier Lernmustern, die weniger als Dispositionen, sondern als Zustandsbeschreibungen konzipiert sind, handelt es sich um ein inaktives auf das Überleben im eigenen Deutungsrahmen orientiertes Lernen, ein aktives, den eigenen Deutungsrahmen reproduzierendes Lernen, ein auf die Weiterentwicklung des eigenen Deutungsrahmens mit Hilfe von externen Akteuren orientiertes Lernen und ein den eigenen Deutungsrahmen vor allem selbstgesteuert weiterentwickelndes Lernen. Während Studierende der ersten beiden Lernmuster Lernerfahrungen in Schulpraktika auf der Performanzebene als Erwerb von „Praxiswissen" betrachten, konzipieren Studierende der beiden anderen Lernmuster Lernerfahrungen als Konstruktion und Veränderung von Deutungsrahmen unterrichtlichen Handelns durch Anwendung eigenen theoretischen Wissens und Unterstützung durch externe Quellen. Die Erfassung dieser Lernmuster in zukünftigen Studien würde es ermöglichen, die Varianzanteile in den LT-Dimensionen zu bestimmen, die auf institutionelle Angebotsmerkmale, die beschriebenen Lernmuster und die Interaktion beider zurückzuführen sind. Außerdem ermöglicht die Unterscheidung der Lernmuster den Dozenten und Mentoren eine lernmusterspezifische Betreuung der Praktikanten.

Drei methodische Limitationen der vorliegenden Studie seien abschließend erwähnt: (a) Die LT und die Angebotsmerkmale wurden durch Einschätzungen der Studierenden erhoben und können somit durch die Motive des Selbstwertschutzes und der Anpassung an die Erwartungen der Bezugspersonen im Praktikum verzerrt worden sein. Hascher (2006, S. 144) findet beispielsweise empirische Belege für die retrospektive „Ent-Idealisierung" der Mentoren und deutet dies so, dass Lehramtsstudierende die Zusammenarbeit mit Mentoren und die erhaltene Unterstützung retrospektiv kritischer einschätzen als unmittelbar nach Praktikumsende. Allerdings kann durch die anonymisierte Online-Befragung davon ausgegangen werden, dass die potentielle Tendenz, im Sinne vermeintlich sozial erwünschten Verhaltens verzerrte Antworten bei den möglicherweise als sensibel empfundenen Umfrageinhalten zu liefern, insgesamt abgeschwächt wurde (siehe die Metanalyse von Gnambs

& Kaspar, 2015). (b) Die Ausführung der LT wurde dichotom erhoben, sodass die Zunahme des Wertes einer Person in einer LT-Dimension nur erfolgt, wenn die Person mehr unterschiedliche LT ausführt, die diese Dimension operationalisieren. Wenn stattdessen für jede einzelne LT deren Ausführungshäufigkeit erhoben werden würde, könnten Zuwächse auch durch Häufigkeitszunahmen in einzelnen LT erfasst werden. (c) Das Vorliegen der Lehramtsform „Lehramt für Primar-/Sekundarstufe I" nur an der Universität Hamburg erforderte die Zusammenfassung der separaten Lehrämter für die Primarstufe und die Sekundarstufe I an der Universität zu Köln, um den durchgeführten Vergleich zu ermöglichen.

Literatur

Anderson, J. R. (1982). Acquisition of cognitive skills. Psychological Review, 89, 369-406.

Arnold, K.-H., Gröschner, A. & Hascher, T. (2014). Schulpraktika in der Lehrerbildung. Theoretische Grundlagen, Konzeptionen, Prozesse und Effekte. Münster: Waxmann.

Bach, A. (2013). Kompetenzentwicklung im Schulpraktikum. Ausmaß und zeitliche Stabilität von Lerneffekten hochschulischer Praxisphasen. Münster: Waxmann.

Baumert, J. & Kunter, M. (2011). Das Kompetenzmodell von COACTIV. In M. Kunter, J. Baumert, W. Blum, U. Klusmann, S. Krauss & M. Neubrand (Hrsg.), Professionelle Kompetenz von Lehrkräften. Ergebnisse des Forschungsprogramms COACTIV (S. 29-53). Münster: Waxmann.

Berliner, D. C. (2004). Describing the behavior and documenting the accomplishments of expert teachers. Bulletin of Science, Technology & Society, 24, 200-212.

Bohnsack, F. (2000). Probleme und Kritik der universitären Lehrerausbildung. In M. Bayer, F. Bohnsack, B. Koch-Priewe & J. Wildt (Hrsg.), Lehrerin und Lehrer werden ohne Kompetenz? Professionalisierung durch eine andere Lehrerbildung (S. 52-123). Bad Heilbrunn: Klinkhardt.

Borko, H., Livingston, C. & Shavelson, J. (1990). Teachers' thinking about instruction. Remedial and Special Education, 11, 40-49.

Bromme, R. (1992). Der Lehrer als Experte: zur Psychologie des professionellen Wissens. Bern: Huber.

Desforges, D. (1995). How does experience affect theoretical knowledge for teaching? Learning and Instruction, 5, 385-400.

Doll, J., Buchholtz, N., Kaiser, G., König, J. & Bremerich-Vos, A. (2018). Nutzungsverläufe für fachdidaktische Studieninhalte der Fächer Deutsch, Englisch und Mathematik im Lehramtsstudium: die Bedeutung der Lehrämter und der Zusammenhang mit Lehrinnovationen. Zeitschrift für Pädagogik, 64 (4), 511-532.

Felten, R. von (2005). Lernen im reflexiven Praktikum. Eine vergleichende Untersuchung. Münster: Waxmann.

Gnambs, T. & Kaspar, K. (2015). Disclosure of sensitive behaviors across self-administered survey modes: a meta-analysis. Behavior Research Methods, 47 (4), 1237-1259.

Gröschner, A., Müller, K., Bauer, J., Seidel, T., Prenzel, M., Kauper, T. & Möller, J. (2015). Praxisphasen in der Lehrerausbildung – Eine Strukturanalyse am Beispiel des gymnasialen Lehramtsstudiums in Deutschland. Zeitschrift für Erziehungswissenschaft, 18 (4), 639-665.

Hascher, T. (2006). Veränderungen im Praktikum – Veränderungen durch das Praktikum. Eine empirische Untersuchung zur Wirkung von schulpraktischen Studien in der Lehrerbildung. In C. Allemann-Ghionda & W. Terhart (Hrsg.), Kompetenzen und Kompetenzentwicklung von Lehrerinnen und Lehrern: Ausbildung und Beruf. Zeitschrift für Pädagogik, 51. Beiheft, 130-148.

Hascher, T. (2012). Lernfeld Praktikum – Evidenzbasierte Entwicklungen in der Lehrer/innenbildung. Zeitschrift für Bildungsforschung, 2, 109-129.

Hascher, T. & Kittinger, C. (2014). Learning processes in student teaching: Analyses from a study using learning diaries. In K.-H. Arnold, A. Gröschner & T. Hascher (Hrsg.), Schulpraktika in der Lehrerbildung. Theoretische Grundlagen, Konzeptionen, Prozesse und Effekte (S. 221-236). Münster: Waxmann.

Helmke, A. & Schrader, F.-W. (2010). Hochschuldidaktik. In D. Rost (Hrsg.), Handwörterbuch Pädagogische Psychologie, 4. Aufl. (S. 273-279). Weinheim: Beltz.

Kansanen, P. (2004). The role of general education in teacher education. Zeitschrift für Erziehungswissenschaft, 2, 207-218.

KMK (2004). Standards für die Lehrerbildung: Bildungswissenschaften. Beschluss der Kultusministerkonferenz vom 16.12.2004. Verfügbar unter: www.kmk.org/fileadmin/veroeffentlichungen_beschlues se/ 2004/2004_12_16-Standards-Lehrerbildung.pdf [20.06.2018].

König, J. & Klemenz, S. (2015). Der Erwerb von pädagogischem Wissen bei angehenden Lehrkräften in unterschiedlichen Ausbildungskontexten: Zur Wirksamkeit der Lehrerausbildung in Deutschland und Österreich. Zeitschrift für Erziehungswissenschaft, 18 (2), 247-277.

König, J., Darge, K., Kramer, C., Ligtvoet, R., Lünnemann, M., Podlecki, A.-M. & Strauß, S. (2018). Das Praxissemester als Lerngelegenheit: Modellierung lernprozessbezogener Tätigkeiten im Spannungsfeld zwischen Universität und Schulpraxis. In J. König, M. Rothland & N. Schaper (Hrsg.), Learning to practice, learning to reflect? Ergebnisse aus der Längsschnittstudie LtP zur Nutzung und Wirkung des Praxissemesters in der Lehrerbildung (S. 87-114). Springer: VS.

König, J., Tachtsoglou, S., Darge, K. & Lünnemann, M. (2014). Zur Nutzung von Praxis: Modellierung und Validierung lernprozessbezogener Tätigkeiten von angehenden Lehrkräften im Rahmen ihrer schulpraktischen Ausbildung. Zeitschrift für Bildungsforschung, 4 (1), 3-22.

Kucharz, D. (2009). Zusammenfassende Diskussion der Ergebnisse. In M. Dieck, G. Dörr, D. Kucharz, O. Küster, K. Müller, B. Reinhoffer, T. Rosenberger, S. Schnebel & T. Bohl (Hrsg.), Kompetenzentwicklung von Lehramtsstudierenden während des Praktikums. Erkenntnisse aus dem Modellversuch Praxisjahr Biberach (S. 183-198). Baltmannsweiler: Schneider Verlag Hohengehren.

Kunina-Habenicht, O., Schulze-Stocker, F., Kunter, M., Baumert, J., Leutner, D., Förster, D., Lohse-Bossenz, H. & Terhart, E. (2013). Die Bedeutung der Lerngelegenheiten im Lehramtsstudium und deren individuelle Nutzung für den Aufbau des bildungswissenschaftlichen Wissens. Zeitschrift für Pädagogik, 59 (1), 1-23.

McDonnel, L. M. (1995). Opportunity to learn as a research concept and policy instrument. Educational Evaluation and Policy Analysis, 17, 305-322.

MSW (2010). Rahmenkonzeption zur strukturellen und inhaltlichen Ausgestaltung des Praxissemesters im lehramtsbezogenen Masterstudiengang. Ministerium für Schule und Weiterbildung des Landes Nordrhein-Westfalen. Verfügbar unter: https://www.zlb.uni-due.de/documents/documents_praxissemester/ Rahmenkonzeption-zum-Praxissemester_2010_mit-Zusatzvereinbarung_2016.pdf [20.06.2018].

Paseka, A. (2009). Praxisforschung als Beitrag zur Entwicklung von LehrerInnenprofessionalität? Erziehung und Unterricht, 3-4, 134-141.

Racherbäumer, K. & Liegmann, A. B. (2014). Theorie-Praxis-Transfer: Anspruch und Wirklichkeit in Praxisphasen der Lehrerbildung. In T. Hascher & G. H. Neuweg (Hrsg.), Forschung zur (Wirksamkeit der) Lehrerbildung. Österreichische Beiträge zur Bildungsforschung Band 8 (S. 123-141). Wien: Lit-Verlag.

Rahm, S. & Lunkenbein, M. (2014). Anbahnung von Reflexivität im Praktikum. Empirische Befunde zur Wirkung von Beobachtungsaufgaben im Grundschulpraktikum. In K.-H. Arnold, A. Gröschner & T. Hascher (Hrsg.), Schulpraktika in der Lehrerbildung. Theoretische Grundlagen, Konzeptionen, Prozesse und Effekte (S. 237-256). Münster: Waxmann.

Schön, D. A. (1983). The reflective practitioner: how professionals think in action. New York: Basic Books.

Schubarth, W., Gottmann, C. & Krohn, M. (2014). Wahrgenommene Kompetenzentwicklung im Praxissemester und dessen berufsorientierende Wirkung: Ergebnisse der ProPrax-Studie. In K.-H. Arnold, A. Gröschner & T. Hascher (Hrsg.), Schulpraktika in der Lehrerbildung. Theoretische Grundlagen, Konzeptionen, Prozesse und Effekte (S. 201-220). Münster: Waxmann.

Schüpbach, J. (2007). Über das Unterrichten reden: Die Unterrichtsnachbesprechung in den Lehrpraktika – eine „Nahtstelle von Theorie und Praxis"? Bern: Haupt.

Stanulis, R. N. & Floden, R. E. (2009). Intensive mentoring as a way to help beginning teachers develop balanced instruction. Journal of Teacher Education, 60 (2), 112-122.

Universität Hamburg (UHH) (2015). Fachspezifische Bestimmungen für den Master-Teilstudiengang Erziehungswissenschaft der Lehramtsstudiengänge der Universität Hamburg. Der Präsident der Universität Hamburg. Verfügbar unter: www.uni-hamburg.de/campuscenter/studienorganisation/ordnungen-satzungen/pruefungs-studienordnungen/lehramt/fsb-lehramt-med-erzwiss-20150922.pdf [24.04.2018].

Van Oosterheert, I. E. & Vermunt, J. D. (2001). Individual differences in learning to teach – relating cognition, regulation and affect. Learning and Instruction, 11, 133-156.

Van Oosterheert, I. E., Vermunt, J. D. & Denessen, E. (2002). Assessing orientations to learning to teach. British Journal of Educational Psychology, 72, 41-64.

Zentrum für Lehrerbildung Hamburg (ZLH) (2017). Das Kernpraktikum. Ein Leitfaden für Studierende der Universität Hamburg. Verfügbar unter: www.zlh-hamburg.de-dokumente-kernpraktikum-leitfaden-studierende-2017-.pdf [24.04.2018].

The use of in-school opportunities to learn at two German universities: Learning process-related activities of future teachers in internships at the master level

The arrangement of school internships (or internship semesters) varies considerably between different institutions. However, empirical comparisons of different internships at different institutions are missing so far. The present study aims to close this gap by comparing the master internships of the universities of Hamburg and Cologne, which are considered as complex learning opportunities in teacher education. The intended curricula of the two universities are compared with regard to key features, such as the required learning time, curricular goals, and the seminars accompanying the internship. Additionally, and in accordance with the so-called offer-use model, the learning process-related activities of the students in the internships are assessed in terms of in-school learning opportunities. These activities are described by a five-dimensional model of learning process-related activities. A total of n = 482 teacher students from the two universities rated characteristics of the offered in-school opportunities to learn and the characteristics of their usage. With respect to all variables, large individual differences at both universities were found, reflecting the complexity of learning opportunities in school practice and the importance of individual learning orientations. The concerted support of the internships at the University of Hamburg and its Institute for Teacher Education proves to be particularly beneficial for the support of reflections on theory-practice relations.

Keywords: intended curriculum – learning process related activities – offer-use model – opportunity to learn

Autoren:

Prof. Dr. Jörg Doll, Armin Jentsch, Dennis Meyer, Prof. Dr. Gabriele Kaiser, Universität Hamburg, Fakultät für Erziehungswissenschaft.

Jun.-Prof. Dr. Dr. Kai Kaspar, Universität zu Köln, Humanwissenschaftliche Fakultät, Abteilung für Sozial- und Medienpsychologie.

Prof. Dr. Johannes König, Universität zu Köln, Humanwissenschaftliche Fakultät, Abteilung für Erziehungs- und Sozialwissenschaften, Empirische Schulforschung, quantitative Methoden.

Lehrerbildung auf dem Prüfstand
2018, 11. Jahrgang, Heft 1, S. 46-65

Studienprojekte im Praxissemester.
Wirkungsforschung im Kontext Forschenden Lernens

Petra Herzmann und Anke B. Liegmann

Die Dokumentenanalyse von Studienprojekten aus drei Fachdidaktiken (Deutsch, Geschichte, Physik) und zwei sonderpädagogischen Schwerpunkten zeigt, dass unabhängig von der fachlichen Ausrichtung überdurchschnittlich häufig Forschungsvorhaben von den Studierenden realisiert werden, die dem Paradigma der Wirkungsforschung zugeordnet werden können. Ausgehend von diesem inhaltsanalytischen Befund zur Forschungsausrichtung der Studienprojekte rekonstruieren wir einerseits, welche Varianten von Wirkungsforschung sich in den Studienprojekten zeigen. Andererseits gehen wir in Anlehnung an konzeptionelle Überlegungen zum Forschenden Lernen der Frage nach, inwiefern sich für Studierende über die Bearbeitung von Studienprojekten eine berufspraktische Bedeutsamkeit ihrer Forschungen ergibt. Wir diskutieren abschließend, welche strukturlogischen Zusammenhänge sich zwischen den konzeptionellen Überlegungen zum Forschenden Lernen und den Realisierungsformen in den Studienprojekten zeigen.

Schlagwörter: Forschendes Lernen – Praxissemester – Professionalisierung – Studienprojekte

Die Einführung des Praxissemesters stellt eine zentrale Reformbemühung der letzten Jahre im Hinblick auf eine kompetenzorientierte Lehrerbildung dar (vgl. z. B. KMK, 2014). Neben der zunehmenden Ausrichtung auf berufsrelevante Tätigkeiten (ebd.), ist für das Praxissemester die systematische Verknüpfung von Theorie und Praxis konstitutiv: Studierende sollen die schulische und unterrichtliche Praxis einüben und diese zugleich mit Hilfe von (Theorie-)Wissen vorbereiten und reflektieren (MSW NRW, 2010). Diese Theorie-Praxis-Verknüpfung hat sich unter dem Label des Forschenden Lernens bereits in den 1970er Jahren entwickelt (vgl. dazu Boelhauve, 2005; Fichten, 2010) und als hochschuldidaktisches Konzept seitdem etabliert (vgl. z. B. Wissenschaftsrat, 2001; zuletzt Schüssler et al., 2017). Dabei wird das Forschende Lernen in den vorliegenden Konzepten unterschiedlich akzentuiert (vgl. Boelhauve, 2005; Fichten, 2010; Schneider & Wildt, 2009; Weyland & Wittmann, 2017). Sämtlichen Programmatiken liegt aber eine Verhältnisbestimmung von Theorie- und Handlungswissen bzw. die Konturierung einer (geeigneten) Verbindung zwischen Theorie und Praxis zugrunde, die als Professionalisierungsversprechen oftmals auf die Ausbildung von Reflexionskompetenz (vgl. z. B. Herzmann, Artmann & Wichelmann, 2017) oder einer analytisch-reflektierten Haltung (vgl. z. B. Fichten, 2010) der Studierenden verweist.

In vielen Bundesländern werden gegenwärtig Modelle Forschenden Lernens systematisch in die universitäre Lehrerbildung implementiert (vgl. Weyland & Wittmann, 2015). Für das Praxissemester in Nordrhein-Westfalen stellen in diesem Zusammenhang Studienprojekte den zentralen Ansatzpunkt Forschenden Lernens dar. Weyland und Wittmann (2015) sehen das besondere Potenzial darin, „über klein angelegte Studienprojekte von Studierenden in forschend-reflektierter Haltung ausgewählte Aspekte von Schule und Unterricht in zunehmend systematischer Hinsicht zu erfassen" (ebd., S. 19). Da die Vorgaben zum Studienprojekt hinsichtlich Gegenstand und forschungsmethodischer Umsetzung offengehalten sind (vgl. insbesondere die Spezifizierungen zu den Studienprojekten in der Zusatzvereinbarung zur Rahmenkonzeption,[1] MSW, 2016, S. 3), entsteht ein relativ großer Handlungsspielraum für die Akteure. Neben forschungsmethodischen Hinweisen zu Abläufen Forschenden Lernens (vgl. z. B. Boelhauve, 2005; Fichten, 2010), liegen bisher allerdings keine Befunde dazu vor, wie Studienprojekte prozessiert und inwiefern die programmatischen Ziele Forschenden Lernens dabei realisiert werden.

Im vorliegenden Beitrag werden Ergebnisse aus dem Forschungsprojekt StiPS (Studienprojekte im Praxissemester) vorgestellt, welches Prozesse der Aneignung, Umsetzung und Reflexion Forschenden Lernens im Praxissemester untersucht. Damit nehmen wir eine u. a. von Rothland und Boecker (2015) als relevant erachtete Untersuchungsperspektive ein. Anders als die Systematisierung der Autor/-innen dies mit Blick auf professionelle Handlungskompetenz sensu Kunter, Kleickmann, Klusmann und Richter (2011) vorschlägt, zielt unsere Forschung zunächst nicht auf die Bewertung der Qualität der Studienprojekte im Hinblick auf die deutlich werdenden Kompetenzen der Studierenden.[2] Wir beschreiben vielmehr, was sie zum Gegenstand ihrer Forschung machen und wie sich in den studentischen Forschungsvorhaben eine auffällige Orientierung an Logiken der sog. Wirkungsforschung zeigt. Rekonstruiert wird in Anlehnung an konzeptionelle Überlegungen zum Forschenden Lernen aber auch, wie die Studierenden ihre Forschungen hinsichtlich deren praktischer Relevanz (in den vorliegenden Varianten der Wirkungsforschung) für Unterricht und Lehrerhandeln einschätzen und begründen. Abschlie-

---

[1] Darin heißt es: „Studienprojekte ermöglichen vielfältige Formen Forschenden Lernens (...) zu verschiedenen Frage- bzw. Problemstellungen in unterschiedlichen Themenfeldern (...). Möglich sind z. B. Studienprojekte zu schulischen Rahmenbedingungen, zu Schulentwicklungsprozessen, zu Unterrichtsprozessen und Lernmaterialien, auch zu eigenen Unterrichtsvorhaben, zur individuellen Diagnose und Förderung ebenso wie die forschende Auseinandersetzung mit biographischen Zugängen und dem eigenen Professionalisierungsprozess (...)" (MSW NRW, 2016, S. 3).

[2] In einer Studie zu studentischen Arbeitsprodukten im Rahmen eines berufspraktischen Modellversuchs (vgl. Schneider & Wildt, 2009) wurde ein Kompetenzmodell erarbeitet, das die Qualität der Praktikumsberichte auf einer vierstufigen Skala von „naiv" bis „theoretisch begründet und reflektiert" unterscheidet. Da der vorliegende Beitrag die Qualität der Dokumentationen der Studienprojekte nicht untersucht, wird diese Studie nicht weiter berücksichtigt.

ßend diskutieren wir, welche strukturlogischen Zusammenhänge sich zwischen den konzeptionellen Überlegungen zum Forschenden Lernen und den Realisierungsformen der Studierenden in den Studienprojekten zeigen.

1   Forschendes Lernen (im Praxissemester): Konzeptionen und Forschungsstand

Mit dem Forschenden Lernen wird – so lässt sich zunächst allgemein und in gewisser Weise tautologisch formulieren – „die Anbahnung einer Forschenden Grundhaltung" (Weyland & Wittmann, 2017, S. 19) angestrebt. „Forschendes Lernen zielt auf die Herausbildung einer kritischen, fragend-entwickelnden Haltung gegenüber der Praxis" (Fichten, 2017, S. 30). Boelhauve (2005) formuliert als Zielsetzung Forschenden Lernens, dass über eine bewusste Distanznahme zu scheinbar Vertrautem „neue Sichtweisen auf Phänomene der Schul- und Unterrichtswirklichkeit" (S. 106) generiert werden. Neben der Entwicklung einer in diesem Sinne professionellen Haltung betonen die Autor/-innen dabei unisono, die Befähigung zu „wissenschaftsorientierte[n] Tätigkeiten" (ebd., S. 105) und das Vertrautwerden mit wissenschaftlichen Arbeits- und Denkweisen (Fichten, 2017). Forschungskompetenz erfordere – so akzentuiert Fichten weiter – das Einhalten methodischer Regeln und die Beachtung wissenschaftlicher Gütekriterien.

Diese Zielbestimmungen Forschenden Lernens verweisen auf die diesem Ansatz inhärente Differenz der Wissensformen von Wissenschaft und Praxis (vgl. Boelhauve, 2005; Schneider & Wildt, 2009; für eine präzise Verhältnisbestimmung in allgemeiner professionstheoretischer Perspektive vgl. Herzog, 2002). Ohne diesen Diskurs erneut führen zu wollen, stellen wir davon ausgehend im Folgenden einige Überlegungen dazu an, wie Forschung im Konzept des Forschenden Lernens verstanden werden kann.

Zunächst lässt sich eine Strukturähnlichkeit zwischen Forschung und Forschendem Lernen konstatieren, als der Erkenntnisgewinn von Forschendem Lernen und Forschung darin besteht, neues Wissen über einen Gegenstand zu generieren. In Abgrenzung zur „Spitzenforschung" schlägt Fichten (2010) vor, solche Vorhaben zu wählen, die „in den Grundzügen Bekanntes ausdifferenzieren und neu interpretieren" (S. 132). Im Unterschied zur Spitzenforschung kann für Forschendes Lernen in der Lehrerbildung also eine Begrenzung des Erkenntnisinteresses auf das Feld der Praxisschule und das eigene, kontextspezifische Handeln konstatiert werden. Auch van Ophuysen, Behrmann, Bloh, Homt und Schmidt (2017) thematisieren die Reichweite Forschenden Lernens, indem sie die forschungsmethodisch relevante Frage stellen, „inwiefern das elaborierte Instrumentarium der Sozialwissenschaften für den Erkenntnisgewinn im Schulalltag sinnvoll genutzt werden kann" (S. 282).

Ausgehend vom sozialwissenschaftlichen Erkenntnisprozess plädieren sie daher für eingeschränkte Regeln im Prozess Forschenden Lernens (ebd.).

Ein weiterer relevanter Unterschied zwischen Forschung und Forschendem Lernen kann über den konzeptionell verbrieften berufsbiographisch bedeutsamen Erkenntnisgewinn Forschenden Lernens markiert werden. Van Ophuysen et al. (2017) definieren Forschendes Lernen deshalb als einen Prozess, „in dem bestimmte Elemente empirischen wissenschaftlichen Handelns in Kombination mit theoretischem Wissen und individuellen Erfahrungen zur Beantwortung beruflich relevanter Fragen genutzt werden" (S. 276). Gold und Klewin (2017) folgern, dass im Unterschied zu einem Forschungspraktikum der Fokus studentischer Forschung „auf der Professionalisierung des späteren Lehrerhandelns" (S. 147) liege. Schüssler und Schöning (2017) gehen noch weiter, indem sie den Erkenntnisgewinn Forschenden Lernens auf ein „Mittel zum Zweck" (S. 41) reduzieren: „Beim Forschenden Lernen geht es weniger um das Ergebnis der Forschung, sondern vielmehr um den Prozess der Erkenntnisgewinnung und den Lernprozess der Studierenden" (ebd.). Konzeptionell lässt sich also eine gewisse Uneinigkeit dahingehend feststellen, ob in Orientierung am Ideal des reflective practitioner der (Professionalisierungs-)Prozess oder der empirische Erkenntnisgewinn zur Optimierung professionellen Handelns (van Ophuysen et al., 2017) im Zentrum des Forschenden Lernens steht.

Zusammenfassend lässt sich aber einerseits ein (1) instrumenteller Nutzen Forschenden Lernens konstatieren: Erkenntnisgewinn (im Sinne von techne) wird für die Praxis betont und damit Tauglichkeit und Umsetzbarkeit in den Vordergrund gerückt.[3] Andererseits (2) lässt sich eine selbstreferentielle Bezugnahme Forschenden Lernens ausmachen: Von den Studierenden wird erwartet, dass sie einen Zusammenhang herstellen bzw. die Differenz thematisieren zwischen ihrer wissenschaftlichen Beschäftigung mit dem Untersuchungsgegenstand Schule bzw. Unterricht und dessen handlungspraktischer Relevanz. Die Herausforderungen Forschenden Lernens im Kontext von forschungsorientierten Praxisphasen der Lehrerbildung bestehen für die Studierenden zum einen folglich darin, eine analytische Perspektive auf Unterricht und Schule im Sinne einer reflexiven Haltung einüben zu müssen, während sie sich zugleich in diesem Feld als Noviz/-innen erproben. Zum anderen fokussiert das Studienprojekt den Aufbau einer forschungsmethodischen Expertise, die auch dahingehend reflektiert werden muss, wie sich die for-

---

[3] In Orientierung an wissenschaftstheoretischen Heuristiken unterscheidet Reinmann (in Druck) einen instrumentellen Nutzen von einem konzeptionellen Nutzen. Der konzeptionelle Nutzen bringe vor allem allgemeingültige Erkenntnisse (im Sinne von episteme) hervor und habe deshalb primär für die Wissenschaft Bedeutung (vgl. ebd., S 4).

schend Lernenden zu ihrem Untersuchungsgegenstand bezogen auf ihren untersuchten Erkenntnisfortschritt und ihren Professionalisierungsprozess positionieren.

Neben den vielfältigen Thematisierungen der Programmatik Forschenden Lernens
gibt es außer der bereits benannten Untersuchung von van Ophuysen et al.
(2017) keine bisher publizierten Forschungsbefunde zum Forschenden Lernen im Praxissemester.[4] Diese Studie ist insofern für unsere Untersuchung (vgl. Kap. 2) interessant, als sie zeigt, dass durch den Besuch universitärer Lehrveranstaltungen zur
Vorbereitung auf das Praxissemester eine Steigerung von selbsteingeschätztem
bzw. von abgeprüftem forschungsmethodischem Wissen und entsprechenden Fä-
higkeitsüberzeugungen erreicht wird, die Einschätzung der Studierenden zum Nutzen des Forschenden Lernens demgegenüber aber bisher nicht gesteigert werden
kann (vgl. auch Kap. 3.2).

Studien, die die Forschungspraxis von Studierenden in kasuistischen Formaten
untersuchen – und mit der Idee des Forschenden Lernens verwandt sind, da Fälle
oder eigene Forschungsvorhaben in Bezug auf das Handlungs- und Berufsfeld
analysiert werden (z. B. Heinzel, 2009) –, identifizieren etwa im Kontext forschungs-
orientierter Schulpraktischer Studien (Olhaver, 2011), erziehungswissenschaftlicher
Lehrforschungsprojekte (Heinzel, 2009) oder fallbasierter Interpretationswerkstät-
ten (Heinzel & Marini, 2009) (typische) Herausforderungen in der Arbeit mit Fällen.
So arbeiten Heinzel und Marini (2009), ähnlich wie Ohlhaver (2011), z. B. Subjekti-
vierungstendenzen der Studierenden im Umgang mit dem Fallmaterial heraus.
Diese Rekonstruktionen sind für die Analyse unserer Studienprojekte im Praxise-
mester allerdings wenig anschlussfähig, da der Unterschied zwischen der theorie-
bezogenen Analyse von Fällen von seiner Anforderungsstruktur deutlich weniger
komplex ausfällt und nur einen Teilprozess der Erarbeitung eines Studienprojekts
darstellt. Die Untersuchung von Feindt (2007) arbeitet berufsbiographische Zugänge und Modi studentischer Forschungspraxen in teambezogenen Lehrforschungsprojekten heraus, die wir deshalb nicht weiterverfolgen, da die Studierenden aus
unserem Sample ihre Studienprojekte jeweils in Alleinautorenschaft zu verantwor-
ten haben (zum Untersuchungsdesign vgl. Kap. 2).

Über die Frage, wie sich Studierende mit der Anforderung des Forschenden Lernens auseinandersetzen, ist also nicht nur im Kontext des Praxissemesters wenig
bekannt. Übersichten bzw. Systematisierungen zu Forschungen im Praxissemester
(vgl. Rothland & Boecker, 2015; Weyland & Wittmann, 2015) betonen demzufolge

---

[4] Empirische Studien zur Akteursperspektive verweisen auf die Präferenzen der Studierenden im Hinblick
auf Praxiserfahrungen und eine kritische Distanz zum Forschen (vgl. Weyland & Wittmann, 2017). Die
Evaluation des Praxissemesters in NRW zeigt diesbezüglich, dass die Anforderungen der Studienprojekte von den Studierenden als zu hoch eingeschätzt werden (vgl. Göbel, Ebert & Stammen, 2016).

die Notwendigkeit, den Prozess sowie die Wirkungen Forschenden Lernens in zukünftigen Arbeiten stärker zu berücksichtigen. Wir nähern uns dem Forschenden Lernen im vorliegenden Beitrag deshalb zunächst mit der Frage, was die Studierenden zum Gegenstand ihrer Forschungsvorhaben machen.

2 Das Forschungsprojekt StiPS (Studienprojekte im Praxissemester): Fragestellung und Untersuchungsdesign

Das Forschungsprojekt StiPS[5] rekonstruiert Prozesse der Aneignung, Umsetzung und Reflexion Forschenden Lernens im Praxissemester. Im Rahmen dieses Beitrags gehen wir zwei diesbezüglichen Teilfragen nach: Zum einen untersuchen wir, welche unterschiedlichen Varianten sich in den Studienprojekten zeigen. Zum anderen rekonstruieren wir, inwiefern sich für Studierende über die Bearbeitung von Studienprojekten eine berufspraktische Bedeutsamkeit ihrer Forschungen ergibt.

Gegenstand von StiPS sind Studienprojekte in unterschiedlichen Fachdidaktiken (Deutsch, Englisch, Geschichte, Mathematik, Physik, Sachunterricht, Sonderpädagogische Förderschwerpunkte) und den Bildungswissenschaften. Die Auswahl der Fächer verfolgte einerseits das Ziel, verschiedene Fachdidaktiken aus dem Spektrum der Geistes-, Gesellschafts- und Naturwissenschaften sowie die Sonderpädagogik zu berücksichtigen, war jedoch limitiert durch die Teilnahmebereitschaft der angesprochenen Dozent/-innen und der Studierenden. Die Daten wurden über zwei Kohorten (WS 2016/17 und SoSe 2017) an zwei nordrhein-westfälischen Universitäten erhoben, wobei eine Vergleichbarkeit der Rahmenbedingungen der Universitäten insofern gegeben ist, als die Studierenden im ersten Semester ihres Masterstudiengangs ein auf das Praxissemester vorbereitendes Seminar besuchen, in dem sie den Gegenstand ihres Studienprojektes, die Forschungsfrage sowie ein methodisches Design entwickeln und schriftlich fixieren. Nach der Durchführung des Studienprojektes wird die Auswertung und Reflexion dokumentiert. Dies erfolgt entweder in Form eines Textes oder eines Posters, welches in einer Seminarsitzung unterstützt durch ein Präsentationsformat erläutert wird. Die Art der gewählten Dokumentation ist abhängig von den Verabredungen in den Fächern. Die Dokumentationen sind Teil der Prüfungsleistung zum Abschluss des universitären Teils des Praxissemesters.

Unserer Analyse liegen N = 46 Studienprojekte der ersten Kohorte in den Fächern Deutsch, Geschichte, Physik und Sonderpädagogik zugrunde. Für N = 35 dieser Studienprojekte liegen ausführliche schriftliche Dokumentationen vor. N = 11 Studienprojekte werden auf Postern dokumentiert, welche ebenfalls für die Analyse

---

[5] Neben den Autorinnen sind Michaela Artmann und Marie Berendonck am Forschungsprojekt beteiligt.

herangezogen werden. Fehlende Informationen können in allen Fällen ergänzenden Informationen aus Projektskizzen (Planung des Studienprojektes) oder Präsentationsfolien entnommen werden.

Die Dokumente werden mittels der strukturierenden Inhaltsanalyse (Mayring, 2003) mit dem Ziel einer Klassifizierung der Studienprojekte im Hinblick auf den realisierten Untersuchungstypus analysiert (vgl. Abb. 1). Die Kategorien wurden einerseits induktiv aus den Dokumenten entwickelt und andererseits anhand einschlägiger Eckdaten von Forschungsvorhaben (Fragestellung, Datengrundlage, Erhebungsmethode, Auswertungsmethode) strukturiert (s. Tab. 1). Ausgehend von diesen Klassifikationsdimensionen 1. Ordnung werden abstraktere Klassifikationsdimensionen 2. Ordnung (Gegenstand, Forschungsfokus) formuliert (s. Tab. 2). Hierfür wird zunächst der Gegenstand der Untersuchung aus der Fragestellung abstrahiert. Der Forschungsfokus bildet eine weitere Klassifikationsdimension 2. Ordnung, die das Erkenntnisinteresse der Studienprojekte beschreibt.

Die Kategorisierungsvorschläge und Zuordnungen der Studienprojekte zu den Kategorien wurden in der vierköpfigen Forscherinnengruppe kommunikativ validiert und konsensual geprüft. Auf die Bestimmung eines Interrater-Koeffizienten wurde verzichtet.

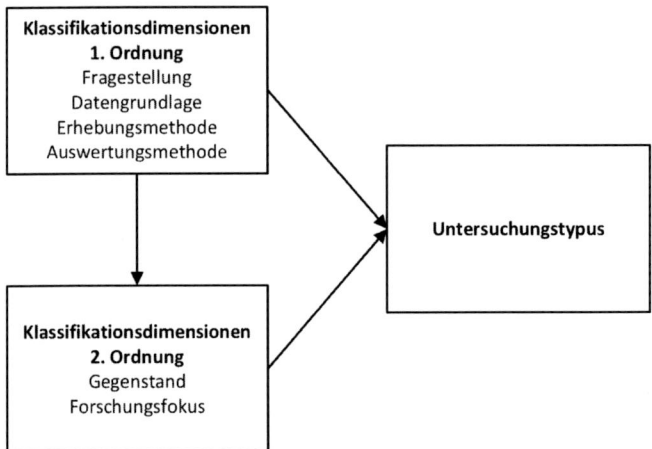

Abbildung 1:   Auswertungsparameter

Tabelle 1: Klassifikationsdimensionen 1. Ordnung mit Beispielen

Klassifikationsdimensionen 1. Ordnung	Beispiel 1 (Fall 11_D)	Beispiel 2 (Fall 51_P)
Fragestellung inkl. Herleitung bzw. Einbettung in den schulischen/unterrichtlichen Kontext	„... ob sich durch [...] Beschäftigung mit mittelalterlichen Inhalten das Mittelalterbild von SuS zu einem komplexeren und differenzierteren Bild entwickeln lässt" (S. 9) Um die Fragestellung beantworten zu können, konzipierte der Praktikant eine Unterrichtsreihe zu inhaltlichen und sprachlichen Aspekten zum Thema Mittelalter.	„Mich interessiert [...] nicht nur welche Präkonzepte es gibt, sondern viel mehr, wie sie sich zwischen der fünften und zwölften Jahrgangsstufe verändern" (S. 13).
Datengrundlage z. B. schriftliche/mündliche Befragung, Test, Beobachtung etc. (ggf. Anzahl der MZP)	schriftliche Befragung über 2 MZP	schriftlicher Test; Quasilängsschnitt
Erhebungsmethode z. B. Fragebogen, Initiierung von Schreibaufgaben, Verhaltensbeobachtung etc.	selbstentwickelter Fragebogen mit offenen und geschlossenen Fragen	Fragebogen (Test) mit offenem Antwortformat (Impuls jeweils ein physikalischer Sachverhalt)
Auswertungsmethode z. B. deskriptive Statistik, Inhaltsanalyse etc.	deskriptive Statistik (Häufigkeiten, MW) und Inhaltsanalyse	deskriptive Statistik (Häufigkeiten); inhaltsanalytische Kategorisierung der Antworten

Zur Rekonstruktion der Frage, wie die Studierenden ihre Forschungsvorhaben hinsichtlich deren berufspraktischer Relevanz einschätzen, werden aus den Dokumenten diejenigen Textpassagen ausgewählt, in denen sich die Studierenden rückblickend mit ihrem Studienprojekt auseinandersetzen. In den schriftlichen Dokumentationen werden die Studierenden systematisch aufgefordert, ihre eigene Forschung im Hinblick auf deren praktische Relevanz zu reflektieren. Da auf den Postern dieser Aspekt nicht explizit wird, liegen dieser Analyse die das Poster ergänzenden Informationen (z. B. Folien oder Audioaufzeichnung der Posterprä-

sentation) zugrunde. Die relevanten Passagen wurden im Hinblick auf Argumenta-
tionsfiguren sequenzanalytisch rekonstruiert und auf bekannte Figurationen der
Relationierung von Theorie- und Praxiswissen (vgl. Kap. 3.2) bezogen.

Tabelle 2:   Klassifikationsdimensionen 2. Ordnung und Untersuchungstypus mit
             Beispielen

	Beispiel 1 (Fall 11_D)	Beispiel 2 (Fall 51_P)
Klassifikationsdimensionen 2. Ordnung		
Gegenstand Abstraktion der Fragestellung im Kontext des Faches	Veränderung der Vorstellungen und des Wissens von SuS über Mittelalter	Veränderung physikalischer Präkonzepte im Verlauf der Sekundarstufen I und II
Forschungsfokus kognitive und affektive Lernleistungen; kognitive und affektive Dispositionen	kognitive Lernleistungen	kognitive Dispositionen
Untersuchungstypus		
Zusammenführung der Klassifikationsdimensionen 1. und 2. Ordnung (Wirkungsforschung, Sinnverstehende Forschung)	Wirkungsforschung	Wirkungsforschung

3   Ergebnisse der Analysen der Studienprojekte

Die inhaltsanalytische Auswertung der schriftlichen Dokumentationen von 46 Studienprojekten zeigt, dass über alle beteiligten Fachrichtungen in 34 Studienprojekte eine Ausrichtung auf Evidenz der untersuchten unterrichtlichen Praxis sichtbar
wird. Im Weiteren bezeichnen wir diesen Untersuchungstypus als „Wirkungsforschung". Die weiteren 12 Studienprojekte können dem Untersuchungstypus der
„Sinnverstehenden Forschung"[6] zugeordnet werden. Aufgrund des überdurchschnittlich häufigen Vorkommens von Forschungsvorhaben der Wirkungsforschung, berichten wir im Rahmen dieses Beitrags ausschließlich zum Typus Wirkungsforschung (zur weiteren Analyse des Untersuchungstypus Sinnverstehende
Forschung vgl. Herzmann & Liegmann, in Druck) und gehen dabei auch der Frage

---

[6] Die Wahl der Begriffe orientiert sich an grundlegenden methodologischen Paradigmen der empirischen
     Sozialforschung (vgl. z. B. Gläser-Zikuda, 2015; Kuper, 2015).

nach, welche Zusammenhänge sich zwischen konzeptionellen Überlegungen zum Forschenden Lernen und eben diesen Realisierungsformen in den Studienprojekten zeigen.

3.1 Forschungsfoki und Varianten der Wirkungsforschung

Die wirksamkeitsorientierten Forschungsvorhaben lassen sich zunächst dahingehend unterscheiden, worauf die Vorhaben der Studierenden und die darin intendierten Effekte zielen. Anhand des Forschungsfokus (Klassifikationsdimension 2. Ordnung, vgl. Abb. 1 und Tab. 2) konnten drei Forschungsausrichtungen unterschieden werden:

1) Kognitive Lernleistungen von Schüler/-innen
   Hierunter fallen Studienprojekte, in denen von Schüler/-innen erbrachte Lernleistungen (in den Studienprojekten zumeist als „Kompetenzen" beschrieben) untersucht werden. Entweder werden kognitive Lernleistungen über eigens entwickelte Aufgaben (z. B. Schreibaufgaben) evoziert oder es werden Unterrichtsprodukte von Schüler/-innen untersucht. Forschungslogisch geht es darum, die schülerseitige Aufgabenbearbeitung hinsichtlich der erzielten Qualität zu analysieren. So wird in einem Studienprojekt der Geschichtsdidaktik untersucht, inwieweit unterschiedliche Darstellungsformen historischer Sachverhalte die Lernleistungen der Schüler/-innen beeinflussen. Hierfür werden Arbeitsblätter konzipiert, in denen Text- bzw. Grafik-Elemente variieren. Die Bearbeitungen werden hinsichtlich der erzielten Kompetenzen historischen Lernens vergleichend ausgewertet (Fall 47_G).

2) Affektive Lernleistungen von Schüler/-innen
   Unter diesem Fokus werden unterrichtsbezogene Verhaltensweisen von Schüler/-innen bearbeitet. In der Regel werden Maßnahmen zur Verhaltensänderung durchgeführt und forschungslogisch wird der Erfolg der Maßnahme mit der Verhaltensänderung einzelner Schüler/-innen oder einer Gruppe von Schüler/-innen in einen Zusammenhang gebracht. In einem Studienprojekt der Sonderpädagogik im Förderschwerpunkt Emotionale und Soziale Entwicklung wird beispielsweise mit einem Schüler ein Förderprogramm zur Verhaltensregulierung durchgeführt, um den Effekt der Maßnahme im Hinblick auf seine Konzentrationsfähigkeit zu bewerten (Fall 15_SOES).

3) Kognitive und affektive Dispositionen von Schüler/-innen
   Dieser Fokus subsummiert Studienprojekte, die sich mit lernrelevanten Schülerdispositionen befassen, z. B. Einstellungen oder Interessen. Auch hier geht es forschungslogisch um die Veränderung von Dispositionen aufgrund unterrichtlicher Maßnahmen. So wird in einem Studienprojekt in der Deutschdidaktik ermittelt, ob bzw. wie sich das Interesse am Lesen durch die unterrichtliche

Behandlung und methodische Varianten der Bearbeitung einer Ganzschrift verändert (Fall 08_D).

Wenngleich sich die Forschungsfoki den Studienprojekten eindeutig zuordnen lassen, gibt es Studienprojekte, die Kombinationen untersuchen (z. B. Lernleistungen und Dispositionen). Insgesamt finden wir in den Studienprojekten der Wirkungsforschung eine Fokussierung ausschließlich auf Effekte von Unterricht im Hinblick auf Leistungen und Dispositionen der Schüler/-innen. Die vielfältigen Frage- und Problemstellungen, wie sie im Diskurs des Forschenden Lernens als möglich erachtet werden, sind im Kontext der Wirkungsforschung deutlich begrenzt.[7]

Über die Ausrichtung und Zielsetzung der Untersuchung hinaus, lassen sich in den Studienprojekten unterschiedliche Varianten der Wirkungsforschung finden. Anhand der Kombinationen der Parameter der Klassifikationsdimensionen 1. Ordnung (vgl. Abb. 1 und Tab. 1), stellen wir im Folgenden die rekonstruierten Varianten „Evaluation" (Variante 1) und „Testverfahren" (Variante 2) dar (vgl. Tab. 3).

Tabelle 3: Varianten von Wirkungsforschung

Varianten	Teilvarianten
Variante 1: Evaluation	1a: Evaluation einer lerngruppenbezogenen Maßnahme
	1b: Evaluation einer Einzelförderung
Variante 2: Testverfahren	2a: Personenbezogene Merkmalsmessung
	2b: Aufgabenbezogene Kompetenzmessung

Variante 1: Evaluation

Studienprojekte dieser Variante nehmen ihren Ausgangspunkt in Überlegungen zur Gestaltung von Unterricht und evaluieren Interventionen, mit deren Abschluss Schüler/-innen ein intendiertes Lernziel erreichen sollen. Sie folgen damit einem Verständnis von Evaluation, wie es beispielsweise von Kuper (2015) beschrieben wird. Die Interventionen werden von den Studierenden entweder selbst konzipiert und umgesetzt, erprobten Förderprogrammen entnommen oder der „fremde" beobachtete Unterricht wird im Hinblick auf ein bestimmtes Gestaltungsmerkmal evaluiert. Der zeitliche Umfang der Interventionen variiert stark: teilweise werden Unterrichtsreihen in den Blick genommen, teilweise beschränkt sich die Interven-

---

[7] In den Studienprojekten, die dem Untersuchungstypus Sinnverstehende Forschung zugeordnet werden, untersuchen die Studierenden demgegenüber auch schulische Rahmenbedingungen, Schulentwicklungs- und Professionalisierungsprozesse (vgl. Herzmann & Liegmann, in Druck).

tion auf eine Unterrichtsstunde bzw. eine Phase einer Unterrichtsstunde. Hinsichtlich der gewählten Stichproben lassen sich die Studienprojekte dahingehend unterscheiden, ob sie sich auf einzelne Schüler/-innen, Teile der Lerngruppe oder die Klasse beziehen. Entsprechend unterscheiden wir die Teilvarianten 1a ‚Evaluation einer lerngruppenbezogenen Maßnahme' und 1b „Evaluation einer Einzelförderung".

Variante 1a: Evaluation einer lerngruppenbezogenen Maßnahme

Beispiel Fall 12_D: Im Kontext der Deutschdidaktik wird ein Studienprojekt mit dem Titel „Der repetitive Einsatz textproduktiver Verfahren im Literaturunterricht – eine Analyse didaktischen Potenzials in Theorie und Praxis" bearbeitet. Evaluiert wird eine Unterrichtsreihe zum Thema „Drama", in der kreative Schreibaufgaben mehrfach zum Einsatz kommen. Die zu untersuchenden kognitiven Lernleistungen werden fokussiert auf literarische Schreibkompetenz und textanalytische Fähigkeiten. Im Sinne der Wirkungsforschung wird ein Zusammenhang zwischen der Einübung kreativer Schreibaufgaben und der Entwicklung von Schreibkompetenz sowie Analysefähigkeiten angenommen. Durch den wiederholten Einsatz strukturgleicher Schreibaufgaben wird zudem eine Progression der Lernentwicklung angenommen. Die Lernleistungen werden ermittelt durch eine kriteriengeleitete Inhaltsanalyse der Schreibprodukte der Schüler/-innen.

Variante 1b: Evaluation einer Einzelförderung

Beispiel Fall 17_SOES: Das Studienprojekt mit dem Titel „Untersuchung der Wirkung des Lerntrainings LeJA bei einem Jugendlichen mit ADHS" wird im Förderschwerpunkt Emotionale und Soziale Entwicklung durchgeführt. Die Intervention findet als Einzelförderung statt: Für einen Schüler wird ein Training zur Verhaltensregulation realisiert. Im Sinne der Wirkungsforschung wird ein Zusammenhang zwischen einem spezifischen Verhaltenstraining und dem gezeigten Verhalten (Konzentration im Unterricht bzw. hyperaktives, impulsives unaufmerksames Verhalten) angenommen. Die affektiven Lernleistungen werden ermittelt über die Auswertung eines standardisierten Beobachtungsbogens, mit dem das Verhalten des Schülers vor, während und nach der Intervention dokumentiert wird.

Variante 2: Testverfahren

Bei dieser Variante wird im Gegensatz zu Variante 1 nicht auf die „natürliche" Unterrichtssituation an der Praxisschule rekurriert. Vielmehr wird von den Studierenden für das Studienprojekt eine Situation hergestellt, die einzig der Erhebung der Daten dient. Überprüft werden Personenmerkmale (z. B. Interesse an einem fachlichen Gegenstand) oder Lernvoraussetzungen von Schüler/-innen. Gleichwohl können die für die Datenerhebung entwickelten Testverfahren komplex sein (s.

Beispiel unter 2a). Bezogen auf das zu messsende Merkmal lassen sich zwei Formen unterscheiden: Entweder erfolgt die Messung zur Ermittlung der Ausprägung
personenbezogener Merkmale (Variante 2a) oder es werden fachbezogenen Kompetenzen der Schüler/-innen ermittelt (Variante 2b).

Variante 2a: Personenbezogene Merkmalsmessung

Beispiel Fall 50_P: Das physikdidaktische Studienprojekt mit dem Titel „Inwieweit
haben Schülerexperimente Einfluss auf den Interessenstyp und die Interessens-
stärke? Eine Variation der IPN-Interessenstudie" untersucht Interesse an physika-
lischen Themenbereichen als eine lernrelevante affektive Disposition von
Schüler/-innen. Im Sinne der Wirkungsforschung wird davon ausgegangen, dass
die Darbietungsform von Informationen (Bedingung Lesen vs. Bedingung Experi-
mentieren) das fachspezifische Interesse beeinflussen kann. Die Experimente
werden dabei selbst entwickelt und das Schülerinteresse mithilfe eines umfang-
reichen Testinstrumentariums aus der einschlägigen Interessenstudie gemessen.
Analog zur IPN-Studie wird in der Auswertung sowohl die Interessenstärke als
auch der Interessentyp berücksichtigt.

Variante 2b: Aufgabenbezogene Kompetenzmessung

Beispiel Fall 41_G: Im Kontext der Geschichtsdidaktik untersucht ein Studienprojekt
mit dem Titel „Die Rezeption von Dokumentarfilmen im Geschichtsunterricht aus
Schülersicht" die kognitiven Lernleistungen und Einstellungen von Schüler/-innen.
Dabei dient ein Dokumentarfilm als Stimulus, um nach dessen Vorführung die
(De-)Konstruktionskompetenz der Schüler/-innen bezogen auf die mediale Aufbe-
reitung eines filmischen Geschichtsmediums zu messen sowie Einstellungen zum
Einsatz von Dokumentarfilmen im Geschichtsunterricht zu erheben. Im Sinne der
Wirkungsforschung wird angenommen, dass sich die (De-)Konstruktionskompe-
tenz der Schüler/-innen über ein Filmbeispiel ermitteln lässt. Dazu werden den
Schüler/-innen offene Fragen (Essayfragen) gestellt und deren Bearbeitung im Hinblick auf die gezeigten Kompetenzen kriteriengeleitet ausgewertet und zu einer
kompetenzorientierten Typologie verdichtet.

Die Beispiele zeigen, welche Wirkungszusammenhänge in den Studienprojekten
jeweils angenommen werden. Die fachdidaktischen Beispiele sind dabei nicht zu-
fällig, so findet sich nur in der Sonderpädagogik die Variante einer einzelfall-
bezogenen Evaluation (1b); in der Geschichtsdidaktik hingegen finden sich viele
Beispiele für die zuletzt beschriebene Variante der Kompetenzmessung über Auf-
gabenanalyse (2b), in der Deutschdidaktik gibt es viele Beispiele für die Evaluation
von Unterricht (1a). Gleichwohl sind in allen bisher untersuchten Fächern die beiden beschriebenen Varianten, meist auch mindestens drei der vier Teilvarianten
vertreten. Zudem finden wir (mit Ausnahme von Physik) in allen Fächern Varianten

der Sinnverstehenden Forschung (vgl. Herzmann & Liegmann, in Druck). Inwiefern die gefundenen Priorisierungen auf Präferenzen der jeweiligen Dozierenden zurückzuführen sind oder darüber hinaus auf eine weitergehende Verständigung Forschenden Lernen innerhalb der Fachdidaktiken verweisen – wie dies Reinmann (in Druck) anregt –, können wir aufgrund unseres Datenmaterials nicht eindeutig ermitteln (vgl. Kap. 4).

3.2   Zur (berufs-)praktischen Bedeutsamkeit studentischer Forschung

Die Bezugnahme auf die schulische Praxis stellt eine wesentliche Herausforderung des Forschenden Lernens dar (vgl. Kap. 1). In den evidenzbasiert angelegten Studienprojekten werden dabei ausschließlich solche Vorhaben realisiert, die auf die Kompetenzen, Lernleistungen und Dispositionen von Schüler/-innen fokussieren (vgl. Kap. 3.1). In den schriftlichen Dokumentationen der Studienprojekte werden die Studierenden systematisch aufgefordert, ihre eigene Forschung im Hinblick auf deren praktische Relevanz zu reflektieren. Im Unterschied zum Befund der Befragung von van Ophuysen et al. (2017), die über die Dauer eines Semesters keine Steigerung des selbsteingeschätzten Nutzens der Studierenden im Hinblick auf das Forschende Lernen ermitteln können (vgl. auch Kap. 1), finden wir in den reflektierenden Bezugnahmen der Studierenden auf ihren Forschungsprozess zumindest keine grundlegende (oder auch gemäßigte) Ablehnung einer praktischen Relevanz der Studienprojekte. Dies kann dem Umstand geschuldet sein, dass die Dokumentationen Teil einer Prüfungsleistung sind und insofern soziale Erwünschtheit widerspiegeln können.[8]

Ohne zunächst eine Bewertung der Qualität dieser Verhältnisbestimmungen vorwegzunehmen, zielen unsere Analysen auf die Beschreibung von Figurationen des Theorie-Praxis-Bezuges, die in den Dokumentationen deutlich werden.

Die erste von uns in den Dokumentationen rekonstruierte Figur der Praxisrelevanz folgt der Frage: „Was könnte ich in Zukunft besser machen, wenn ich die Forschungsergebnisse berücksichtige?" Mit dem Blick auf die eigene Professionalisierung nutzen die Studierenden die Ergebnisse des Studienprojekts, um diese auf ihre eigene spätere Handlungspraxis zu beziehen. Ihre Forschung wird im Sinne einer formativen Evaluation als Mittel zum Zweck für die eigene Unterrichtsentwicklung interpretiert. In der radikalsten Form formulieren sie dies als „gute

---

[8]   Die ergänzenden Gruppeninterviews mit den Studierenden stellen demgegenüber eine (relativ) prüfungsentlastete Gesprächssituation dar. Inwiefern die mündlichen Daten die berufspraktische Bedeutsamkeit der Studienprojekte präziser zu rekonstruieren erlauben, muss die weitergehende Auswertung zeigen.

Vorsätze", z. B.: „Meinen zukünftigen Unterricht versuche ich möglichst schüler-
orientiert und schüleraktivierend durchzuführen. Ich nehme mir zum Ziel, typische
Präkonzepte vor, während und nach der Unterrichtseinheit möglichst offen mit
den Schüler/-innen zu besprechen und sie so zum Umdenken anzuregen" (Fall
51_P, S. 35). Das Studienprojekt wird in den Dienst der praktischen Nützlichkeit gestellt. Die Frage der Nützlichkeit kann auch über die eigene Person hinaus auf die
Community der Fachkolleg/-innen erweitert werden, etwa, wenn die Ergebnisse
der eigenen Forschung als praktisch bedeutsam für die Curriculumentwicklung der
Praktikumsschule eingeordnet werden: „Nachdem zuvor fünf Jahre in Folge in allen
EF-Kursen Bertolt Brechts Drama „Galileo Galilei" rezipiert wurde, entschieden sich
die unterrichtenden Lehrkräfte für eine Änderung der Lektüre. Aus diesem Grund
war die Rückmeldung der Befragten auch für die Lehrerinnen und Lehrer der anderen Kurse von persönlichem Interesse" (Fall 08_D, S. 16).

In abwägender Betrachtung der eigenen Forschung entziehen sich andere Studierende einer Kausalverknüpfung ihrer Forschungsergebnisse mit der (zukünftigen)
Praxis, indem ihre Argumentation einem Muster folgt, das sich mit der Frage „Welche Fragen werden beantwortet, welche Fragen bleiben offen?" beschreiben lässt.
Eine Irritation, die unmittelbare Nützlichkeit (s. o.) ausschließt, kann sich beispielsweise durch eine Uneindeutigkeit der Befunde einstellen: „Die Erkenntnis, dass es
für viele SuS eine Schwierigkeit bildet, durch kreative Schreibaufgaben Fortschritte
auf analytischer Ebene zu machen – und vor allem die Tatsache, dass dieses Erkenntnisinteresse in vielen Fällen gar nicht von SchülerInnenseite erkannt wird – ist
ein Ergebnis, das in vielerlei Hinsicht Aufschluss für Theorie und Praxis geben
kann" (Fall 12_D, S. 21). Eine Abwägung kann andererseits in der Limitation des eigenen Forschungszugangs liegen, mit dem nur ein Teilaspekt untersucht werden
konnte. Mögliche Variationen des Unterrichts in einem ähnlichen Zuschnitt werden
als notwendig erachtet, um eine generalisierende Aussage treffen zu können: „Hier
muss von der Lehrkraft die Entscheidung getroffen werden, welches produktions-
orientierte Verfahren für welche Klasse oder für welche SuS am geeignetsten ist.
Insofern soll dieses Studienprojekt auch dazu einladen, andere Verfahren auf ihre
Möglichkeiten und Grenzen hin zu untersuchen" (Fall 01_D, S. 20).

Diskutiert man die beiden rekonstruierten Figurationen im Kontext einer allgemeinen Verhältnisbestimmung von Theorie- und Praxiswissen in der Lehrerbildung,
dann lassen sich Analogien zu den bereits bei Neuweg (2004) formulierten Relatio-
nierungen von Wissen und Können finden. So unterscheidet Neuweg (2004) u. a.
zwischen einem sog. Technologiekonzept, dem spezifische Forderungen eines
handlungsleitenden Wissens inhärent sind, von dem aus Regeln für das praktische
Handeln formuliert werden, und einem sog. Mutterwitzkonzept, für das die Urteils-
kraft als Bindeglied zwischen Theorie und Praxis fungiert, mit deren Hilfe entschie-

den werden kann, inwiefern ein praktischer Fall einer Regel entspricht oder rekonstruktionslogisch mit Hilfe fallspezifischer Kontextualisierungen umfassender verstanden werden kann. Herzmann et al. (2017) haben diese Verhältnisbestimmung von Theorie- und Praxiswissen empirisch bestimmt, indem sie ausgehend von einem kasuistischen Seminarsetting die Frage der Nützlichkeit von Theoriewissen für das Fallverstehen untersucht haben. Anhand von Interviews und schriftlichen Reflexionen konnte eine Typologie studentischer Orientierungsrahmen rekonstruiert werden, in die sich auch die von uns rekonstruierten Figurationen einordnen lassen: die erste Figuration entspricht dem Technologischen Typus (ebd., S. 181) und die zweite Figuration dem Abwägenden Typus (ebd., S. 182). Inwiefern diese beiden Orientierungsrahmen in einen Zusammenhang mit bestimmten Varianten der Wirkungsforschung (vgl. Kap. 3.1) gebracht werden können, stellt zum gegenwärtigen Zeitpunkt ein Desiderat unserer Studie dar.

4 Diskussion: Zur Ambivalenz analytisch-reflexiver Zugänge und berufspraktischer Relevanz

Anhand der inhaltsanalytischen Auswertung von Dokumentationen von Studienprojekten in verschiedenen Fachdidaktiken haben wir deutlich gemacht, welche Varianten von Wirkungsforschung die Studierenden realisieren und welche Wirkzusammenhänge sie im Hinblick auf Leistungen und Dispositionen der Schüler/-innen annehmen. Insgesamt zeigen die Studienprojekte der Wirkungsforschung – jenseits des im Kontext Forschenden Lernens intendierten Möglichkeitsraums von vielfältigen Frage- und Problemstellungen, z. B. der Schul- und Professionsentwicklung, – eine Fokussierung auf die Lernenden (vgl. Kap. 3.1). Hinsichtlich der praktischen Relevanz der eigenen Forschungsvorhaben konnten wir zwei Zugänge von Studierenden unterscheiden: Jene, die aus den Ergebnissen ihres Studienprojekts eine unmittelbare Nützlichkeit für ihre Handlungspraxis ableiten sowie jene, die die Ergebnisse ihres Studienprojekts abwägend betrachten und sowohl für die Theorie als auch für die Praxis neue Fragen aufwerfen. Einen Zusammenhang zwischen den identifizierten Varianten der Wirkungsforschung und dem technologischen bzw. abwägenden Typus konnten wir bisher nicht herstellen (vgl. Kap. 3.2).

Aufgrund der Dominanz wirkungsorientierter Forschungszugänge in den Studienprojekten ist die Frage naheliegend, wie diese Ausrichtung zu begründen ist. Anschlussfähig sind die Studienprojekte zunächst an die – im Feld der empirischen Bildungsforschung gegenwärtig dominante – kompetenzorientierte Professionsforschung (z. B. COACTIV, TEDS-M, LEK). Die kompetenzorientierte Lehrerbildungsforschung untersucht fachliches, fachdidaktisches und pädagogisches Wissen von Probanden in unterschiedlichen Phasen ihres Lehrerwerdens (z. B. im Studium und Referendariat) bzw. Lehrerseins und geht dabei von einem Wirkzusammenhang qua Testung gemessenen Wissens und institutioneller Merkmale der Ausbildung sowie ihrer formalen Nutzung (z. B. Curricula) aus. Daraus leiten sich nicht selten Überlegungen für eine Veränderung der Lehrerbildung im Sinne der gefundenen Zusammenhänge zwischen (im weitesten Sinne) Lernbedingungen und Wissenserwerb ab. Evidenzbasierung in diesem Sinne ist zu einem zentralen Konzept bildungswissenschaftlicher Forschung geworden. Diese Forschungsausrichtung beeinflusst auch die Entwicklung der schulischen Curricula hinsichtlich einer kompetenzorientierten Ausrichtung von Unterricht und entsprechender universitärer fachdidaktischer Lehrangebote. Damit verbunden ist die Annahme, dass in Weiterführung der in der empirischen Bildungsforschung gewonnenen Erkenntnisse über professionelle Kompetenzen von Lehrkräften (vgl. z. B. Kunter et al., 2011), die von den Schüler/-innen zu erwerbenden Kompetenzen modellierbar sind und deren Erreichung dem Anspruch nach auch messbar sind. Die von uns herausgearbeiteten Varianten der Wirkungsforschung fügen sich in diese Evidenzbasierungslogik nahtlos ein.

Jenseits dieser kompetenzorientierten Professions- und Unterrichtsforschung stellt sich aber die Frage, ob sich auch strukturlogische Zusammenhänge zwischen den konzeptionellen Überlegungen zum Forschenden Lernen und den wirkungsorientierten Realisierungsformen in den Studienprojekten zeigen. Vergegenwärtigen wir uns hierzu erneut die Programmatik Forschenden Lernens (vgl. Kap. 1), dann zeigt sich mit der Betonung analytischer Distanznahme(n) auf Schule und Unterricht eine eher reflexive Ausrichtung auf Forschendes Lernen. An anderer Stelle konnten wir zeigen (vgl. Herzmann & Liegmann, in Druck), dass auch verstehende Zugänge beim Forschenden Lernen nicht nur programmatisch ausdrücklich erwünscht, sondern auch empirisch auffindbar sind. Die zahlenmäßige Überlegenheit wirkungsorientierter Forschungsvorhaben kann aber mit der Betonung des berufsbiographisch bedeutsamen Erkenntnisgewinns im Kontext Forschenden Lernens erklärt werden. „What works" erscheint zumindest als ein Ansatz, der für Studierende den hohen Anspruch Forschenden Lernens dahingehend formulierbar werden lässt, sich selbst (als angehende Lehrkraft oder auch als reflektierte/-r Praktiker/-in) in ein Verhältnis zum eigenen Forschungsvorhaben zu setzen. Dass dies reflexiv ausfallen kann, haben wir in Kapitel 3.2 gezeigt. Dass dieser Positionierung hinsichtlich der praktischen Relevanz Forschenden Lernens auch eine Um-zu-Logik inhärent ist, konnten wir ebenfalls deutlich machen. So lässt sich das Verhältnis von Forschendem Lernen zu wirkungsorientierten Forschungsvorhaben zumindest als ambivalent bezeichnen: Mit dem Rekurs auf die praktische Bedeutsamkeit der (eigenen) Forschung ist ein Wirkzusammenhang zwischen Erkenntnisgewinn und unterrichtlicher Tätigkeit nahegelegt, der neben der Programmatik analytisch-reflexiver Durchdringung von Unterricht parallel besteht.

Inwiefern die evidenzbasierte Ausrichtung der Studienprojekte über die Präferenzen der jeweiligen Dozierenden hinaus auf fachdidaktische Eigenheiten zurückgeführt werden kann, bleibt bisher fraglich. Ein fachdidaktischer Diskurs über Forschungsgegenstände und -verständnisse Forschenden Lernens (vgl. auch Reinmann, in Druck) würde die mit dem Praxissemester intendierte Forschungsorientierung der universitären Lehrerbildung aufzuklären und zu präzisieren helfen.

Literatur

Boelhauve, U. (2005). Forschendes Lernen in erziehungswissenschaftlichen Praxisstudien. In A. H. Hilligus & H.-D. Rinkens (Hrsg.), Zentren für Lehrerbildung. Neue Wege im Bereich der Praxisphasen (S. 103-126). Münster: Lit.

Feindt, A. (2007). Studentische Forschung im Lehramtsstudium. Eine fallrekonstruktive Untersuchung studienbiografischer Verläufe und studentischer Forschungspraxen. Opladen: Barbara Budrich.

Fichten, W. (2010). Forschendes Lernen in der Lehrerbildung. In U. Eberhardt (Hrsg.), Neue Impulse in der Hochschuldidaktik. Sprach- und Literaturwissenschaften (S. 127-182). Wiesbaden: VS Verlag für Sozialwissenschaften.

Fichten, W. (2017). Forschendes Lernen in der Lehrerbildung. In R. Schüssler, A. Schöning, V. Schwier, S. Schicht, J. Gold & U. Weyland (Hrsg.), Forschendes Lernen im Praxissemester. Zugänge, Konzepte, Erfahrungen (S. 30-38). Bad Heilbrunn: Klinkhardt.

Gläser-Zikuda, M. (2015). Qualitative Auswertungsverfahren. In H. Reinders, H. Ditton, C. Gräsel & B. Gniewosz (Hrsg.), Empirische Bildungsforschung. Strukturen und Methoden (S. 119-130). Wiesbaden: Springer VS.

Göbel, K., Ebert, A. & Stammen, K.-H. (2016). Ergebnisse der ersten Evaluation des Praxissemesters in Nordrhein-Westfalen. In Schule NRW (Hrsg.), Amtsblatt des Ministeriums für Schule und Weiterbildung, Jg. Beilage 11/2016 (S. 7-8). Düsseldorf: Ministerium für Schule und Weiterbildung des Landes Nordrhein-Westfalen.

Gold, J. & Klewin, G. (2017). Empirische Forschungsmethoden in studentischen Forschungsprojekten. In R. Schüssler, A. Schöning, V. Schwier, S. Schicht, J. Gold & U. Weyland (Hrsg.), Forschendes Lernen im Praxissemester. Zugänge, Konzepte, Erfahrungen (S. 147-160). Bad Heilbrunn: Klinkhardt.

Heinzel, F. (2009). Forschendes Lernen im Rahmen von Lehrforschungsprojekten. In B. Roters, R. Schneider, B. Koch-Priewe, J. Thiele & J. Wildt (Hrsg.), Forschendes Lernen im Lehramtsstudium. Hochschuldidaktik, Professionalisierung, Kompetenzentwicklung (S. 142-150). Bad Heilbrunn: Klinkhardt.

Heinzel, F. & Marini, U. (2009). Forschendes Lernen mit dem Online-Fallarchiv Schulpädagogik an der Universität Kassel. In B. Roters, R. Schneider, B. Koch-Priewe, J. Thiele & J. Wildt (Hrsg.), Forschendes Lernen im Lehramtsstudium. Hochschuldidaktik, Professionalisierung, Kompetenzentwicklung (S. 126-141). Bad Heilbrunn: Klinkhardt.

Herzmann, P., Artmann, M. & Wichelmann, E. (2017). Theoriegeleitete Reflexionen videographierten Unterrichts. Eine Typologie studentischer Perspektiven auf universitäre Theorie-Praxis-Bezüge. In C. Berndt, T. Häcker & T. Leonhard (Hrsg.), Reflexive Lehrerbildung revisited. Traditionen, Zugänge, Perspektiven (S. 176-189). Bad Heilbrunn: Klinkhardt.

Herzmann, P. & Liegmann, A. B. (in Druck). Studienprojekte im Praxissemester. Eine Heuristik von Forschungsvorhaben im Kontext Forschenden Lernens. In M. Artmann, M. Berendonck, P. Herzmann, A. B. Liegmann (Hrsg.), Professionalisierung in Praxisphasen der Lehrerbildung. Qualitative Forschung aus Bildungswissenschaft und Fachdidaktik. Bad Heilbrunn: Klinkhardt.

Herzog, W. (2002). Zeitgemäße Erziehung. Die Konstruktion pädagogischer Wirklichkeit. Weilerswist: Velbrück.

KMK (2014). Standards für die Lehrerbildung: Bildungswissenschaften. Beschluss der Kultusministerkonferenz vom 16.12.2004 i. d. F. vom 12.06.2014. Verfügbar unter: www.kmk.org/fileadmin/veroeffentli chungen_beschluesse/2004/2004_12_16-Standards-Lehrerbildung-Bildungswissenschaften.pdf [18.08.2017].

Kunter, M., Kleickmann, T., Klusmann, U. & Richter, D. (2011). Die Entwicklung professioneller Kompetenz von Lehrkräften. In M. Kunter, J. Baumert, W. Blum, U. Klusmann, S. Krauss & M. Neubrand (Hrsg.), Professionelle Kompetenz von Lehrkräften. Ergebnisse des Forschungsprogramms COACTIV (S. 55-68). Münster: Waxmann.

Kuper, H. (2015). Evaluation. In H. Reinders, H. Ditton, C. Gräsel & B. Gniewosz (Hrsg.), Empirische Bildungsforschung. Strukturen und Methoden (S. 131-143). Wiesbaden: Springer VS.

Mayring, P. (2003). Qualitative Inhaltsanalyse. Grundlagen und Techniken (8. Aufl.). Weinheim, Basel: Beltz.

MSW NRW (2010). Rahmenkonzeption zur strukturellen und inhaltlichen Ausgestaltung des Praxissemesters im lehramtsbezogenen Masterstudiengang. Verfügbar unter: www.schulministerium.nrw.de/docs/LehrkraftNRW/Lehramtsstudium/Reform-der-Lehrerausbildung/ Wege-der-Reform/Endfassung_Rahmenkonzept_Praxissemester_14042010.pdf [18.08.2017].

MSW NRW (2016). Zusatzvereinbarung zur „Rahmenkonzeption zur strukturellen und inhaltlichen Ausgestaltung des Praxissemesters im lehramtsbezogenen Masterstudiengang vom 14. April 2010". Verfügbar unter: www.schulministerium.nrw.de/docs/LehrkraftNRW/Lehramtsstudium/Praxiselemente/Praxis semester/Zusatzvereinbarung-Rahmenkonzeption.pdf [18.08.2017].

Neuweg, G. H. (2004). Figuren der Relationierung von Lehrerwissen und Lehrerkönnen. In B. Hackl & G. H. Neuweg (Hrsg.), Zur Professionalisierung pädagogischen Handelns (S. 1-26). Münster: Lit.

Olhaver, F. (2011). Fallanalyse, Professionalisierung und pädagogische Kasuistik in der Lehrerbildung. Sozialer Sinn, 12 (2), 279-303.

Ophuysen, S. van, Behrmann, L., Bloh, B., Homt, M. & Schmidt, J. (2017). Die universitäre Vorbereitung angehender Lehrkräfte auf Forschendes Lernen im schulischen Berufsalltag. Journal for educational research online, 9 (2), 276-305.

Reinmann, G. (in Druck). Lernen durch Forschung – aber welche? Erscheint in N. Neuber, W. Paravicini & M. Stein (Hrsg.), Forschendes Lernen – the wider view. Münster: WTM. (Preprint verfügbar unter: gabi-reinmann.de/wp-content/uploads/2017/09/Artikel_Forschung_FL_Sept17.pdf [12.02.2018]).

Rothland, M. & Boecker, S. K. (2015). Viel hilft viel? Forschungsbefunde und -perspektiven zum Praxissemester in der Lehrerbildung. Lehrerbildung auf dem Prüfstand, 8 (2), 112-134.

Schneider, R. & Wildt, J. (2009). Forschendes Lernen in Praxisstudien – Wechsel eines Leitmotivs. In B. Roters, R. Schneider, B. Koch-Priewe, J. Thiele & J. Wildt (Hrsg.), Forschendes Lernen im Lehramtsstudium. Hochschuldidaktik, Professionsentwicklung, Kompetenzentwicklung (S. 8-36). Bad Heilbrunn: Klinkhardt.

Schüssler, R. & Schöning, A. (2017). Forschendes Lernen im Praxissemester – Potential und Ausgestaltungsmöglichkeiten. In R. Schüssler, A. Schöning, V. Schwier, S. Schicht, J. Gold & U. Weyland (Hrsg.), Forschendes Lernen im Praxissemester. Zugänge, Konzepte, Erfahrungen (S. 39-50). Bad Heilbrunn: Klinkhardt.

Schüssler, R., Schöning, A., Schwier, V., Schicht, S., Gold, J. & Weyland, U. (Hrsg.). (2017). Forschendes Lernen im Praxissemester. Zugänge, Konzepte, Erfahrungen. Bad Heilbrunn: Klinkhardt.

Weyland, U. & Wittmann, E. (2015). Langzeitpraktika in der Lehrerausbildung in Deutschland. Stand und Perspektiven. Journal für LehrerInnenbildung, 15 (1), 8-21.

Weyland, U. & Wittmann, E. (2017). Praxissemester en vogue. In R. Schüssler, A. Schöning, V. Schwier, S. Schicht, J. Gold & U. Weyland (Hrsg.), Forschendes Lernen im Praxissemester. Zugänge, Konzepte, Erfahrungen (S. 17-29). Bad Heilbrunn: Klinkhardt.

Wissenschaftsrat (2001). Empfehlungen zur künftigen Struktur der Lehrerausbildung. Verfügbar unter: www.wissenschaftsrat.de/download/archiv/5065-01.pdf [22.08.2017].

Project work and the teaching practice semester: Effectiveness research in the context of research-based learning

The paper reports results of document analyses from project work done by university students in subject didactics (German, history, physics) and special education. Findings from qualitative content analyses show that, irrespective of their major subject, the students very often choose research projects that are drawing on the effectiveness paradigm. Pursuant of this result concerning the research focus of the project work, we reconstructed the different approaches of effectiveness research used in the projects. Based on conceptual considerations regarding research-based learning, we also analyzed the extent to which working with research projects is relevant for the teaching practice of the students. We discuss the structural relations between the conceptual considerations regarding research-based learning and the ways that these are translated into project work.

Keywords: professionalization – project work – teaching practice semester – research-based learning

Autorinnen:

Prof. Dr. Petra Herzmann, Universität zu Köln, Humanwissenschaftliche Fakultät, Department Erziehungs- und Sozialwissenschaften.

Dr. Anke B. Liegmann, Universität Duisburg-Essen, Fakultät für Bildungswissenschaften.

Korrespondenz an: petra.herzmann@uni-koeln.de

Lehrerbildung auf dem Prüfstand
2018, 11. Jahrgang, Heft 1, S. 66-84

Die Bedeutung der Berufswahlmotivation, Selbstregulation und Kompetenzselbsteinschätzungen für das bildungswissenschaftliche Professionswissen und die Unterrichtswahrnehmung angehender Lehrkräfte zu Beginn und am Ende des Praxissemesters

Sarah Mertens, Sabine Schlag und Cornelia Gräsel

Die Lehrerbildungsforschung weist darauf hin, dass es systematische interindividuelle Unterschiede in den professionellen Kompetenzen angehender Lehrkräfte gibt. Insbesondere persönliche Voraussetzungen und bereits vorhandene Kompetenzen beeinflussen die Nutzung von Lerngelegenheiten. Die vorliegende Längsschnittstudie mit 142 Lehramtsstudierenden betrachtet das Verhältnis selbstbezogener Kognitionen, bildungswissenschaftlichen Professionswissens und professioneller Unterrichtswahrnehmung sowohl zu Beginn als auch am Ende des Praxissemesters. Mittels multipler Regressionsanalysen wurde untersucht, welchen Einfluss selbstbezogene Kognitionen in Form von (1) Berufswahlmotivation (2) Selbstregulation und (3) Kompetenzselbsteinschätzungen auf das (4.1) konzeptuelle bildungswissenschaftliche Wissen und die (4.2) professionelle Unterrichtswahrnehmung besitzen. Die Analysen zeigen, dass erst nach Absolvieren des Praxissemesters die subjektiven Kompetenzeinschätzungen in einem systematischen Zusammenhang zu der professionellen Unterrichtswahrnehmung standen. Beziehungen zwischen dem konzeptuellen bildungswissenschaftlichen Wissen und den anderen erfassten Kompetenzfacetten konnten nicht gezeigt werden.

Schlagwörter: Lehrerbildung – Motivation – Praxissemester – Selbstregulation

1 Einleitung

Langzeitpraktika wie das Praxissemester wurden in den letzten Jahren verstärkt in der deutschen Lehramtsausbildung mit dem Ziel eingeführt, berufsspezifische Kompetenzen angehender Lehrkräfte zu fördern. Durch die Verzahnung von Theorie und Praxis soll dabei eine Verbindung von Wissensbeständen ermöglicht und Kompetenzen erfahrungsbasiert mit Hilfe kritischer Reflexion weiterentwickelt werden (Gröschner, Schmitt & Seidel, 2013). Die professionelle Kompetenz einer Lehrperson kann als Zusammenspiel kognitiver und selbstbezogener, motivational-affektiver Kompetenzaspekte beschrieben werden (Baumert & Kunter, 2011).

Professionelle Kompetenzen stellen die Basis für ertragreichen Unterricht dar und beeinflussen darüber hinaus auch das berufliche Wohlempfinden und Beanspruchungserleben einer Lehrkraft (Kunter, Kleickmann, Klusmann & Richter, 2011). Die Definition und Erfassung relevanter Kompetenzen von Lehrkräften stehen daher in den letzten Jahren stark im Fokus der Forschung. Im Zuge dessen widmet sich auch eine steigende Anzahl an Forschungsarbeiten der Entwicklung professioneller Kompetenzen angehender Lehrkräfte im Rahmen der Lehramtsausbildung (siehe z. B. TEDS-M, LEK-Studie und COACTIV-R). Mit der Neueinführung des Praxis-semesters in der Mehrzahl der deutschen Bundesländer ist daher auch die Kompe-tenzentwicklung von Lehramtsstudierenden innerhalb dieser verlängerten Praxis-phasen in den Fokus gerückt (Arnold, Gröschner & Hascher, 2014; Schubarth et al., 2012; Weyland & Wittmann, 2015). Die Forschung zur Kompetenzentwicklung im Rahmen des Praxissemesters zeigte bereits einen positiven Effekt hinsichtlich der subjektiven Kompetenzeinschätzung sowie der professionellen Unterrichtswahr-nehmung (Gröschner & Schmitt, 2012; Mertens & Gräsel, 2018; Stürmer, Seidel & Schäfer, 2013). Bisherige Befunde beziehen sich jedoch vorwiegend auf einzelne Aspekte der Kompetenzentwicklung und gehen nicht auf das Zusammenwirken verschiedener Kompetenzfacetten ein. Die Forschung im Bereich der Lehramtsaus-bildung weist jedoch darauf hin, dass es systematische interindividuelle Unter-schiede in den Kompetenzen angehender Lehrkräfte gibt (Kunina-Habenicht et al., 2013). Dies erfordert neben einer Betrachtung relevanter Kontextfaktoren ebenso die Untersuchung persönlicher Voraussetzungen als Ursachen dieser Unterschiede (Kunter et al., 2011). Daran anknüpfend betrachtet die Studie, welchen Einfluss selbstbezogene Kognitionen in Form von (1) Berufswahlmotivation, (2) Selbstregu-lation und (3) Kompetenzselbsteinschätzungen auf das (4.1) konzeptuelle bil-dungswissenschaftliche Professionswissen und die (4.2) professionelle Unterrichts-wahrnehmung angehender Lehrkräfte besitzen und ob sich dieser Einfluss durch das Absolvieren des Praxissemesters verändert.

2   Professionelle Kompetenzen von Lehrkräften

Professionelle Kompetenzen von Lehrkräften werden als ein komplexes System persönlicher Voraussetzungen zur Bewältigung spezifischer Anforderungen ver-standen, die prinzipiell erlern- und vermittelbar sind (Weinert, 2001). Baumert und Kunter (2011) definieren neben dem Professionswissen auch Überzeugungen, Werthaltungen, Ziele, motivationale Orientierung sowie Selbstregulation als Aspekte professioneller Kompetenz von Lehrpersonen. Häufig werden für Kompe-tenzaspekte, die sich nicht auf das Professionswissen beziehen, Begriffsbezeich-nungen wie motivational-selbstregulative, motivational-affektive oder nicht-kogni-tive Kompetenzen gewählt (Baumert & Kunter, 2011; König & Rothland, 2013). Um neben motivationalen und selbstregulativen Aspekten auch handlungsrelevante Selbstwirksamkeitswartungen wie Kompetenzselbsteinschätzungen (vgl. Tschan-nen-Moran & Woolfolk Hoy, 2001) berücksichtigen zu können, wird im weiteren Verlauf die Bezeichnung selbstbezogene Kognitionen verwendet (vgl. Baumert &

Kunter, 2011). Die in der Studie untersuchten Aspekte professioneller Kompetenz werden im Folgenden genauer erläutert.

2.1 Bildungswissenschaftliches Professionswissen und professionelle Unterrichtswahrnehmung

Hinsichtlich des Erwerbs von Professionswissen wird dem universitären Lehramtsstudium eine zentrale Bedeutung zugeschrieben (Cochran-Smith & Lytle, 1999). Das Professionswissen umfasst unterschiedliche Wissensinhalte und -formen. So zählen neben Fachwissen, fachdidaktischem Wissen und pädagogisch-psychologischem Wissen auch das Organisations- und Beratungswissen zu den relevanten Wissensinhalten im Lehrberuf (Baumert & Kunter, 2011; Kunter et al., 2017). Das Organisations- und das Beratungswissen bilden neben dem pädagogisch-psychologischen Wissen grundlegende Bestandteile des bildungswissenschaftlichen Professionswissens, welches sowohl unterrichtsnahes (z. B. Wissen über effektive Klassenführung und Lernprozesse) als auch kontextbezogenes Wissen (z. B. Wissen über das Bildungssystem und Schulentwicklung) beinhaltet (Linninger et al., 2015).

Hinsichtlich der unterschiedlichen Formen des Professionswissens lässt sich zwischen konzeptuellem und prozeduralem Wissen unterscheiden. Konzeptuelles Wissen umfasst domänenspezifische Konzepte sowie bei entsprechender Elaboration auch Wissen über Zusammenhänge zwischen unterschiedlichen Konzepten (Schneider, Rittle-Johnson & Star, 2011). Prozedurales Wissen zeichnet sich hingegen durch einen stärkeren Handlungs- und Situationsbezug aus (König & Blömeke, 2009). Zu situationsbezogenem Wissen zählen auch Beobachtungen und Interpretationen von Unterrichtssituationen, welche als professionelle Unterrichtswahrnehmung bezeichnet werden. Eine professionelle Unterrichtswahrnehmung erfordert prozedurales, anwendungsbezogenes Wissen, um konzeptuelles, unterrichtsnahes Professionswissen auf authentische Unterrichtssituationen anwenden zu können (Jahn, Stürmer, Seidel & Prenzel, 2014). Ergebnisse von Van Es und Sherin (2008) legen nahe, dass mit zunehmender Professionalisierung verschiedene Facetten unterrichtsnahen Professionswissens besser zueinander in Bezug gesetzt und auf Basis dessen konkrete Unterrichtssituationen differenzierter analysiert werden können. Die professionelle Unterrichtwahrnehmung stellt dabei eine Vorstufe der professionellen Handlungskompetenz dar (Seidel, Blomberg & Stürmer, 2010), die das Professionswissen um den Aspekt der Anwendbarkeit in authentischen Kontexten erweitert.

2.2 Selbstbezogene Kognitionen

Von Lehrpersonen wird die Fähigkeit gefordert, vorhandene Kompetenzen eigenverantwortlich weiterzuentwickeln. Hierfür müssen persönliche Lernprozesse selbstständig initiiert werden, wobei motivationale Überzeugungen einen relevanten Einfluss besitzen (Dresel, Backes & Lämmle, 2011; Kunter, 2011). Für angehende Lehrkräfte erscheint insbesondere die Studien- bzw. Berufswahlmotivation von Relevanz, da diese Auskunft darüber gibt, aus welchen Gründen das Lehramtsstudium gewählt wurde (vgl. Künsting & Lipowsky, 2011). Da mit der Wahl des Lehramtsstudiums in der Regel eine eindeutige Berufswahl einhergeht, wird im Folgenden übergreifend der Begriff Berufswahlmotivation verwendet. Hierbei lässt sich zwischen einer intrinsischen und extrinsischen Berufswahlmotivation unterscheiden (z. B. Blömeke, Buchholtz & Hacke, 2010). Die intrinsische Berufswahlmotivation bei angehenden Lehrkräften zeichnet sich unter anderem durch ein starkes fachliches bzw. pädagogisches Interesse an der Lehrtätigkeit aus. Liegt der Fokus der Berufswahlmotivation auf eher extrinsischen Aspekten, werden positive Aspekte des Lehrerberufs angestrebt, die außerhalb der Kerntätigkeit liegen (z. B. Absicherung durch Verbeamtung). König und Rothland (2013) konnten geringe signifikante Zusammenhänge zwischen einer hohen intrinsischen Berufswahlmotivation und dem pädagogischen Professionswissen bei angehenden Lehrkräften zu Beginn ihres Studiums zeigen. Die pfadanalytische Modellierung wies jedoch darauf hin, dass die intrinsische Berufswahlmotivation nur indirekt – über Motivationsaspekte (wie Lernzielorientierung) vermittelt – das konzeptuelle Wissen beeinflusst. Welchen Effekt die Berufswahlmotivation dagegen zu einem fortgeschrittenen Studienzeitpunkt und unter Berücksichtigung erhöhter schulpraktischer Erfahrung besitzt, ist noch unklar. Laut Deci und Ryan (1993) steht die intrinsische Motivation in direktem Zusammenhang mit einem selbstregulierten Strategieeinsatz. Sie verweisen darauf, dass die intrinsische Motivation für den Kompetenzerwerb von besonderer Relevanz ist, da diese auch Einfluss auf die Verarbeitungstiefe von Lerninhalten besitzen kann. So zeigten z. B. Marton und Säljö (1997), dass mit einer intrinsischen Motivation oftmals Tiefenstrategien (deep level approach) einhergehen, die eine stärkere Elaboration von Wissensinhalten unterstützen. Extrinsische Motivationsformen stehen dagegen stärker mit Oberflächenstrategien (surface level approach) im Zusammenhang, die meist auf das Einprägen von Fakten abzielen (Marton & Säljö, 1997). Auch Künsting und Lipowsky (2011) gehen davon aus, dass mit einer intrinsischen Berufswahlmotivation eine höhere Lernmotivation im Studium verbunden ist.

Verknüpft man die Ergebnisse der Studie von König und Rothland (2013) mit den Ergebnissen der Studie von Marton und Säljö (1997), so ist anzunehmen, dass der Zusammenhang zwischen intrinsischer Motivation und höherem Professionswissen über strategisches Verhalten insbesondere der Selbstregulation moderiert werden sollte (vgl. Schiefele, Streblow, Ermgassen & Moschner, 2003). In Ausbildungssituationen wie dem Praxissemester lässt sich Selbstregulation im Sinne des selbstregu-

lierten Lernens als eigenständige Planung, Überwachung und Evaluation von Lern-
bzw. Arbeitsprozessen verorten (u. a. Boekaerts, Pintrich & Zeidner, 2000). Auch
die Expertiseforschung zeigte, dass ein effektiv strukturierter Lernprozess mit spezifischer Zielesetzung, der sogenannten reflektierten Praxis (deliberate practice),
für die Kompetenzentwicklung von entscheidender Relevanz ist (Ericsson, Krampe
& Tesch-Römer, 1993). Für die Entwicklung des Professionswissens und der professionellen Unterrichtswahrnehmung erscheint somit die Fähigkeit zum selbstregulierten Lernen von besonderer Bedeutung. Das selbstregulierte Lernen beschreibt
einen aktiven, konstruktiven Prozess, bei dem der Lernende spezifische Lernziele
formuliert und in Abhängigkeit von diesen Zielen sowie den gegebenen Umstän-
den handelt (Otto, Perels & Schmitz, 2011). Hinsichtlich der theoretischen Fundie-
rung des selbstregulierten Lernens wird häufig eine Dreiteilung des Lern- bzw.
Arbeitsprozesses vorgenommen (Zimmermann, 2000). Die präaktionale Phase bezieht sich dabei auf Planungsstrategien, die in der Regel zu Beginn der Handlungs-
sequenz eingesetzt werden. Bei routinierten Handlungen liegt meist ein Automa-
tismus in der Planung vor. Bei neuen bzw. herausfordernden Aufgaben, wie sie im
Praxissemester vertreten sind, ist allerdings davon auszugehen, dass die Planung
bewusst erfolgen muss. Die aktionale Phase umfasst das Monitoring, wobei die
Überwachung und Bewertung von Handlungsschritten im Vergleich zur Zielsetzung vorgenommen werden. Die postaktionale Phase schließt mit der Evaluation
des Lernprozesses bzw. des zu beurteilenden Arbeitsergebnisses ab. Die Bewertung während der postaktionalen Phase beeinflusst wiederum die Planung in der
präaktionalen Phase der nächsten Lerneinheit, wodurch eine Optimierung des
Lernverhaltens stattfinden kann (Otto et al., 2011).

Eine weitere Facette professioneller Kompetenz stellen selbstbezogene Kompe-
tenzüberzeugungen dar (vgl. Baumert & Kunter, 2011). Diese Kompetenzselbsteinschätzungen können als ein Ausdruck von Selbstwirksamkeitserwartungen
verstanden werden, die eine wichtige Komponente der Regulationsfähigkeit im
Handlungskontext darstellen (Bach, 2013). Insbesondere bei komplexen Anforderungen können sie handlungsleitend sein und über Rückmeldungen und eigene
Erfahrungen verändert werden (Bach, 2013). Häufig zeigen sich signifikant positive
Zusammenhänge von Selbstwirksamkeit und Leistung, wobei neben wechselseiti-
gen Korrelationen auch stärkere Effekte der Selbstwirksamkeit auf die Leistung berichtet werden (Köller & Möller, 2006). Forschungsbefunde zum Praxissemester
zeigen, dass dieses einen positiven Effekt hinsichtlich der subjektiven Kompetenzeinschätzung aufweist (Gröschner et al., 2013; Mertens & Gräsel, 2018). Empirische
Befunde von König, Kaiser und Felbrich (2012) zeigen jedoch, dass lediglich bei
Teilgruppen Zusammenhänge von Kompetenzselbsteinschätzungen und konzeptuellem Wissen nachzuweisen sind. Schulze-Stocker, Holzberger, Kunina-Habe-

nicht, Terhart und Kunter (2016) konnten ebenfalls nur schwache Ausprägungen in einzelnen Wissensdimensionen zwischen den Kompetenzselbsteinschätzungen und dem konzeptuellen Wissen von Lehramtsstudierenden zeigen. Weitere Befunde zu Kompetenzselbsteinschätzungen und Professionswissen verweisen allerdings darauf, dass bei zunehmender Praxiserfahrung subjektive Kompetenzeinschätzung und Unterrichtswahrnehmung stärker in Zusammenhang stehen (Mertens & Gräsel, 2018). Dies kann unter anderem darauf zurückgeführt werden, dass durch Praxiserfahrung bestehende Wissensbestände überprüft werden können und durch die geforderte Reflexion realistischere Einschätzungen über die eigenen Kompetenzen zustande kommen, die bestehende Urteilsverzerrungen mindern können (vgl. Bandura, 1997; Cramer, 2010).

Welche Rahmenbedingungen das Praxissemester für die Entwicklung und das Zusammenwirken der dargestellten Kompetenzaspekte besitzt, wird im Folgenden skizziert. Genauere Ausführungen hierzu finden sich auch bei Mertens und Gräsel (2018).

2.3   Rahmenbedingung Praxissemester

Zahlreiche deutsche Bundesländer haben in den letzten Jahren verlängerte Praxisphasen wie das Praxissemester in die Lehramtsausbildung integriert. Hinsichtlich der Ausgestaltung dieser Praxisphasen liegen je nach Bundesland jedoch deutliche Differenzen vor (Weyland & Wittmann, 2015). In Nordrhein-Westfalen wurde das Praxissemester durch die Verabschiedung des Lehrerausbildungsgesetzes von 2009 ein obligatorischer Part der universitären Lehramtsausbildung. Die Durchführung des Praxissemesters liegt demnach in der Verantwortung der Universität, die in Kooperation mit den Zentren für schulpraktische Lehrerausbildung und den Schulen sowohl eine wissenschafts- als auch eine berufsfeldbezogene Einbettung der Inhalte verfolgt. Das im Masterstudium verortete Praxissemester ist als ein fünfmonatiges Mitwirkungspraktikum im Blockformat angelegt und zielt darauf ab, durch einen professionsorientierten Theorie-Praxis-Bezug eine Kompetenzbasis für den Lehrberuf zu schaffen (Freimuth & Sommer, 2010). Die Absolventen sollen demnach über die Fähigkeit verfügen, Lehr- und Lernprozesse professionell wahrzunehmen und mitzugestalten. Das forschende Lernen in Form von Studienprojekten stellt einen zentralen Bereich des Praxissemesters dar, mittels dessen die Studierenden dazu befähigt werden sollen, theoriegeleitete Erkundungen im Handlungsfeld Schule durchzuführen sowie im Hinblick auf die eigene Professionalisierung zu reflektieren. Die Studierenden sollen dadurch zu einer kritischen Anwendung sowie problemorientierten Erweiterung ihres konzeptuellen Wissens befähigt werden. Ebenso sind im schulpraktischen Teil Unterrichtseinheiten unter Begleitung nachzuweisen sowie eigene Unterrichtsvorhaben durchzuführen, wo-

durch die Studierenden schrittweise an das eigenständige Unterrichten herange-
führt werden sollen (Freimuth & Sommer, 2010). Die Breite der Erfahrungsmöglich-
keiten soll dazu beitragen, dass die Studierenden im Praxissemester die Basis für
ein professionelles Selbstkonzept entwickeln und sich differenziert mit ihrem individuellen Kompetenzerwerb auseinandersetzen, wobei der Reflexion eine entschei-
dende Bedeutung zugeschrieben wird. So stellen wissenschaftliche Reflexionen
gezielter Selbst- und Fremdbeobachtungen einen wesentlichen Bestandteil des
Praxissemesters dar, der auf die Förderung der professionellen Unterrichtswahrnehmung abzielt und eine kritische Selbsteinschätzung ermöglichen soll (Freimuth
& Sommer, 2010). Im Gegensatz zu den vorgeordneten Praxisphasen steht im Praxissemester somit nicht mehr eine erste Orientierung im Berufsfeld im Fokus, sondern eine anspruchsvolle Verbindung von Theorie und Praxis sowie die erste
Entwicklung eines professionellen Selbstkonzepts mit den entsprechenden berufsspezifischen Kompetenzen.

3   Fragestellung

Die vorliegende Untersuchung betrachtet das Verhältnis zentraler Kompetenzaspekte sowohl zu Beginn als auch am Ende des Praxissemesters und untersucht
die folgende Forschungsfrage:

Stellen (1) eine intrinsische Berufswahlmotivation, (2) eine hohe Selbstregulation
sowie (3) hohe Kompetenzselbsteinschätzungen Prädiktoren für das (4.1) konzeptuelle bildungswissenschaftliche Professionswissen und die (4.2) professionelle Unterrichtwahrnehmung zu Beginn und am Ende des Praxissemesters dar?

Der Ausprägung der Motivation wird eine besondere Relevanz zugeschrieben, da
diese die Verarbeitungstiefe sowie die strategische Verarbeitung von Lerninhalten
beeinflusst (Marton & Säljö, 1997) und sich somit auch in der Ausprägung des Professionswissens und der Unterrichtwahrnehmung niederschlagen kann (König &
Rothland, 2013; Künsting & Lipowsky, 2011). Die der Untersuchung zugrundeliegende Annahme lautet daher, dass Studierende mit einer hohen intrinsischen
Berufswahlmotivation zu Beginn und am Ende des Praxissemesters ein höheres bildungswissenschaftliches Professionswissen und eine professionellere Unterrichtswahrnehmung aufweisen.

Aufbauend auf Befunden der Expertiseforschung (Ericsson et al., 1993) wird weiter
angenommen, dass ein effektiv geplanter, überwachter und adäquat evaluierter
Lernprozess im positiven Zusammenhang mit der Entwicklung professioneller
Kompetenzen steht. Demnach wird erwartet, dass eine hohe Selbstregulation förderlich für den Erwerb bildungswissenschaftlichen Professionswissens und einer
professionellen Unterrichtswahrnehmung ist.

Hinsichtlich der Kompetenzselbsteinschätzungen wird angenommen, dass diese erst bei zunehmender Praxiserfahrung einen Prädiktor für das entsprechende Professionswissen und die professionelle Unterrichtswahrnehmung darstellen können (vgl. Bach, 2013; Bandura, 1997; Köller & Möller, 2006).

4 Methode

4.1 Messinstrumente

Zur Untersuchung der betrachteten Kompetenzaspekte wurden validierte Messinstrumente eingesetzt, welche sich auf entsprechende Kompetenzfacetten beziehen und im Folgenden genauer dargestellt werden.

4.1.1 Erfassung des konzeptuellen bildungswissenschaftlichen Professionswissens und der professionellen Unterrichtswahrnehmung

Zur Erfassung des konzeptuellen bildungswissenschaftlichen Wissens wurde die Kurzversion eines Wissenstests mit Multiple-Choice-Fragen von Seifert und Schaper (2010; 2012) eingesetzt. Die Grundlage der Itementwicklung bildete ein Rahmenmodell in Form einer Neun-Felder-Matrix (Seifert & Schaper, 2012), das sich an den Strukturmodellen der Lehrerbildungsstudien wie MT21 und COACTIV orientiert und auf die 2004 von der Kultusministerkonferenz (KMK) formulierten bildungswissenschaftlichen Kompetenzen im Lehramtsstudium ausgerichtet ist. Auf dieser Basis differenziert der Wissenstest verschiedene Inhaltsbereiche (Erziehung und Bildung, Unterricht und allgemeine Didaktik sowie Schulentwicklung und Gesellschaft) und verschiedene Anforderungsstufen ((1) Wissen reproduzieren und verstehen, (2) Reflektieren und Anwenden sowie (3) Urteilen, Bewerten und Entscheiden). Die eingesetzte Paper-Pencil-Kurzversion des Wissenstests umfasst sieben Aufgabenitems im reproduzierenden Anforderungsbereich, elf Aufgabenitems im anwendenden Anforderungsbereich sowie fünf Aufgabenitems im bewertenden Anforderungsbereich.

Die Erhebung der professionellen Unterrichtswahrnehmung geschah mittels einer Kurzversion (drei Unterrichtsvideos) des Diagnoseinstruments Observer, welches ein videobasiertes Tool zur Erfassung professioneller Unterrichtswahrnehmung ist (Seidel et al., 2010). Das Instrument beruht auf einer standardisierten Auseinandersetzung mit Videovignetten von Unterrichtssequenzen und erfasst die Fähigkeit, Ereignisse im Unterricht zu beschreiben, zu erklären und Konsequenzen für die weiteren Lernprozesse der im Video gezeigten Schüler vorherzusagen (Seidel & Stürmer, 2014). Inhaltlich sind im Instrument die Bereiche Zielorientierung, Lernbegleitung und Lernatmosphäre als Komponenten erfolgreichen Unterrichts zu bewerten. Pro Unterrichtsvideo sind jeweils zwei der drei Komponenten anhand von

36 Items auf einer vierstufigen Likert-Skala zu beurteilen. Die Items sind in gleichen Teilen darauf ausgerichtet (1) die gesehene Situation zu beschreiben, (2) zu
erklären und (3) Vorhersagen hinsichtlich des Lernerfolgs der betrachteten Lerngruppe zu formulieren (Jahn et al., 2014). Der Itemauswertung liegt ein Experten-
rating von Seidel et al. (2010) zugrunde.

4.1.2 Erfassung der selbstbezogenen Kognitionen

Zur Untersuchung der Berufswahlmotivation wurde ein von Pohlmann und Möller
(2010) entwickelter Fragebogen zur Erfassung der Motivation für die Wahl des
Lehramtsstudiums (FEMOLA) verwendet. Der Fragebogen umfasst sechs Subskalen
und arbeitet mit einer vierstufigen Ratingskala. Einer theoretischen Unterteilung in
einen intrinsischen und einen extrinsischen Sekundärfaktor folgend (Blömeke et al.,
2010; Deci & Ryan, 1993), wurden diese beiden Motivationskomponenten auch in
der Auswertung betrachtet (vgl. Künsting & Lipowsky, 2011). So sind die Skalen
pädagogisches Interesse (7 Items), fachliches Interesse (6 Items) sowie die Fähig-
keitsüberzeugung (6 Items) aufgrund ihrer inhaltlichen Ausrichtung der intrinsischen Motivation zuzuordnen. Die Skalen Nützlichkeit (9 Items), wahrgenommene
Schwierigkeit des Studiums (5 Items) sowie soziale Einflüsse (6 Items) bilden dagegen eine extrinsische Motivation zur Wahl des Lehramtsstudiums ab.

Zur Erfassung der Selbstregulation wurden die folgenden von Grob und Maag
Merki (2001) entwickelten Skalen eingesetzt: Planung (5 Items), Monitoring (5
Items), Evaluation (5 Items) und Selbstreflexion (6 Items). Die Skala Selbstreflexion
konzipiert Selbstauseinandersetzung und Selbstkritikbereitschaft als eindimensio-
nales Konstrukt. Studierende mit hohen Skalenwerten geben demnach an, sich kritisch mit sich selbst auseinanderzusetzen und sich selbst bzw. das eigene Handeln
besonders in Konfliktsituationen zu hinterfragen. Alle vier Skalen sind anhand einer
vierstufigen Ratingskala zu bewerten (Grob & Maag-Merki, 2001).

Das zur Erfassung praxisbezogener Kompetenzselbsteinschätzungen eingesetzte
Instrument (Gröschner, 2009) basiert inhaltlich auf den 2004 von der KMK formulierten Standards für die Lehrerbildung im Bereich Bildungswissenschaften. Die
insgesamt vier Skalen umfassen 33 Items, die an die Bedingungen schulpraktischer
Lehr-Lernsituationen angepasst wurden (Gröschner & Schmitt, 2012). Inhaltlich
beziehen sie sich auf die Bereiche Unterrichten (7 Items), Erziehen (11 Items), Beurteilen (9 Items) und Innovieren (6 Items). Der Fragebogen erfasst die Kompetenzselbsteinschätzungen in diesen Bereichen auf Basis einer siebenstufigen Ratingskala.

4.2   Durchführung

Die Lehramtsstudierenden wurden zu Beginn des Praxissemesters (t_1) in den universitären bildungswissenschaftlichen Vorbereitungskursen und am Ende des Praxissemesters (t_2) im Rahmen der Nachbereitungskurse befragt. Die Bearbeitungsdauer lag bei ca. einer Stunde, zum Dank erhielten die Studierenden eine Süßigkeit. Nach einem Überblick über den Ablauf der Studie wurden die Studierenden gebeten, personenbezogene Angaben zu machen. Anschließend wurden die Studierenden zur Ermittlung der Unterrichtswahrnehmung kurz in die relevanten Unterrichtskomponenten zur Itembewertung eingeführt sowie Kontextinformationen zu den Videoclips gegeben. Jeweils nach der Präsentation eines Clips auf einer Leinwand wurden die Studierenden gebeten, diesen anhand der Items zu bewerten. Im Anschluss daran bearbeiteten die Studierenden den Wissenstest und nahmen die Selbsteinschätzungen in den Bereichen Kompetenz und Selbstregulation vor. Unter Annahme einer stabilen Ausprägung wurde die Berufswahlmotivation lediglich zu Beginn des Praxissemesters erfragt. Alle Angaben wurden im Paper-Pencil-Format erfasst.

4.3   Stichprobe

Die Studie basiert auf Daten einer Längsschnittuntersuchung zum Praxissemester an der Bergischen Universität Wuppertal. In der vorliegenden Analyse werden ausschließlich die Angaben von 142 Studierenden des Masters of Education berücksichtigt, die zu beiden Messzeitpunkten vor Beginn und am Ende ihres Praxissemesters teilgenommen haben (Dropout-Rate: 41.8 %). Fehlende Werte wurden mit listenweisem Fallausschluss behandelt. Die Untersuchung des Dropouts wurde mittels t-Tests für unabhängige Stichproben durchgeführt. Diese zeigen, dass sich die Studierenden, die zu beiden Messzeitpunkten an der Befragung teilgenommen haben, in den untersuchten Prädiktor- und Kriteriumsvariablen zu t_1, außer im konzeptuellen bildungswissenschaftlichen Wissen, nicht von den Studierenden unterscheiden, die ausschließlich zu t_1 an der Befragung teilgenommen haben. Hinsichtlich des mittels Wissenstest erfassten konzeptuellen bildungswissenschaftlichen Wissens zeigte die Untersuchungsstichprobe jedoch signifikant höhere Werte (M = 64.32, SD = 11.00) als die ausgeschlossenen Fälle (M = 61.3 SD = 12.28, t(244) = -2.03 p < .04, d = 0.26). Insgesamt lässt sich die hohe Dropout-Rate verstärkt auf organisatorische Gründe zurückführen. So war ein Teil der Probanden, die zu t_1 im Rahmen der Vorbereitungskurse des Praxissemesters teilnahmen, aufgrund von anderweitigen Terminen (bspw. Prüfungen oder Veranstaltungen in den Fachdidaktiken) zum Zeitpunkt von t_2 in der Nachbereitungsveranstaltung nicht anzutreffen.

Die Untersuchungsstichprobe bestand überwiegend aus weiblichen Studierenden (71.1 %) mit einem Durchschnittsalter von 25.84 Jahren (SD = 3.05). Der Studienempfehlung folgend, befanden sich die Studierenden während des Praxissemesters durchschnittlich im zweiten Mastersemester. Von den Befragten strebten 26.8 % ein Lehramt an der Grundschule, 16.8 % im Bereich Haupt-, Real-, Gesamtschule, 45.8 % im Bereich Gymnasium/Gesamtschule sowie 10.6 % am Berufskolleg an.

5   Ergebnisse

Zur Untersuchung interindividueller Unterschiede im bildungswissenschaftlichen Professionswissen von Lehramtsstudierenden zu t_1 und t_2 des Praxissemesters wurden zunächst deskriptive Statistiken (siehe Tabelle 1) und Korrelationen der berücksichtigten Prädiktoren und Kriteriumsvariablen berechnet (Tabelle 2).

Tabelle 1:   Mittelwerte (M) und Standardabweichungen (SD) der untersuchten Kompetenzaspekte zu Beginn (t_1) und am Ende (t_2) des Praxissemesters

	t_1		t_2	
	M	SD	M	SD
Prädiktoren				
(1) Motivation	3.37	.33	--	--
(2) Selbstregulation	2.89	.38	2.92	.38
(3) Selbsteinschätzung	4.30	.73	5.07	.65
Kriteriumsvariablen				
(4.1) Konzeptuelles Wissen	64.75	10.48	66.19	10.75
(4.2) Unterrichtswahrnehmung	.36	.15	.41	.18

Anmerkungen: Wertbereiche der erfassten Variablen (1) & (2): 1-4; (3): 1-7; (4.1): 0-98; (4.2): 0-1. Hohe Ausprägungen werden durch hohe Werte gekennzeichnet.

Hinsichtlich der Mittelwertsunterschiede von t_1 zu t_2 konnten für die Kompetenzselbsteinschätzungen (t(140) = -12.01, p < .01) und die Unterrichtswahrnehmung (t(141) = -4.07, p < .01) signifikante Veränderungen in Form von Steigerungen nachgewiesen werden. Die Ermittlungen der Effektstärken bei Messwiederholung mit einer Gruppe ergab, dass das Praxissemester hinsichtlich der Kompetenzselbsteinschätzungen einen starken Effekt (d = .97) besitzt. Der Effekt des Praxissemesters hinsichtlich der Unterrichtswahrnehmung ist dagegen als eher gering (d = .39) zu interpretieren (siehe auch Mertens & Gräsel, 2018).

Zu t_1 und t_2 bestanden Korrelationen mittlerer Stärke zwischen allen drei betrachteten Prädiktoren (siehe Tabelle 2). Hinsichtlich der Kriteriumsvariablen bestand zu t_1 lediglich eine geringe Korrelation zwischen der Unterrichtswahrnehmung und der intrinsischen Berufswahlmotivation. Zu t_2 veränderten sich die Zusammenhänge, so dass nur noch eine mittlere Korrelation zwischen der professionellen Unterrichtswahrnehmung und den Kompetenzselbsteinschätzungen der Praxissemesterabsolventen nachgewiesen wurde.

Tabelle 2:   Pearson-Korrelationen der Prädiktoren und Kriteriumsvariablen zu Beginn (t_1) und am Ende (t_2) des Praxissemesters

	(1)		(2)		(3)		(4.1)	
	t_1	t_2	t_1	t_2	t_1	t_2	t_1	t_2
Prädiktoren								
(1) Motivation								
(2) Selbstregulation	.38*	.31*						
(3) Selbsteinschätzung	.43*	.32*	.27*	.41*				
Kriteriumsvariablen								
(4.1) Konzeptuelles Wissen	-.04	.06	-.01	.12	-.13	.08		
(4.2) Unterrichtswahrnehmung	.16*	.14	.00	.10	.10	.30*	-.07	.01

Anmerkungen: *signifikant mit $p < .05$

Zur Überprüfung gemeinsamer und spezifischer Effekte der Prädiktoren wurden anschließend getrennt für das konzeptuelle Wissen und die professionelle Unterrichtswahrnehmung multiple Regressionsanalysen (siehe Tabelle 3) mittels des Programms SPSS Version 24.0 berechnet (Field, 2013; IBM, 2018).

Die Analysen zeigen, dass zu t_1 weder das konzeptuelle Wissen noch die Unterrichtswahrnehmung durch die betrachteten Prädiktoren vorhergesagt werden konnten. Die weiteren Analysen ergaben, dass unter Kontrolle der Werte der Kriteriumsvariablen zu t_1 die Kompetenzselbsteinschätzungen der Lehramtsstudierenden zu t_2 einen statistisch signifikanten Effekt auf die Unterrichtswahrnehmung zu t_2 besaßen.

Ergänzend wurden schrittweise Regressionen gerechnet, die unter der Kontrolle der Kriteriumsvariablen zu t_1 den längsschnittlichen Effekt der Prädiktoren zu t_1 für das konzeptuelle Wissen und die Unterrichtswahrnehmung zu t_2 analysieren. Die längsschnittlichen Analysen zeigen, dass die zu Beginn des Praxissemesters erfassten Variablen intrinsische Berufswahlmotivation, Selbstregulation sowie Kompetenzselbsteinschätzungen keine Veränderung des konzeptuellen bildungswissenschaftlichen Professionswissens (β(Motivation) = .03, β(Selbstregulation) = .08, β(Selbsteinschätzung) = .02, alle n. s., ΔR^2 = 0.01,) und der Unterrichtswahrnehmung (β(Motivation) = .01, β(Selbstregulation) = .01, β(Selbsteinschätzung) = .05, alle n. s., ΔR^2 = .004,) im Praxissemester vorhersagen können.

Tabelle 3:   Multiple Regressionsanalyse des konzeptuellen bildungswissenschaftlichen Professionswissens und der professionellen Unterrichtswahrnehmung zu Beginn (t_1) und am Ende (t_2) des Praxissemesters unter Kontrolle der Kriteriumswerte zu t_1

	F		R^2		β	
	t_1	t_2	t_1	t_2	t_1	t_2
Wissen						
	.83	13.87	.02	.02		
Motivation					.02	.03
Selbstregulation					.02	.10
Selbsteinschätzung					-.14	.06
Unterrichts-wahrnehmung	1.53	26.19	.03	.05		
Motivation					.17	-.05
Selbstregulation					-.08	.07
Selbsteinschätzung					.05	.20**

Anmerkungen: F = Teststatistik, R^2 = Determinationskoeffizient, β = standardisierter Regressionskoeffizient; **signifikant mit p < .01

6   Diskussion

Die Studie untersucht die Bedeutung selbstbezogener Kognitionen für das bildungswissenschaftliche Professionswissen von Lehramtsstudierenden zu Beginn und am Ende des Praxissemesters. Hierbei wurde betrachtet, inwieweit (1) die Berufswahlmotivation, (2) die Selbstregulation und (3) bildungswissenschaftliche Kompetenzselbsteinschätzungen einen Einfluss auf das (4.1) konzeptuelle bildungswissenschaftliche Wissen und die (4.2) professionelle Unterrichtswahrnehmung besitzen und inwieweit sich die Bedeutung der betrachteten Prädiktoren durch das Absolvieren des Praxissemesters ändert. In Anlehnung an Arbeiten von Kunina-Habenicht et al. (2013) und Kunter et al. (2011) wurde angenommen, dass lernförderliche persönliche Voraussetzungen und bereits vorhandene Kompetenzen die Entwicklung weiterer Kompetenzfacetten begünstigen. In Anknüpfung an entsprechende theoretische Befunde (siehe Abschnitt 2.2) wurde erwartet, dass die betrachteten selbstbezogenen Kognitionen in einem positiven Zusammenhang mit der Ausprägung des konzeptuellen bildungswissenschaftlichen Professionswissens und der professionellen Unterrichtswahrnehmung stehen.

Bei der Betrachtung der Ergebnisse wurde deutlich, dass die untersuchten selbstbezogenen Kognitionen zu beiden Messzeitpunkten signifikante Zusammenhänge mittlerer Stärke aufwiesen. Dies lässt sich zum einen auf inhaltliche Nähen (z. B. im Bereich der Handlungssteuerung) zurückführen (vgl. Baumert & Kunter, 2011), zum anderen unterliegen die erfolgten Messungen der selbstbezogenen Kognitionen denselben methodischen Problemen. So ist anzunehmen, dass bei den geforderten Selbsteinschätzungen individuell dieselben Antworttendenzen wie bspw. soziale Erwünschtheit oder Tendenzen zur Mitte auftraten (vgl. Bogner & Landrock, 2015).

Bei Betrachtung der Zusammenhänge von Prädiktor- und Kriteriumsvariablen zeigte sich zu Beginn des Praxissemesters lediglich zwischen einer hohen intrinsischen Berufswahlmotivation und der Unterrichtswahrnehmung eine signifikante Korrelation. Dies könnte darauf zurückzuführen sein, dass Studierende mit einer hohen intrinsischen Berufswahlmotivation neben den formellen Lerngelegenheiten des Lehramtsstudiums auch verstärkt informelle Lerngelegenheiten nutzen, die einer professionellen Unterrichtswahrnehmung dienlich sind (z. B. Nebentätigkeit als Vertretungslehrkraft). Die weiteren Analysen konnten die Berufswahlmotivation jedoch weder zu t_1 noch zu t_2 als einen relevanten Prädiktor der Unterrichtswahrnehmung ausmachen. Ferner konnte nach dem Absolvieren des Praxissemesters auch kein signifikanter Zusammenhang mehr zwischen der Ausprägung der Berufswahlmotivation und der Unterrichtswahrnehmung ausgemacht werden. Dies bekräftigt daher die Annahme, dass die Berufswahlmotivation keinen direkten Effekt hinsichtlich des Professionswissens und der Unterrichtswahrnehmung besitzt, sondern stärker über andere Motivationsfaktoren wie die Leistungsmotivation vermittelt wird (vgl. König & Rothland, 2013). Zusätzlich lässt sich als eine Limitation der Studie anführen, dass aufgrund der Annahme, dass die Berufswahlmotivation einen über den Studienzeitraum stabilen Faktor darstellt, lediglich eine Messung der Berufswahlmotivation zu t_1 stattgefunden hat. Arbeiten von König, Rothland, Tachtsoglou, Klemenz und Römer (2016) verweisen jedoch darauf, dass die Berufswahlmotivation durchaus als veränderlicher Faktor betrachtet werden kann. So könnte insbesondere die intensive berufsnahe Lernerfahrung im Praxissemester einen Einfluss auf die Berufswahlmotivation gehabt haben, welcher in den Analysen zu t_2 nicht berücksichtigt wurde.

Hinsichtlich der Selbstregulation konnten erwartungswidrig weder zu Beginn noch am Ende des Praxissemesters signifikante Zusammenhänge zum Professionswissen und der Unterrichtswahrnehmung gezeigt werden. Dies könnte unter anderem auf die handlungsferne Erfassung der Selbstregulation mittels Fragebogen zurückgeführt werden, die sich häufig als wenig aussagekräftig erweist (Veenman, 2005). Hinzu kommt die Tatsache, dass Selbstregulation meist nur im Zusammenspiel mit anderen Lernstrategien zu effektivem und zielgerichtetem Handeln führt (Schiefele et al., 2003). Dieses Zusammenspiel von Lernstrategien erfordert jedoch eine aufwändigere, idealerweise multimethodale und handlungsnahe Erfassung der Selbstregulation (Veenman, 2005). Eine differenziertere Erfassungsmöglichkeit können für weitere Forschungsarbeiten beispielsweise die von den Studierenden während des Praxissemester verfassten Lerntagebücher darstellen.

Bezüglich der Kompetenzselbsteinschätzungen zeigte sich hypothesenkonform, dass diese erst bei zunehmender Praxiserfahrung in einem stärkeren Zusammenhang mit stärker anwendungsbezogenem Wissen stehen. So konnte vor Beginn des Praxissemesters kein Zusammenhang zwischen den Kompetenzselbsteinschätzungen und dem Professionswissen und der Unterrichtswahrnehmung ausgemacht werden. Ebenso stellten die Kompetenzselbsteinschätzungen zu Beginn des Praxissemesters keine Prädiktoren für das konzeptuelle Wissen und die Unterrichtswahrnehmung am Ende des Praxissemesters dar. Betrachtet man jedoch die Kompetenzselbsteinschätzungen am Ende des Praxissemesters, so stellten diese einen signifikanten Prädiktor für die Ausprägung der Unterrichtswahrnehmung zu diesem Zeitpunkt dar. Dies lässt sich unter anderem darauf zurückführen, dass bei geringer Praxiserfahrung insbesondere bei praxisnahen Kompetenzselbsteinschätzungen noch verstärkt Urteilsverzerrungen vorliegen (vgl. Cramer, 2010), die durch das Absolvieren des Praxissemesters gemindert werden können. Zusätzlich unterstreichen die Befunde die Relevanz von Selbstwirksamkeitsüberzeugungen in Form von Kompetenzselbsteinschätzungen hinsichtlich der Wahrnehmung von Lerngelegenheiten im Professionalisierungsprozess (vgl. Baumert & Kunter, 2011). So deuten die Ergebnisse darauf hin, dass Studierende mit hohen Kompetenzselbsteinschätzungen stärker Lerngelegenheiten nutzen, die dazu beitragen, ihre professionelle Unterrichtswahrnehmung zu erhöhen. Gleichermaßen gilt es an dieser Stelle jedoch anzumerken, dass Kompetenzselbsteinschätzungen in diesem Kontext nicht rein einseitig als Prädiktoren zu betrachten sind, sondern ebenso auch entsprechende Handlungserfahrungen die Kompetenzselbsteischätzungen beeinflussen können (Bach, 2013; Bandura, 1997). Hinsichtlich konzeptuellen bildungswissenschaftlichen Wissens ist anzumerken, dass dieses weder zu Beginn noch am Ende in einem signifikanten Zusammenhang mit den Kompetenzselbsteinschätzungen stand. Hierbei ist auch zu beachten, dass aufgrund des systematischen Dropouts im Bereich des konzeptuellen Wissens eine positivselektierte Stichprobe nicht ausgeschlossen werden kann. Allerdings zeigten auch bereits Befunde von König et al. (2012) und Schulze-Stocker et al. (2016), dass sich zwischen Kompetenzselbsteinschätzungen und dem pädagogischen Wissen angehender Lehrkräfte erwartungswidrig nur in Teilen geringe Zusammenhänge ausmachen lassen. Dies spricht dafür, dass Kompetenzselbsteinschätzungen nicht als valider Indikator für tatsächliche Kompetenzen zu interpretieren sind. Zusätzlich ist zu beachten, dass bei praxisbezogenen Kompetenzselbsteinschätzungen stärkere Zusammenhänge mit prozeduralem, handlungsnahen Wissen zu erwarten sind als zu konzeptuellem Wissen (Mertens & Gräsel, 2018).

Insgesamt liefert die vorliegende Arbeit erste relevante Hinweise über die Bedeutung persönlicher Voraussetzungen in Form selbstbezogener Kognitionen für die Entwicklung des Professionswissens und der Unterrichtswahrnehmung im Praxissemester. Aus bildungspolitischer Perspektive besitzen kontextuelle Faktoren für eine lernförderliche Ausgestaltung des Praxissemesters jedoch eine gehobene Bedeutung (vgl. Kunter et al., 2011). Es gilt daher zu prüfen, welche Lerngelegenheiten im Praxissemester zur Kompetenzentwicklung beitragen und welche aktuellen Formate noch zu optimieren sind. Hierbei kann die studentische Wahrnehmung der Lerngelegenheiten im Praxissemester Aufschluss über deren weitere Ausgestaltung geben.

Literatur

Arnold, K.-H., Gröschner, A. & Hascher, T. (Hrsg.). (2014). Schulpraktika in der Lehrerbildung. Theoretische Grundlagen, Konzeptionen, Prozesse und Effekte. Münster: Waxmann.

Bach, A. (2013). Kompetenzentwicklung im Schulpraktikum. Münster: Waxmann.

Bandura, A. (1997). Self-efficacy. The exercise of control. New York: Freeman and Company.

Baumert, J. & Kunter, M. (2011). Das Kompetenzmodell von COACTIV. In M. Kunter, J. Baumert, W. Blum, U. Klusmann, S. Krauss & M. Neubrand (Hrsg.), Professionelle Kompetenz von Lehrkräften. Ergebnisse des Forschungsprogramms COACTIV (S. 29-55). Münster: Waxmann.

Blömeke, S., Buchholtz, C. & Hacke, S. (2010). Demographischer Hintergrund und Berufsmotivation angehender Primarstufenlehrer im internationalen Vergleich. In S. Blömeke, G. Kaiser & R. Lehmann (Hrsg.), TEDS-M 2008. Professionelle Kompetenz und Lerngelegenheiten angehender Primarstufenlehrkräfte im internationalen Vergleich (S. 131-168). Münster: Waxmann.

Boekaerts, M., Pintrich, P. R. & Zeidner, M. (2000). Handbook of self-regulation. San Diego, CA: Academic Press.

Bogner, K. & Landrock, U. (2015). Antworttendenzen in standardisierten Umfragen. Mannheim: GESIS Leibniz Institut für Sozialwissenschaften.

Cochran-Smith, M. & Lytle, S. L. (1999). Relationships of knowledge and practice: Teacher learning in communities. Review of Research in Education, 24, 249-305.

Cramer, C. (2010). Kompetenzerwartungen Lehramtsstudierender. Grenzen und Perspektiven selbsteingeschätzter Kompetenzen in der Lehrerbildungsforschung. In A. Gehrmann, U. Hericks & M. Lüders (Hrsg.), Bildungsstandards und Kompetenzmodelle. Beiträge zu einer aktuellen Diskussion über Schule, Lehrerbildung und Unterricht. Bad Heilbrunn: Klinkhardt Verlag.

Deci, E. L. & Ryan, R. M. (1993). Die Selbstbestimmungstheorie der Motivation und ihre Bedeutung für die Pädagogik. Zeitschrift für Pädagogik, 39 (2), 223-238.

Dresel, M., Backes, C. & Lämmle, L. (2011). Zur Bedeutung von Motivation und Selbstregulation für Leistungen im durchschnittlichen und im exzellenten Bereich: Eine Einführung. In M. Dresel (Hrsg.), Motivation, Selbstregulation und Leistungsexzellenz (S. 1-10). Berlin: Lit.

Ericsson, K. A., Krampe, R. T. & Tesch-Römer, C. (1993). The role of deliberate practice in the acquisition of expert performance. Psychological Review, 100, 363-406.

Field, A. (2013). Discovering statistics using IBM SPSS statistics (4th ed.). Los Angeles: Sage.

Freimuth, A. & Sommer, B. (2010). Rahmenkonzeption zur strukturellen und inhaltlichen Ausgestaltung des Praxissemesters im lehramtsbezogenen Masterstudiengang. Düsseldorf: Ministerium für Schule und Weiterbildung des Landes Nordrhein-Westfalen.

Grob, U. & Maag Merki, K. (2001). Überfachliche Kompetenzen. Theoretische Grundlegung und empirische Erprobung eines Indikatorensystems. Bern: Peter Lang.

Gröschner, A. (2009). Skalen zur Erfassung von Kompetenzen in der Lehrerausbildung. Ein empirisches Instrument in Anlehnung an die KMK „Standards für die Lehrerbildung: Bildungswissenschaften". Jena: Friedrich-Schiller-Universität.

Gröschner, A. & Schmitt, C. (2012). Kompetenzentwicklung im Praktikum? Entwicklung eines Instruments zur Erfassung von Kompetenzeinschätzungen und Ergebnisse einer Befragung von Lehramtsstudierenden im betreuten Blockpraktikum. Lehrerbildung auf dem Prüfstand, 5 (2), 112-128.

Gröschner, A., Schmitt, C. & Seidel, T. (2013). Veränderung subjektiver Kompetenzeinschätzungen von Lehramtsstudierenden im Praxissemester. Zeitschrift für Pädagogische Psychologie, 27, 77-86.

IBM (2018). Die neue Version IBM SPSS Statistics 24. Verfügbar unter: www-01.ibm.com/software/de/stats24/ [25.04.2018].

Jahn, G., Stürmer, K., Seidel, T. & Prenzel, M. (2014). Professionelle Unterrichtswahrnehmung von Lehramtsstudierenden. Zeitschrift für Entwicklungspsychologie und Pädagogische Psychologie, 46 (4), 171-180.

Köller, O. & Möller, J. (2006). Selbstwirksamkeit. In D. H. Rost (Hrsg.), Handwörterbuch pädagogische Psychologie (Schlüsselbegriffe, 3. überarb. und erw. Aufl., S. 693-699). Weinheim: Beltz PVU.

König, J. & Blömeke, S. (2009). Pädagogisches Wissen von angehenden Lehrkräften: Erfassung und Struktur von Ergebnissen der fächerübergreifenden Lehrerausbildung. Zeitschrift für Erziehungswissenschaft, 12 (3), 499-527.

König, J., Kaiser, G. & Felbrich, A. (2012). Spiegelt sich pädagogisches Wissen in den Kompetenzselbsteinschätzungen angehender Lehrkräfte? Zum Zusammenhang von Wissen und Überzeugungen am Ende der Lehrerausbildung. Zeitschrift für Pädagogik, 58 (4), 476-491.

König, J. & Rothland, M. (2013). Pädagogisches Wissen und berufsspezifische Motivation am Anfang der Lehrerausbildung. Zum Verhältnis von kognitiven und nicht-kognitiven Eingangsmerkmalen von Lehramtsstudierenden. Zeitschrift für Pädagogik, 59 (1), 43-65.

König, J., Rothland, M., Tachtsoglou, S., Klemenz, S. & Römer, J. (2016). Der Einfluss schulpraktischer Lerngelegenheiten auf die Veränderung der Berufswahlmotivation bei Lehramtsstudierenden in Deutschland, Österreich und der Schweiz. In J. Košinár, S. Leineweber & E. Schmid (Hrsg.), Professionalisierungsprozesse angehender Lehrpersonen in den berufspraktischen Studien (S. 65-84). Münster: Waxmann.

Kunina-Habenicht, O., Schulze-Stocker, F., Kunter, M., Baumert, J., Leutner, D., Förster, D., Lohse-Bossenz, H. & Terhart, E. (2013). Die Bedeutung der Lerngelegenheiten im Lehramtsstudium und deren individuelle Nutzung für den Aufbau des bildungswissenschaftlichen Wissens. Zeitschrift für Pädagogik, 59 (1), 1-23.

Künsting, J. & Lipowsky, F. (2011). Studienwahlmotivation und Persönlichkeitseigenschaften als Prädiktoren für Zufriedenheit und Strategienutzung im Lehramtsstudium. Zeitschrift für Pädagogische Psychologie, 25 (2), 105-114.

Kunter, M. (2011). Motivation als Teil der professionellen Kompetenz – Forschungsbefunde zum Enthusiasmus von Lehrkräften. In M. Kunter, J. Baumert, W. Blum, U. Klusmann, S. Krauss & M. Neubrand (Hrsg.), Professionelle Kompetenz von Lehrkräften. Ergebnisse des Forschungsprogramms COACTIV (S. 259-275). Münster: Waxmann.

Kunter, M., Kleickmann, T., Klusmann, U. & Richter, D. (2011). Die Entwicklung professioneller Kompetenz von Lehrkräften. In M. Kunter, J. Baumert, W. Blum, U. Klusmann, S. Krauss & M. Neubrand (Hrsg.), Professionelle Kompetenz von Lehrkräften. Ergebnisse des Forschungsprogramms COACTIV (S. 55-69). Münster: Waxmann.

Kunter, M., Kunina-Habenicht, O., Baumert, J., Dicke, T., Holzberger, D., Lohse-Bossenz, H., Leutner, D., Schulze-Stocker, F. & Terhart, E. (2017). Bildungswissenschaftliches Wissen und professionelle Kompetenz in der Lehramtsausbildung. Ergebnisse des Projekts BilWiss. In C. Gräsel & K. Trempler (Hrsg.), Entwicklung von Professionalität pädagogischen Personals. Interdisziplinäre Betrachtungen, Befunde und Perspektiven (S. 37-55). Wiesbaden: Springer.

Linninger, C., Kunina-Habenicht, O., Emmenlauer, S., Dicke, T., Schulze-Stocker, F., Leutner, D., Seidel, T., Terhart, E. & Kunter, M. (2015). Assessing teachers' educational knowledge. Construct specification and validation using mixed methods. Zeitschrift für Entwicklungspsychologie und Pädagogische Psychologie, 47 (2), 72-83.

Marton, F. & Säljö, R. (1997). Approaches to learning. In F. Marton, D. Hounsell & N. Entwistle (Hrsg.), The experience of learning (2nd ed., pp. 36-55). Edinburgh: Scottish Academic Press.

Mertens, S. & Gräsel, C. (2018). Entwicklungsbereiche bildungswissenschaftlicher Kompetenzen von Lehramtsstudierenden im Praxissemester. Zeitschrift für Erziehungswissenschaft. Advance online publication: https://link.springer.com/content/pdf/10.1007/s11618-018-0825-z.pdf [08.06.2018].

Otto, B., Perels, F. & Schmitz, B. (2011). Selbstreguliertes Lernen. In H. Reinders, H. Ditton, C. Gräsel & B. Gniewosz (Hrsg.), Lehrbuch Empirische Bildungsforschung (S. 33-44). Wiesbaden: VS Verlag für Sozialwissenschaften.

Pohlmann, B. & Möller, J. (2010). Fragebogen zur Erfassung der Motivation für die Wahl des Lehramtsstudiums (FEMOLA). Zeitschrift für Pädagogische Psychologie, 24 (1), 73-84.

Schiefele, U., Streblow, L., Ermgassen, U. & Moschner, B. (2003). Lernmotivation und Lernstrategien als Bedingungen der Studienleistung. Zeitschrift für Pädagogische Psychologie, 17 (3/4), 185-198.

Schneider, M., Rittle-Johnson, B. & Star, J. R. (2011). Relations among conceptual knowledge, procedural knowledge, and procedural flexibility in two samples differing in prior knowledge. Developmental psychology, 47 (6), 1525-1538.

Schubarth, W., Speck, K., Seidel, A., Gottmann, C., Kamm, C. & Krohn, M. (Hrsg.). (2012). Studium nach Bologna: Praxisbezüge stärken?! Wiesbaden: VS.

Schulze-Stocker, F., Holzberger, D., Kunina-Habenicht, O., Terhart, E. & Kunter, M. (2016). Spielen Studienschwerpunkte wirklich eine Rolle? Zeitschrift für Erziehungswissenschaft, 19 (3), 599-623.

Seidel, T., Blomberg, G. & Stürmer, K. (2010). „Observer" – Validierung eines videobasierten Instruments zur Erfassung der professionellen Wahrnehmung von Unterricht. Zeitschrift für Pädagogik, 56. Beiheft, 296-307.

Seidel, T. & Stürmer, K. (2014). Modeling and measuring the structure of professional vision in pre-service teachers. American Educational Research Journal, 51 (4), 739-771.

Seifert, A. & Schaper, N. (2010). Überprüfung eines Kompetenzmodells und Messinstruments zur Strukturierung allgemeiner pädagogischer Kompetenz in der universitären Lehrerbildung. Lehrerbildung auf dem Prüfstand, 3 (2), 179-198.

Seifert, A. & Schaper, N. (2012). Die Entwicklung von bildungswissenschaftlichem Wissen. In J. König & A. Seifert (Hrsg.), Lehramtsstudierende erwerben pädagogisches Professionswissen. Ergebnisse der Längsschnittstudie LEK zur Wirksamkeit der erziehungswissenschaftlichen Lehrerausbildung (S. 183-214). Münster: Waxmann.

Stürmer, K., Seidel, T. & Schäfer, S. (2013). Changes in professional vision in the context of practice. Preservice teachers' professional vision changes following practical experience. A video-based approach in university-based teacher education. Gruppendynamik und Organisationsberatung, 44 (3), 339-355.

Tschannen-Moran, M. & Woolfolk Hoy, A. (2001). Teacher efficacy. Capturing an elusive construct. Teaching and Teacher Education, 17 (7), 783-805.

Van Es, E. A. & Sherin, M. G. (2008). Mathematics teachers' "learning to notice" in the context of a video club. Teaching and Teacher Education, 24, 244-276.

Veenman, M. V. J. (2005). The assessment of metacognitive skills: What can be learned from multi-method designs? In C. Artelt & B. Moschner (Hrsg.), Lernstrategien und Metakognition: Implikationen für Forschung und Praxis (S. 77-99). Münster: Waxmann.

Weinert, F. E. (2001). Concept of competence – a conceptual clarification. In D. Rychen & L. Salganik (Eds.), Defining and selecting key competencies (pp. 45-65). Bern: Hogrefe und Huber.

Weyland, U. & Wittmann, E. (2015). Langzeitpraktika in der Lehrerausbildung in Deutschland. Stand und Perspektiven. Journal für Lehrerinnen- und Lehrerbildung, 15 (1), 8-21.

Zimmermann, B. J. (2000). Attaining self-regulation. A social cognitive perspective. In M. Boekaerts, P. R. Pintrich & M. Zeidner (Eds.), Handbook of self-regulation (pp. 13-39). San Diego, CA: Academic Press.

The relevance of preservice teachers' professional motivation, self-regulation, and self-assessed competencies for educational knowledge and professional vision at the beginning and the end of an internship

Research on teacher education showed that there are systematic interindividual differences in preservice teachers' professional knowledge. Especially, personal characteristics and existing competencies influence the use of learning opportunities. The present longitudinal study with 142 preservice teachers examines the relationship between self-referred cognitions, educational knowledge, and professional vision at the beginning and the end of an internship. Using multiple regression analyses, the influence of (1) motivation for choosing teaching as a profession, (2) self-regulation, and (3) self-assessed competencies on (4.1) conceptual educational knowledge as well as (4.2) professional vision awareness were examined. Analyses showed that the self-assessed competencies were only systematically related to the professional vision after completing the internship. Relations between the conceptual educational knowledge and other facets of competence could not be shown.

Keywords: internship – motivation – self-regulation – teacher training

Autorinnen:

Sarah Mertens, Prof. Dr. Cornelia Gräsel, Bergische Universität Wuppertal, Arbeitsbereich Lehr-, Lern- und Unterrichtsforschung.

Dr. Sabine Schlag, Bergische Universität Wuppertal, Arbeitsbereich Pädagogische Diagnostik im Institut für Bildungsforschung der School of Education.

Lehrerbildung auf dem Prüfstand
2018, 11. Jahrgang, Heft 1, S. 85-108

Die Entwicklung der berufsspezifischen Selbstwirksamkeitserwartung von Lehramtsstudierenden in schulischen Praxisphasen – Ein Vergleich von Lehramtsstudierenden im Praxissemester mit Studierenden in einem fünfwöchigen Blockpraktikum

Anne Böhnert, Marius Mähler, Franz Klingebiel, Martin Hänze,
Hans Peter Kuhn und Frank Lipowsky

Studien zur Entwicklung der Lehrerselbstwirksamkeitsüberzeugung (LSWE) im Schulpraktikum zeigen uneinheitliche Ergebnisse. Während in einer Vielzahl von Studien Anstiege über die Praxisphase berichtet werden, finden sich in anderen Studien Rückgänge oder sowohl Anstiege als auch Rückgänge. Die unterschiedlichen Subfacetten der LSWE (Classroom Management, Instructional Strategies, Student Engagement) scheinen sich hierbei nicht gleichförmig zu entwickeln. Wenig untersucht ist, inwiefern Form und Länge der Praxisphase einen Einfluss auf die Entwicklung der LSWE bei Studierenden haben.

Der vorliegende Beitrag analysiert, wie sich die LSWE in den drei Subfacetten Classroom Management, Instructional Strategies und Student Engagement bei Studierenden im Praktikum und darüber hinaus über den Zeitraum von insgesamt 12 Monaten entwickelt und ob sich dabei Unterschiede in Abhängigkeit von der Länge der Praxisphase ergeben. Hierfür wurden Studierende in unterschiedlichen Praktikumsformen (15-wöchiges Praxissemester, n = 203 vs. fünfwöchiges Blockpraktikum, n = 56) zu drei Messzeitpunkten vor, während und nach der Praxisphase befragt. Die Entwicklungen der LSWE werden mittels Varianzanalysen auf Unterschiede überprüft. Die Ergebnisse weisen auf unterschiedliche Verläufe der LSWE in den verschiedenen Facetten und Praxisformen hin. Dabei zeigen sich in der Gruppe des Praxissemesters eindeutigere Zuwächse der LSWE als in der Gruppe des kürzeren Blockpraktikums. Die Gruppen gleichen sich im Anschluss an die Praxisphase jedoch wieder an.

Schlagwörter: Längsschnittuntersuchung – Lehrerbildung – Lehrerselbstwirksamkeitsüberzeugung – Schulpraktikum

1 Einleitung

Die berufsbezogene Selbstwirksamkeitserwartung beschreibt die subjektive Überzeugung, neue oder schwierige Anforderungen im Berufsleben aufgrund der eigenen Kompetenz bewältigen zu können (Schwarzer & Jerusalem, 2002). Sie gilt als eine zentrale motivationale Triebfeder für erfolgreiches Lehrerhandeln (Klassen, Tze, Betts & Gordon, 2011; Tschannen-Moran, Woolfolk Hoy & Hoy, 1998). In dieser Arbeit steht die Frage im Zentrum, wie sich die Lehrerselbstwirksamkeitserwartung (LSWE) in der universitären Ausbildung angehender Lehrkräfte – und speziell in den praktischen Ausbildungsphasen – entwickelt. Bisherige Studien zur LSWE in

Schulpraktika berichten uneinheitliche Ergebnisse, was die Entwicklung der LSWE über Praxisphasen hinweg anbelangt. Besonders die Länge der Praxisphase ist in diesem Zusammenhang noch weitgehend unerforscht.

2 Theoretischer Hintergrund und Forschungsstand

2.1 Die LSWE in der Lehrerforschung

Seit der Einführung des Konstrukts der Selbstwirksamkeitserwartung durch Bandura (1977) steht dieses im Fokus der Motivationsforschung. Dies betrifft nicht nur den Bildungsbereich, sondern auch andere Bereiche wie den Sport, die Gesundheit und das Berufsleben insgesamt (Schunk & Pajares, 2009). In zahlreichen Studien zur LSWE konnte die Relevanz dieses wirkmächtigen Konstruktes aufgezeigt werden (Klassen et al., 2011; Tschannen-Moran et al., 1998; Woolfolk Hoy, Hoy & Davis, 2009; Zee & Koomen, 2016). So geben hoch selbstwirksame Lehrer/-innen eine höhere Berufszufriedenheit an (Caprara, Barbaranelli, Steca & Malone, 2006; Klassen & Chiu, 2010), zeigen geringere Anzeichen von Stress (Klassen & Chiu, 2010; Zee & Koomen, 2016) und Burnout (Skaalvik & Skaalvik, 2010; Zee & Koomen, 2016) und sind gewillter, mit anderen Lehrpersonen zu kooperieren (Henson, 2001). Sie zeigen nach eigenen Angaben ein positiver ausgeprägtes Classroom Management (Künsting, Neuber & Lipowsky, 2016; Zee & Koomen, 2016) und können besser mit problematischem Schülerverhalten umgehen (Zee & Koomen, 2016). Hoch selbstwirksame Lehrpersonen zeigen eine stärkere Lernzielorientierung (Künsting et al., 2016; Zee & Koomen, 2016), entwickeln Strukturen in ihrem Klassenraum, die eine Lernzielorientierung begünstigen (Cho & Shim, 2013; Zee & Koomen, 2016), und wählen eher konstruktivistische und schülerzentrierte Unterrichtsmethoden aus (Zee & Koomen, 2016). Des Weiteren empfinden hochselbstwirksame Lehrpersonen eine höhere Kompetenz sowie ein höheres Wohlbefinden beim Umgang mit Lernenden mit besonderem Förderbedarf (Zee & Koomen, 2016), machen weniger negative Voraussagen über Schüler/-innen, passen diese bei Veränderungen der Schülercharakteristiken erneut an (Tournaki & Podell, 2005) und verweisen Problemschüler/-innen seltener an Förderschulen (Soodak & Podell, 1993). Die Selbstwirksamkeit von Lehrpersonen korrespondiert auch mit motivationalen Schülervariablen und mit Schülerleistungen, wobei die Wirkungskette jedoch nicht restlos geklärt ist (Zee & Koomen, 2016).

2.2 Die Entwicklung der LSWE in schulischen Praxisphasen

Wenig erforscht ist, wie sich die LSWE während des Lehramtsstudiums, insbesondere während und nach den Praxisphasen in der Schule, entwickelt (Pfitzner-Eden, 2016). Anzunehmen ist, dass sich Studienphasen mit universitären Inhalten in ihrem Einfluss auf die LSWE von Praxisphasen in der Schule unterscheiden, da letztere eigene und stellvertretende Erfahrungen begünstigen (Woolfolk Hoy et al., 2009). So können Studierende in eigenen Unterrichtsversuchen Bewältigungserfahrungen machen oder während Hospitationen bei erfahrenen Lehrpersonen positive Bewältigungsstrategien beobachten, die ihre eigene Erfolgswahrnehmung beeinflussen. Hascher (2006, 2012) berichtet zudem aufbauend auf Frech (1976), dass Studierende dazu neigen, praktische Erfahrungen – vor allem dann, wenn Möglichkeiten zum eigenen Unterrichten gegeben sind – per se als positiv zu bewerten, was die eigene Erfolgswahrnehmung zusätzlich begünstigen dürfte. In Studien zeigt sich entsprechend häufig eine Zunahme der LSWE über schulische Praxisphasen hinweg (Fives, Hamman & Olivarez, 2007; Klassen & Durksen, 2014; Knoblauch & Woolfolk Hoy, 2008; Li & Zhang, 2000; Schüle, Besa, Schriek & Arnold, 2017; Swan, Wolf & Cano, 2011; Woolfolk Hoy & Burke Spero, 2005). Andere Studien gelangen hingegen zu uneinheitlichen Ergebnissen, indem sie keine Veränderungen in der LSWE bei Studierenden im Rahmen eines Schulpraktikums aufzeigen (Schulte, Bögeholz & Watermann, 2008) oder gar Rückgänge in der LSWE über die Praxisphase bzw. gemischte Studien- und Praxisphasen hinweg berichten (Garvis, Pendergast & Keogh, 2012; Lin & Gorrell, 2001; Schüle et al., 2017). Für das erste Berufsjahr konnte Kocher (2014) einen leichten, jedoch nicht signifikanten Anstieg bei einer insgesamt hoch ausgeprägten LSWE berichten, während Woolfolk Hoy und Burke Spero (2005) über das komplette berufliche Einführungsjahr („induction year") hinweg eine signifikante Abnahme der LSWE feststellten.

Möglicherweise sind uneindeutige Ergebnisse allerdings auch auf unzureichende Studiendesigns zurückzuführen, welche keine eindeutige Zuordnung der Ergebnisse zu den Praxisphasen zulassen (Pfitzner-Eden, 2016). So liegen die Messzeitpunkte nicht immer unmittelbar vor oder nach der Praxisphase. Zudem berichten einige Studien (Lin & Gorrell, 2001; Schulte et al., 2008) nur Querschnittsergebnisse vor und nach Praxisphasen, sodass hier keine Angaben über echte längsschnittliche Entwicklungen möglich sind.

Kürzlich konnten Schüle et al. (2017) auf der Basis von insgesamt sechs Messzeitpunkten über einen Zeitraum von vier Semestern einen nicht linearen, u-förmigen Verlauf aufdecken, wobei die LSWE während eines ersten Hospitationspraktikums sowie im Verlauf des anschließenden Semesters abfiel und bis zum Ende eines Praktikums im dritten Semester sowie einem anschließenden Follow-Up-Messzeitpunkt wieder anstieg. Während der erste Rückgang im Praktikum dabei nicht signifikant wurde, zeigten sich der Rückgang im anschließenden Semester sowie der Anstieg im Folgepraktikum als statistisch bedeutsam. Die Autoren gehen daher davon aus, dass es bereits zu Beginn des Studiums zu einer Rekalibrierung einer zuvor unrealistisch zu positiv eingeschätzten LSWE kommt, die erst durch Erfolgserfahrungen im zweiten Praktikum wieder ansteigt.

Betrachtet man die Praxisdauer der untersuchten Praktika, so zeigt sich, dass positive Veränderungen besonders bei längeren Praxisphasen aufzutreten scheinen. So wiesen alle Praktika, die einen Anstieg der LSWE nachweisen konnten, eine Länge von mindestens vier bis zu 16 Wochen auf. Der bei Schüle et al. (2017) berichtete Rückgang während des Hospitationspraktikums könnte daher auch in der Kürze dieses Tagespraktikums begründet liegen. Insgesamt wurde noch wenig untersucht, ob die Länge des Praktikums einen Einfluss auf die Entwicklung der LSWE in Praxisphasen haben kann.

Während in vielen der o. g. Studien die allgemeine SWE von Lehramtsstudierenden betrachtet wurde, hat sich in der Forschung zum Lehrberuf mittlerweile eine stärkere Differenzierung der LSWE durchgesetzt. Dabei wird häufig auf die Konzeptionalisierung von Tschannen-Moran und Woolfolk Hoy (2001) Bezug genommen. Die entsprechende Teacher's Sense of Efficacy Scale (TSES) umfasst drei Subfacetten der LSWE: die LSWE bezogen auf das Herstellen eines effektiven Classroom Managements, die LSWE bezogen auf Instructional Strategies und die LSWE bezogen auf Student Engagement. Lehrpersonen mit einer hohen LSWE im Bereich des Classroom Managements glauben, dass sie über Ressourcen in der Klassenführung verfügen, auch wenn der Klassenkontext schwierig ist. Bei einer hohen Ausprägung der LSWE in der Facette Instructional Strategies erwarten Lehrpersonen, Lehrinhalte entsprechend der Voraussetzungen der Lernenden flexibel auswählen, vermitteln und anpassen zu können. Lehrpersonen mit hohen Werten im Bereich Student Engagement sind davon überzeugt, dass sie in der Lage sind, Schüler/-innen zum Lernen zu motivieren. Die Dreifaktorenstruktur konnte von Pfitzner-Eden, Thiel und Horsley (2014) erfolgreich in einer englischen und deutschen Version des Instruments bestätigt werden.

2.2.1 Classroom Management

Neben oben erwähnten positiven Effekten einer hohen LSWE auf ihre Selbsteinschätzung des Classroom Managements (Künsting et al., 2016), scheint auch die Berufserfahrung einen positiven Einfluss auf diesen Bereich zu haben. So weisen Lehrpersonen mit längerer Berufserfahrung höhere Werte in der LSWE bezogen auf das Classroom Management auf (Wolters & Daugherty, 2007). Auch kurze Lehrerfahrungen in Praxisphasen scheinen bereits einen positiven Effekt auf die LSWE in dieser Facette zu haben. So konnte bei Studierenden über eine Praktikumszeit von drei bis vier Wochen ein Zuwachs der LSWE im Classroom Management festgestellt werden (Schulte, 2008). Auch bei Pfitzner-Eden (2016) stieg die Facette sowohl bei unerfahrenen als auch erfahrenen Studierenden signifikant während eines einmonatigen Schulpraktikums an. Geht man davon aus, dass ein erfolgreicher Umgang mit Unterrichtsstörungen grundsätzlich trainierbar ist (Ophardt, Piwowar & Thiel, 2015), erscheint es folgerichtig, dass Erfolgserleben in tatsächlichen Handlungssituationen einen Anstieg der LSWE in diesem Bereich begünstigt. Pfitzner-Eden (2016) erklärt den von ihr beobachteten Anstieg u. a. mit Bandura (1997): Stellvertretende Erfahrungen, wie z. B. Erfahrungen im Praktikum, können bei wenig erfahrenen Personen, wie Studierenden, einen ähnlich starken Effekt haben wie direktes Erleben von Selbstwirksamkeit. Daraus schließend könnte die direkte Beobachtung einer erfolgreichen Klassenführung, unabhängig davon, ob diese qualitativ hochwertig ist, verantwortlich für einen Anstieg der LSWE in diesem Bereich sein.

2.2.2 Instructional Strategies

Für diese Facette lassen sich ähnliche Entwicklungen wie für den Bereich der Klassenführung nachweisen. So stieg die Facette Instructional Strategies sowohl bei unerfahrenen als auch bei erfahrenen Studierenden während eines einmonatigen Schulpraktikums an, wurde aber nur bei den Anfängern signifikant (Pfitzner-Eden, 2016). Auch Fives et al. (2007) konnten für die Facette positive Veränderungen während eines 12-wöchigen Schulpraktikums nachweisen. Die Messzeitpunkte befanden sich dabei beide während der Praktikumszeit, lagen allerdings im Maximum nur sieben Wochen auseinander.

Auch die Berufserfahrung scheint hier einen Einfluss zu haben. So konnten Wolters und Daugherty (2007) einen zwar kleinen, aber signifikanten Effekt der Berufserfahrung auf die Facette Instructional Strategies feststellen.

Ebenso konnte bei selbstberichteten Kompetenzeinschätzungen von Studierenden vor und nach einem Praxissemester für die verwandte „Kompetenz zu Unterrichten" ein deutlicher Zuwachs verzeichnet werden (Gröschner, Schmitt & Seidel, 2013; Schubarth, Gottmann & Krohn, 2014).

2.2.3 Student Engagement

Nach Pfitzner-Eden (2016) ist die Facette Student Engagement nur schwer beobachtbar und eine Veränderung lässt sich nicht leicht ablesen. Folglich wird sie von den Studierenden nur schwer wahrgenommen. In ihrer Studie zeigt sich entsprechend keine statistisch bedeutsame Veränderung. Auch Tschannen-Moran und Hoy (2007) bezeichnen Student Engagment als eine „developmentally advanced task" (p. 952), die von den leichter zugänglichen Facetten Classroom Management und Instructional Strategies dominiert werde. Zudem scheint diese Facette der LSWE weniger empfänglich für Veränderungen zu sein. So zeigte sich bei Lehrenden mit längerer Berufserfahrung im Bereich des Student Engagements keine höhere LSWE im Vergleich zu unerfahrenen Lehrpersonen (Tschannen-Moran et al., 2007; Wolters et al., 2007).

Student Engagement ist nicht nur schwer zu beobachten, sondern vor allem auch schwieriger kurzfristig durch die Lehrperson zu beeinflussen. Studierende orientieren sich besonders am Anfang ihrer Ausbildung noch stark an Vorbildern und neigen zur Imitation ihrer Mentor/-innen (Hascher, 2012; Rothland & Boecker, 2014). Dabei stehen die klassischen unterrichtspraktischen Fähigkeiten wie eine effektive Klassenführung oder Strategien zum Unterrichten für die Studierenden im Praktikum im Vordergrund. Schüler/-innen zu motivieren, ihnen ihre Misserfolgsangst zu nehmen und sie zu kritischem Denken zu ermutigen, bedarf hingegen vermutlich längerfristiger und stabiler Lehrer-Schülerbeziehungen (zum positiven Zusammenhang von Lehrer-Schülerbeziehungen und Leistungsmotivation siehe z. B. Looser, 2011).

3   Fragestellung und Hypothesen

Die oben dargestellten Befunde zeigen auf, dass die LSWE in der Lehrerausbildung besonders durch Praxisphasen in ihrer Entwicklung verändert werden kann. Dabei ist anzunehmen, dass die einzelnen Subfacetten der LSWE unterschiedlich von den Praxisphasen beeinflusst werden. Besonders empfänglich scheinen hier die Facetten Classroom Management und Instructional Strategies zu sein.

Eine Forschungslücke besteht dahingehend, wie sich die Dauer des absolvierten Praktikums auswirkt. So ist unklar, ob eine längere Praxisphase zu einem stärkeren Anstieg der LSWE führt als eine kürzere, und ob ein möglicher Vorteil einer längeren Praxisphase sich in allen Facetten der LSWE niederschlägt. Zudem stellt sich die Frage, ob solch ein möglicher Unterschied auch langfristig fortbesteht, wenn die Praktikumsphase abgeschlossen ist.

In dieser Studie werden zwei Praxisform-Gruppen – eine mit einer fünfwöchigen Blockpraktikumsphase (Blockpraktikumsgruppe), die andere mit einem 15-wöchigen Praxissemester (Praxissemestergruppe) – miteinander verglichen. Dabei soll untersucht werden, welche Unterschiede sich in der Entwicklung der LSWE bezogen auf die Facetten Classroom Management, Instructional Strategies und Student Engagement in den beiden Gruppen zeigen.

Hypothese 1: Ausgehend vom bisherigen Forschungsstand gehen wir davon aus, dass Studierende in schulpraktischen Phasen, unabhängig von der Länge der Praxisphase, über Anstiege in der LSWE in den Facetten Classroom Management (1a) und Instructional Strategies (1b) berichten. Für die Facette Student Engagement (1c) erwarten wir hingegen keinen Anstieg.

Hypothese 2: Ferner nehmen wir an, dass der Anstieg von der Länge der Praxisphase abhängt. Daher sollten Studierende in einem längeren Praxissemester über höhere Anstiege der LSWE in den Facetten Classroom Management (2a) und Instructional Strategies (2b) berichten als Studierende in einem kürzeren Blockpraktikum. Für die LSWE bezogen auf die Facette Student Engagement (2c) erwarten wir keinen Unterschied in der Entwicklung zwischen den beiden Gruppen.

Die bisherige Forschungslage liefert nur wenige Anhaltspunkte dazu, ob die in Praxisphasen berichteten Zuwächse der LSWE in Studienphasen nach dem Praktikum Bestand haben. Schüle et al. (2017) zeigen einen stabilen Anstieg der LSWE auch nach dem Praktikum.

Hypothese 3: Wir gehen deshalb davon aus, dass die in Hypothese 2 genannten Gruppenunterschiede auch zu einem Messzeitpunkt ein Jahr nach Beginn der Praxisphase weiter bestehen bleiben.

4 Methode

4.1 Beschreibung der beiden Praktikumsformen Blockpraktikum und Praxissemester

Die im Folgenden verwendeten Daten wurden im Rahmen der Evaluation des Modellversuchs Praxissemester in Hessen erhoben. Ziel ist es, eine Aussage über die Wirksamkeit des Praxissemesters in Hessen treffen zu können. Das mehrperspektivische Evaluationsdesign beinhaltet, dass Studierende sowie Betreuerinnen und Betreuer an Hochschulen und Schulen zu mehreren Messzeitpunkten zu verschiedenen Aspekten des Schulpraktikums befragt werden. Dabei wird das Praxissemester – mit einer etwa 15-wöchigen Praxisphase an den Schulen – an der Universität Frankfurt mit Studierenden des Gymnasiallehramts, an der Universität Gießen mit Studierenden des Förderschullehramts und an der Universität Kassel mit Studierenden des Grund-, Haupt- und Realschullehramts erprobt. Die anderen Lehrämter an diesen Universitäten studieren nach dem bisherigen Praktikumsmodell, das aus mehreren aufeinander folgenden Praxisphasen besteht, die über den gesamten Studienzeitraum verteilt sind, und das als erste längere Praxisphase ein fünfwöchiges Blockpraktikum an einer Schule vorsieht.

Für die vorliegende Arbeit wurden Studierende, welche das Praxissemester absolvieren sowie Studierende, welche das Blockpraktikum absolvieren, befragt. Alle Probanden studieren die Studiengänge Lehramt an Grundschulen oder Lehramt an Haupt- und Realschulen an der Universität Kassel. Auf diese Weise können standortinterne Entwicklungsunterschiede zwischen Studierenden des gleichen Lehramts in unterschiedlich langen Praxisphasen (15-wöchiges Praxissemester vs. fünfwöchiges Blockpraktikum) aufgedeckt werden.

Das Praxissemester wird im zweiten Studienjahr (drittes oder viertes Semester) absolviert und bildet für die Studierenden die einzige Praxisphase im gesamten Lehramtsstudium. Diese erstreckt sich über das ganze Semester und wird von einem Vor- und Nachbereitungsseminar gerahmt und zusätzlich durch ein Begleitseminar während der Praxisphase gestützt (Lehrumfang dieser Seminare an der Universität Kassel: 4 SWS). Nach einer ca. vier- bis fünfwöchigen Kurzphase (ca. 20-25 Stunden pro Woche Präsenzzeit in der Schule) zu Beginn des Praxissemesters bleiben die Studierenden noch etwa 10 weitere Wochen im Praktikum (Langphase, ca. 15 Stunden pro Woche Präsenzzeit in der Schule). In dieser Zeit werden von den Studierenden zusätzlich Lehrforschungsprojekte bzw. Projektseminare sowie fachdidaktische Begleitseminare besucht.

Das Blockpraktikum erstreckt sich über fünf Wochen (mind. 20 Stunden pro Woche Präsenzzeit in der Schule) und wird im Regelfall ebenfalls im zweiten Studienjahr absolviert. Hier besuchen die Studierenden im vorangehenden und nachfolgenden Semester Vor- und Nachbereitungsseminare. Dabei erstreckt sich das Vorbereitungsseminar über ein ganzes Semester, das fünfwöchige Blockpraktikum wird im Anschluss daran in den Semesterferien absolviert.

In beiden Praktikumsformen stehen ein beobachtendes Erfahren von Schul- und Unterrichtspraxis in Form von Hospitationen, das Kennenlernen und Erproben ausgewählter Lehr-, Lern- und Diagnosestrategien, erste eigene Unterrichtsversuche, Unterrichtsbesuche durch die Betreuer/-innen (im Praxissemester insgesamt vier, im Blockpraktikum zwei) sowie die Reflexion der Berufswahlmotivation und Eignung im Fokus (Universität Kassel, 2013, 2014c, 2014d). Leistungsnachweise werden in beiden Praktikumsformen anhand eines schriftlichen Praktikumsberichts erbracht. Im Praxissemester sollen zusätzlich Einblicke in die fachdidaktische Methodik, Diagnostik und Leistungsbewertung sowie in fachbezogene Aspekte der Unterrichtsplanung und -reflexion erlangt werden (Universität Kassel, 2014a, 2014b, 2014e, 2014f). Solche fachlichen und fachdidaktischen Inhalte werden von den Blockpraktikumsstudierenden erst in zwei später stattfindenden fachbezogenen Praktika (in der Regel ab dem vierten Semester) fokussiert. Die Studierenden begleiten hier einen spezifischen Kurs oder eine Klasse dauerhaft in ihrem Fach und können so ihr im Vorfeld erlangtes fachdidaktisches Wissen in eigenen Unterrichtstätigkeiten erproben und anwenden (Universität Kassel, 2006, 2007a, 2007b, 2012).

Praxissemester und Blockpraktikum unterscheiden sich teilweise in der inhaltlichen Gestaltung, vor allem aber in der zeitlichen Dauer. Inhaltlich umfasst das Blockpraktikum vor allem erziehungswissenschaftliche Themen, während beim Praxissemester neben diesem erziehungswissenschaftlichen Fokus noch fachliche und fachdidaktische Themen hinzukommen. Es ist anzunehmen, dass dieser inhaltliche Zusatz zu mehr fachlichen und fachdidaktischen Lerngelegenheiten im Praktikum führt. Dennoch ist die Schnittmenge der Themen in beiden Praktikumsformen sehr groß. Neben den erziehungswissenschaftlichen Übereinstimmungen sind die beiden Praktikumsformen auch hinsichtlich des Zeitpunkts im Rahmen des Studiums (zweites Studienjahr) gut vergleichbar. Zeitlich erstreckt sich die Präsenzzeit in der Schule beim Praxissemester auf 15 Wochen, beim Blockpraktikum auf 5 Wochen. Unklar und somit Gegenstand dieser Untersuchung ist, inwiefern sich diese unterschiedlich langen Praxisphasen auf Facetten der Handlungskompetenz und der Überzeugungen angehender Lehrpersonen, z. B. auf die LSWE, auswirken.

4.2   Messzeitpunkte

Beide Untersuchungsgruppen (Blockpraktikum vs. Praxissemester) wurden zu drei Messzeitpunkten befragt. Zum MZP A (Präsenzerhebung mit Tablets) befanden sich die Studierenden in beiden Praktikumsmodellen in den Vorbereitungsseminaren und unmittelbar vor Beginn des Praktikums. MZP B wurde direkt nach den Praxisphasen (also je nach Untersuchungsgruppe 5 Wochen bzw. 15 Wochen nach Messzeitpunkt A, ebenfalls als Präsenzerhebung mit Tablets) erhoben. Ein Jahr nach Beginn des Praktikums fand für beide Gruppen der MZP C als Online-Befragung statt. Um den Rücklauf in der Online-Befragung zu erhöhen, wurde die Teilnahme mit einem Gutschein vergütet.

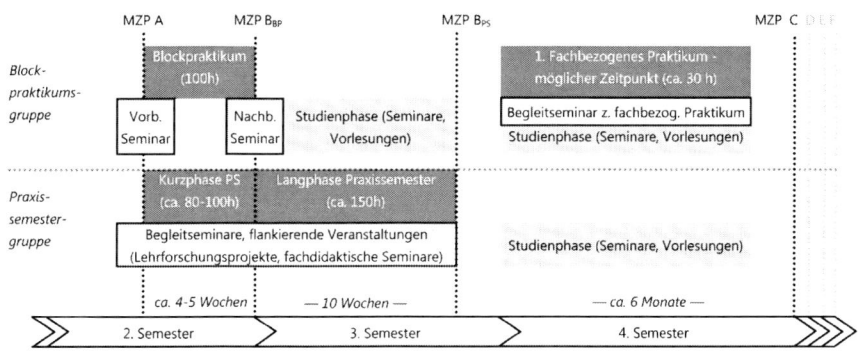

Abbildung 1: Studiendesign

Anmerkungen: Vergleich zwischen Studierenden im Praxissemester und Studierenden im Blockpraktikum über 7 MZP; in diesem Artikel verwendete MZP A: vor dem Praktikum; MZP B_{BP}: nach dem Blockpraktikum bzw. B_{PS} nach dem Praxissemester; MZP C: ein Jahr nach MZP A

4.3   Stichprobe

Für die folgenden Analysen zur LSWE wurden ausschließlich Studierende für das Grundschullehramt und Studierende für das Haupt- und Realschullehramt der Universität Kassel einbezogen. Der Erhebungszeitraum erstreckte sich von Februar 2015 bis August 2017. Insgesamt nahmen zwei Erhebungskohorten mit 203 Studierenden aus dem Praxissemester und 56 Studierenden[1] aus dem Blockpraktikum an den ersten beiden MZP (A und B) teil. Diese bilden die Kernstichprobe.

Tabelle 1:   Angaben zur Kernstichprobe und zur verminderten Stichprobe

	Gesamt	Anteil Studentinnen	Alter	Semesteranzahl
	N	N (%)	M (SD)	M (SD)
Kernstichprobe (A-B)				
Praxissemester	203	166 (81.8)	22.25 (3.32)	3.15 (.61)
Blockpraktikum	56	45 (80.4)	24.18 (3.36)	4.14 (1.87)
Verminderte Stichprobe (A-C)				
Praxissemester	74	69 (93.2)	21.89 (2.36)	3.25 (.53)
Blockpraktikum	42	33 (78.6)	23.93 (3.37)	4.21 (2.02)

Anmerkungen: M = Mittelwert; SD = Standardabweichung

Zur Bearbeitung der dritten Hypothese wird zusätzlich der dritte MZP C hinzugezogen. Aufgrund einer geringen Rücklaufquote zum MZP C (Onlineerhebung) müssen wir für diese Analysen auf eine verminderte Stichprobe zurückgreifen. So nahmen an allen drei MZP 74 Studierende im Praxissemester und 42 Studierende im Blockpraktikum teil. Diese beiden Stichproben (Kern- und verminderte Stichprobe) unterscheiden sich weder im Alter, Geschlecht, Lehramt, der Semesteranzahl noch in den Mittelwerten der LSWE statistisch bedeutsam voneinander[2]. Vergleicht man über beide Stichproben hinweg die Studierenden beider Praktikumsformen miteinander, so sind die Blockpraktikumsstudierenden signifikant älter (etwa 2 Jahre) und in ihrem Studium etwa ein Semester weiter[3]. In der verminderten Stichprobe ist zudem der Frauenanteil in der Praxissemestergruppe signifikant höher als in der Blockpraktikumsgruppe (siehe Tabelle 1)[4].

[1] Die geringen Fallzahlen im Blockpraktikum begründen sich damit, dass nach der Einführung des Praxissemesters nur noch „Nachzügler" das auslaufende Modell des Blockpraktikums absolviert haben.

[2] Für die einzelnen Facetten wurde mittels T- bzw. Chi^2-Tests überprüft, ob sich die jeweilige Gruppe (Praxissemester oder Blockpraktikum) in der Kernstichprobe von der analogen Gruppe in der verminderten Stichprobe im Mittelwert bzw. der Häufigkeitsverteilung unterscheidet. Es konnten keine statistisch signifikanten Unterschiede (p ≥ .17) gefunden werden.

[3] Es handelt sich um mittlere Effekte (Alter: d = .58; Semesteranzahl: d = .74; Cohen, 1988), welche sich vermutlich ebenfalls darin begründen, dass sich in der Blockpraktikumsgruppe „Nachzügler" befinden.

[4] Es handelt sich um einen schwachen Effekt (Cramer's V = .21; Ellis, 2010).

4.4   Instrumente

Die LSWE wurde mittels der Scale for Teacher Self-Efficacy (STSE) erfasst (Pfitzner-Eden, Thiel & Horsley, 2014, 2016; deutsche adaptierte Fassung der Teacher's Sense of Efficacy Scale (TSES) von Tschannen-Moran & Woolfolk Hoy, 2001).

Tabelle 2:   Instrument zur Erfassung der lehrerbezogenen Selbstwirksamkeits-erwartung

Subskalen der LSWE	Wie überzeugt sind Sie davon, dass Sie...	r_{it} (MZP A-C)	α (MZP A-C)
	... störendes Verhalten im Unterricht kontrollieren können?	.79 .77 .60	
Classroom Management $N_{MZP\,A} = 255$ $N_{MZP\,B} = 256$ $N_{MZP\,C} = 114$	... Schüler/-innen dazu bringen können, Regeln im Unterricht zu folgen?	.73 .74 .61	
	... eine(n) laute(n), störende(n) Schüler/-in dazu bringen können, ruhig zu sein?	.75 .79 .76	.86 .85 .80
	... es schaffen können, sich eine gesamte Stunde nicht durch ein paar störende Schüler/-innen ruinieren zu lassen?	.57 .49 .48	
	... eine alternative Erklärung oder ein anderes Beispiel finden können, wenn Schüler/-innen etwas nicht verstehen?	.39 .52 .40	
Instructional Strategies $N_{MZP\,A} = 259$ $N_{MZP\,B} = 258$ $N_{MZP\,C} = 116$	... das Anforderungsniveau des Unterrichts an das Leistungsniveau einzelner Schüler/-innen anpassen können?	.51 .65 .55	.67 .78 .68
	... einschätzen können, inwiefern Schüler/-innen den Unterrichtsstoff verstehen können?	.45 .61 .41	
	... angemessene Herausforderungen für leistungsstarke Schüler/-innen schaffen können?	.45 .58 .50	
	... Schülern/-innen den grundsätzlichen Wert schulischen Lernens vermitteln können?	.56 .62 .60	
Student Engagement $N_{MZP\,A} = 257$ $N_{MZP\,B} = 257$ $N_{MZP\,C} = 113$	... Schüler/-innen, die wenig Interesse am Unterricht haben, motivieren können?	.58 .65 .67	.75 .82 .81
	... auch die Schüler/-innen motivieren können, die in der Schule häufig Misserfolge erzielen?	.63 .70 .72	
	... kritisches Denken bei Schülern/-innen fördern können?	.44 .61 .55	

Anmerkungen: 1 = „gar nicht überzeugt" bis 6 = „völlig überzeugt" (Pfitzner-Eden et al., 2016); r_{it} = Trennschärfe; α = Cronbachs Alpha

Das Instrument beinhaltet drei Subfacetten der LSWE mit jeweils vier Items: Classroom Management, Instructional Strategies und Student Engagement. Die Antwortskala reicht von 1 = „gar nicht überzeugt" bis 6 = „völlig überzeugt". Für die Skalenbildung wurde die Bedingung eingeführt, dass auf mindestens drei von vier Items gültige Werte vorhanden sein mussten, Fälle mit zwei oder mehr fehlenden Werten wurden von der Skalenbildung ausgeschlossen; dadurch entstehen von den Gesamtstichproben jeweils leicht abweichende Fallzahlen (s. Tabelle 2).

5   Ergebnisse

5.1   Veränderungen der LSWE im längsschnittlichen Verlauf der Praxisphasen (Hypothese 1)

Zur Überprüfung der Hypothese 1 wird für jede Subfacette der LSWE eine Varianzanalyse mit Messwiederholung über die beiden MZP vor und nach dem jeweiligen Praktikum, d. h. MZP A und B, mit der Praktikumsform als between subject-Faktor durchgeführt.

Tabelle 3:   Varianzanalyse mit Messwiederholung über die MZP A und B

Facette	Effekte	N	df	F	p	η^2
Classroom Management	Haupteffekt Zeit		1;256	4.44	.04	.02
	Haupteffekt Gruppe	258	1;256	3.97	.05	.02
	Interaktion Zeit x Gruppe		1;256	12.51	.00	.05
Instructional Strategies	Haupteffekt Zeit		1;257	8.80	.00	.03
	Haupteffekt Gruppe	259	1;257	1.05	.31	.00
	Interaktion Zeit x Gruppe		1;257	6.67	.01	.03
Student Engagement	Haupteffekt Zeit		1;257	.47	.49	.00
	Haupteffekt Gruppe	259	1;257	9.53	.00	.04
	Interaktion Zeit x Gruppe		1;257	12.27	.00	.05

Anmerkungen: Praktikumsform (Praxissemester, Blockpraktikum) als between-subject Faktor; Kernstichprobe

Die Ergebnisse zeigen, dass Hypothese 1 mit allen drei Teilhypothesen angenommen werden kann. So kann für die beiden Facetten Classroom Management (1a) und Instructional Strategies (1b) ein erwarteter Anstieg der LSWE nachgewiesen werden. Dieser zeigt sich in einem signifikanten Haupteffekt der Zeit mit kleiner Effektstärke (Cohen, 1988) über den Zeitraum von MZP A bis zum jeweiligen Praktikumsende (MZP B, nach fünf Wochen im Blockpraktikum bzw. nach 15 Wochen im Praxissemester). Im Student Engagement (1c) zeigt sich ein entsprechender Anstieg wie erwartet nicht, d. h. hier kommt es zu keinen signifikanten Veränderungen (siehe Tabelle 3; für die Mittelwerte siehe Tabelle 4).

Tabelle 4:   Mittelwerte der LSWE-Facetten zu den MZP A und B (Kernstichprobe) sowie C (verminderte Stichprobe)

	Kernstichprobe (A-B)			Verm. Stichprobe (C)	
		MZP A	MZP B		MZP C
	N	M (SD)	M (SD)	N	M (SD)
Classroom Management					
Praxissemester	202	4.34 (.85)	4.68 (.69)	73	4.42 (.78)
Blockpraktikum	56	4.36 (.71)	4.27 (.88)	42	4.41 (.68)
Gesamtstichprobe	258	4.35 (.82)	4.59 (.75)	115	4.41 (.74)
Instructional Strategies					
Praxissemester	203	4.58 (.54)	4.84 (.59)	74	4.65 (.53)
Blockpraktikum	56	4.62 (.63)	4.64 (.69)	42	4.61 (.49)
Gesamtstichprobe	259	4.59 (.56)	4.79 (.61)	116	4.63 (.51)
Student Engagement					
Praxissemester	203	4.60 (.62)	4.74 (.63)	74	4.57 (.67)
Blockpraktikum	56	4.52 (.67)	4.30 (.80)	42	4.46 (.59)
Gesamtstichprobe	259	4.58 (.63)	4.65 (.70)	116	4.53 (.64)

Anmerkungen: M = Mittelwert; SD = Standardabweichung

5.2   Veränderungen der LSWE im Praxissemester im Vergleich zu Veränderungen der LSWE im Blockpraktikum (Hypothese 2)

Hypothese 2 wird im Rahmen der messwiederholten Varianzanalyse anhand der Interaktion Zeit x Praktikumsform überprüft. Zur genaueren Aufklärung, welche Entwicklungen stattfinden und ob diese statistisch bedeutsam sind, werden im Anschluss je Praktikumsform t-Tests für abhängige Stichproben über die MZP A und B berechnet.

Zunächst zeigt sich, dass die Praxissemestergruppe zu MZP B höhere Mittelwerte aufweist als die Blockpraktikumsgruppe. Auf den beiden Facetten Classroom Management und Student Engagement wird der Haupteffekt der Gruppe signifikant (vgl. Tab. 3). Die im Zentrum des Interesses stehenden Interaktionseffekte zwischen Zeit und Gruppe sind für alle drei Facetten der LSWE signifikant. Damit können die Teilhypothesen 2a und 2b angenommen werden: Die Verläufe der beiden Praktikumsgruppen unterscheiden sich in den Facetten Classroom Management und Instructional Strategies signifikant voneinander (siehe Tabelle 3). Entgegen der Teilhypothese 2c zeigt sich jedoch auch in der Facette Student Engagement eine differentielle Entwicklung (siehe Tabelle 3).

Eine Überprüfung mittels t-Tests für abhängige Stichproben (siehe Tabelle 5) zeigt in der Praxissemestergruppe während der Praxisphase für die Facette Classroom Management einen signifikanten Anstieg mit mittlerer Effektstärke (d = .44; Cohen, 1988). Die LSWE bezogen auf die Facette Instructional Strategies steigt für diese Gruppe ebenfalls mit einer mittleren Effektstärke (d = .46) an. Entgegen unserer Annahme kommt es auch in der Facette Student Engagement zu einem zwar geringen (d = .23), jedoch signifikanten Anstieg.

Tabelle 5:   t-Test bei abhängigen Stichproben über MZP A und B in der jeweiligen Praktikumsform (Praxissemester, Blockpraktikum); Kernstichprobe

	Facette	N	df	t	p
	Classroom Management	202	1;201	6.10	.00
Praxissemester	Instructional Strategies	203	1;202	5.93	.00
	Student Engagement	203	1;202	2.96	.00
	Classroom Management	56	1;55	.79	.43
Blockpraktikum	Instructional Strategies	56	1;55	.22	.83
	Student Engagement	56	1;55	2.60	.01

Für die Studierenden der Blockpraktikumsgruppe ergibt sich dagegen ein etwas abweichendes Bild. Während des Blockpraktikums kommt es bezogen auf die LSWE zum Classroom Management tendenziell zu einem Rückgang, der jedoch statistisch nicht signifikant ist. Für die Facette Instructional Strategies zeigt sich zwar der erwartete Anstieg, dieser ist allerdings sehr gering und statistisch nicht signifikant. Unerwarteterweise sinkt zudem die LSWE in der Facette Student Engagement mit geringer Effektstärke (d = .29) signifikant ab. Die jeweiligen Mittelwertverläufe sind in Abbildung 2 dargestellt.

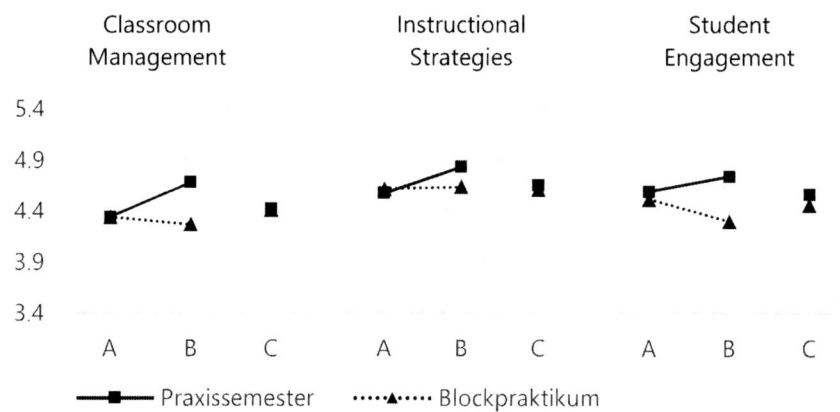

Abbildung 2:   Mittelwertverläufe der drei LSWE-Facetten

Anmerkungen: getrennt nach Praxissemester und Blockpraktikum über die beiden MZP A, B und C; Range
1 = gar nicht überzeugt bis 6 = völlig überzeugt

Entsprechend der Ergebnisse kann Hypothese 2 nur teilweise bestätigt werden: Für die Facetten Classroom Management (2a) und Instructional Strategies (2b) zeigen sich, wie erwartet, Interaktionseffekte mit einem höheren Anstieg für die Praxissemestergruppe. Für die Facette Student Engagement (2c) zeigt sich zwar ein analoges Bild. Da wir jedoch keinen Interaktionseffekt erwarteten, muss diese Hypothese verworfen werden.

5.3   Unterschiede der LSWE in den beiden Praktikumsgruppen zum MZP C (Hypothese 3)

Mit der dritten Hypothese wird angenommen, dass die oben berichteten Unterschiede zwischen den Gruppen auch ein Jahr nach Beginn der jeweiligen Praxisphase zum MZP C nachgewiesen werden können. Zur Überprüfung von Hypothese 3 wird eine Varianzanalyse mit Messwiederholung über die beiden MZP A vor dem Praktikum und C ein Jahr nach Beginn des Praktikums mit der Praktikumsform als between subject-Faktor durchgeführt, um die Effekte auf ihre Nachhaltigkeit hin analysieren zu können. Mit dem Einbezug von MZP C wird die verminderte Stichprobe (siehe 4.3) verwendet.

Die Ergebnisse zeigen, dass die Hypothese 3 abgelehnt werden muss: Von MZP A zu C, d. h. über den gesamten Messzeitraum von einem Jahr, kommt es ist in keiner der untersuchten Facetten zu einem Entwicklungsunterschied zwischen der Gruppe im Praxissemester und der Gruppe im Blockpraktikum; es ist kein Interaktionseffekt zwischen den beiden Gruppen nachweisbar. In den Facetten Classroom

Management und Instructional Strategies zeigt sich ein kleiner Anstieg der LSWE vom Beginn des Praktikums bis zum MZP C: Hier kann ein marginal signifikanter Haupteffekt der Zeit mit sehr kleiner Effektstärke (d = .21 bzw. d = .16) nachgewiesen werden (siehe Tabelle 6). Dieser Effekt gilt jedoch für beide Gruppen. Für die Facette Student Engagement zeigt sich keine signifikante Veränderung.

Tabelle 6:   Varianzanalyse mit Messwiederholung über die MZP A und C

Facette	Effekte	N	df	F	p	η^2
Classroom Management	Haupteffekt Zeit		1;113	3.42	.07	.03
	Haupteffekt Gruppe	115	1;113	.00	.96	.00
	Interaktion Zeit x Gruppe		1;113	.01	.91	.00
Instructional Strategies	Haupteffekt Zeit		1;114	2.93	.09	.03
	Haupteffekt Gruppe	116	1;114	.53	.47	.01
	Interaktion Zeit x Gruppe		1;114	.30	.58	.00
Student Engagement	Haupteffekt Zeit		1;114	.03	.87	.00
	Haupteffekt Gruppe	116	1;114	2.17	.14	.02
	Interaktion Zeit x Gruppe		1;114	.35	.56	.00

Anmerkungen: Praktikumsform (Praxissemester, Blockpraktikum) als between-subject Faktor; verminderte Stichprobe

6   Diskussion

Die vorliegende Arbeit untersucht die Frage, wie sich die drei Subfacetten Classroom Management, Instructional Strategies und Student Engagement über zwei unterschiedlich lange Praxisphasen entwickeln. Dafür wurden zwei Gruppen in unterschiedlichen Praktikumsformen – eine Blockpraktikumsgruppe und eine Praxissemestergruppe – miteinander verglichen. Die Annahme war, dass sich die Praxiserfahrung in den Facetten Classroom Management und Instructional Strategies in einem Anstieg der LSWE zeigt (Hypothese 1), der umso größer ist, je länger die Praxisphase andauert (Hypothese 2) und auch über die Praxisphase hinaus anhält (Hypothese 3). Für die Facette Student Engagement wurde keine Veränderung erwartet (Hypothesen 1c bzw. 2c).

Die Ergebnisse zeigen, dass die LSWE in der Praxissemestergruppe in allen Facetten ansteigt, während es in der Blockpraktikumsgruppe kaum zu Veränderungen kommt. Nach der Praxisphase sinken die Werte der Praxissemestergruppe jedoch, sodass sich die Werte der beide Gruppen ein Jahr nach Beginn der Praxisphasen wieder einander angeglichen haben.

6.1 Allgemeine Veränderungen der LSWE während der Praxisphasen (Hypothese 1)

Mit der ersten Hypothese wurde erwartet, dass sich über die Praxisphasen ein Zuwachs der LSWE in den Facetten Classroom Management (1a) und Instructional Strategies (1b) zeigt. Dieser Befund wurde in der bisherigen Forschung zur LSWE bereits häufiger beobachtet (siehe 2.2) und zeigt sich auch in unserer Studie. Entsprechend der Hypothese 1c kann dieser Unterschied jedoch in der Facette Student Engagement nicht beobachtet werden.

6.2 Gruppenunterschiede in der Entwicklung der LSWE während der Praxisphasen (Hypothese 2)

6.2.1 Anstiege der Praxissemestergruppe in den Facetten Classroom Management und Instructional Strategies (Hypothese 2a und 2b)

Obwohl die Ergebnisse der Varianzanalyse in Kapitel 5.2 auf den ersten Blick erwartungskonform sind, ergibt sich bei einer detaillierteren Betrachtung der beiden Gruppen ein differenzierteres Bild. So kann ein Anstieg der LSWE für die Praxissemestergruppe bestätigt werden: Hier steigt die LSWE im Classroom Management und den Instructional Strategies an. In der Blockpraktikumsgruppe hingegen kann der erwartete Anstieg nicht beobachtet werden. Hier sinkt die LSWE im Classroom Management leicht, aber statistisch nicht signifikant ab und auch ein Anstieg der Facette Instructional Strategies bleibt statistisch unbedeutsam. Wie in Hypothese 2 angenommen, kommt es in diesen Facetten also zu Unterschieden in der Entwicklung der LSWE zwischen den beiden Praktikumsgruppen, wobei ein Anstieg nur für die Praxissemestergruppe festgestellt werden kann.

Möglicherweise zeigt sich hier der angenommene Entwicklungsschub in der längeren Praxisphase: Durch den längeren Zeitraum ergeben sich für die Praxissemesterstudierenden vermutlich mehr Lerngelegenheiten, d. h. sie sind vermehrt in der Lage, ihr eigenes Classroom Management im Unterricht zu erproben oder eigene instruktionale Maßnahmen an die Lerngruppe anzupassen. Hierzu ist vermutlich auch eine gute Kenntnis der Lerngruppe relevant, die allein durch die längere Zusammenarbeit im Praxissemester ausgeprägter sein dürfte. Fünf Wochen, wie sie der Blockpraktikumsgruppe dabei zur Verfügung stehen, sind möglicherweise zu kurz, um die Lernenden ausreichend kennenzulernen. So hatten die Blockpraktikumsstudierenden vermutlich nicht ausreichend Möglichkeiten, ihre eigenen Lehrstrategien der Gruppe anzupassen oder ein entsprechendes Vorgehen bei ihren Mentor/-innen zu beobachten. Darüber hinaus hatten sie durch die Kürze des Praktikums weniger Möglichkeiten für Feedback der Mentor/-innen und Praktikumsbegleiter/-innen und entsprechend weniger Gelegenheiten, solche Anregungen umzusetzen. Möglich ist auch, dass es im Blockpraktikum inhaltlich eher um erziehungswissenschaftliche Fragestellungen (etwa der Rollenwechsel vom Schüler/von der Schülerin zum Lehrer/zur Lehrerin) und weniger um den Unterricht selbst (etwa die fachdidaktische Gestaltung, wie sie in der Praxissemestergruppe möglicherweise stärker im Fokus stand) ging. Den Blockpraktikumsstudierenden fehlten somit vermutlich schlicht ausreichend Zeit und Lerngelegenheiten im Praktikum, die eigene Selbstwirksamkeit in verschiedenen Situationen zu erfahren. Die Praxissemesterstudierenden hingegen dürften sich durch die häufigeren Lerngelegenheiten vermehrt als wirksam erlebt haben und konnten anfängliche Probleme im Classroom Management oder Instructional Strategies aus ihrer Sicht möglicherweise eher bewältigen. Entsprechend steigt ihre LSWE in den beiden Facetten an.

Dennoch stehen die Ergebnisse, dass es im Blockpraktikum zu gar keinem Anstieg während der Praxisphase kommt, in gewissem Kontrast zum bisherigen Forschungsstand (siehe 2.2.1), denn Schulte (2008) konnte bereits bei einer Praktikumszeit von drei bis vier Wochen einen Zuwachs der LSWE im Classroom Management feststellen und auch bei Pfitzner-Eden (2016) kam es während eines einmonatigen Schulpraktikums in beiden Facetten zu einem Anstieg. Es bleibt demnach unklar, warum die Blockpraktikumsgruppe in unserer Studie überhaupt keine bedeutsamen Veränderungen aufweist.

6.2.2 Unerwartete Veränderungen in der Facette Student Engagement (Hypothese 2c)

Hypothese 2c muss verworfen werden, da es wider Erwarten zu unterschiedlichen Entwicklungen der LSWE im Student Engagement kommt. Für die Facette Student Engagement zeigt sich in der Gruppe des Praxissemesters – entgegen der Erwartung – ein signifikanter Anstieg über die Praxisphase, während es in der Blockpraktikumsgruppe zu einem signifikanten Rückgang kommt. Möglicherweise spielt als Erklärung für diesen Unterschied in der Entwicklung ebenfalls das größere Spektrum an Lern-, Erfahrungs- und Beobachtungsgelegenheiten für die Studierenden im 15-wöchigen Praxissemester eine Rolle. Die Praxissemesterstudierenden hatten mehr Gelegenheiten, sich intensiver und langanhaltender mit denselben Schüler/-innen auseinanderzusetzen und dabei ihren Einfluss auf die Motivationslage der Lernenden erfolgreich zu erproben oder auch stellvertretend die Einflussmöglichkeit anderer Lehrpersonen beobachtend wahrzunehmen. Es ist denkbar, dass ein solch längerfristiger Umgang mit den Lernenden die Beziehung verbessert, und damit auch den Glauben daran erhöht, Einfluss auf deren Motivationslage zu nehmen. In der Blockpraktikumsgruppe könnte eine nur fünfwöchige Praxisphase zu kurz sein, um sichtbare Erfolge bei den Lernenden zu erzielen oder Unterschiede in der Wirksamkeit von Strategien verschiedener Lehrpersonen wahrzunehmen.

6.3 Gruppenunterschiede der LSWE nach den Praxisphasen (Hypothese 3)

Mit der Hypothese 3 untersuchten wir, ob unterschiedliche Verläufe, wie sie für die Facetten Classroom Management und Instructional Strategies bestätigt werden konnten, auch zum MZP C ein Jahr nach Beginn des Praktikums noch nachweisbar sind. Dabei zeigte sich, dass oben genannte Unterschiede zwischen den Gruppen hier nicht mehr abgesichert werden können. Zwischen MZP A und C kommt es zu keiner differentiellen Entwicklung der beiden Gruppen, Hypothese 3 muss daher verworfen werden.

Dieses Ergebnis weist darauf hin, dass die Praxisphase zwar einen positiven Einfluss im Sinne eines Anstiegs der LSWE der Studierenden hat, dieser Effekt jedoch nicht nachhaltig ist. Anders als bei Schüle et al. (2017) kann der Anstieg der LSWE nach einer folgenden Studienphase nicht mehr nachgewiesen werden – vielmehr sinken die über die Praxisphase angestiegenen Mittelwerte der Praxissemesterstudierenden bis zum MZP C wieder. Generell werfen die Ergebnisse daher die Frage auf, ob sich eine verlängerte Praxisphase wirklich anhaltend positiv auf die Entwicklung der LSWE auswirkt. Der Grundsatz „viel hilft viel" scheint nur vordergründig zuzutreffen, da es zwar zu einem deutlichen Anstieg im Praxissemester kommt, der Wert sich nach der Praxisphase aber wieder auf gleichem Niveau wie der Wert der Blockpraktikumsgruppe einpendelt. Unberücksichtigt davon stellt sich auch grundsätzlich die Frage, ob ein sehr deutlicher Anstieg der LSWE immer wünschenswert ist, denn hohe LSWE können im Sinne einer Selbstüberschätzung auch verhindern, dass sich Studierende aktiv um die Weiterentwicklung ihrer Kompetenzen bemühen (Kunter & Pohlmann, 2015).

6.4 Fazit, Bedeutsamkeit und Grenzen

Die vorliegende Arbeit zeigt, dass Praxisphasen zu einem Anstieg der LSWE bei Studierenden führen können, welcher sich umso deutlicher zeigt, je länger die Praxisphase dauert. Unsere Annahme, dass eine längere Praxisphase zu einem stärkeren Anstieg der LSWE führt, konnte dabei bestätigt werden, es zeigte sich allerdings auch, dass sich der Verlauf der LSWE in den Subfacetten sehr unterschiedlich gestaltet und sich teilweise auch anders darstellt als in bisherigen Studien. Darüber hinaus zeigen die Ergebnisse, dass das Praxissemester offenbar tatsächlich eine Phase im Studium markiert, in der sich Überzeugungen und Erwartungen deutlich verändern können. Gleichwohl verweisen die Befunde darauf, dass diese Veränderungen nicht von Dauer sind.

Unklar bleibt, welche Rolle die Begleitung im Praktikum und weitere Gegebenheiten des Studiums auf den Anstieg der LSWE haben. So unterscheiden sich die Praxissemester- und Blockpraktikumsgruppen etwa in einer längeren Vorbereitungsphase für das Blockpraktikum, während der Praktikumsphase kommen jedoch für das Praxissemester – neben der für beide Praktikumsformen üblichen Begleitung durch Praktikumsbegleiter/-innen (Universität) und Mentor/-innen (Schule) – noch flankierende Lehrveranstaltungen an der Universität hinzu, in denen Praktikumsinhalte vertieft werden oder zum Forschen im Praktikum angeleitet wird. Möglicherweise haben eine solche Gestaltung der Praxisphase sowie der Einbezug fachdidaktischer Inhalte in der Praxissemestergruppe einen Einfluss auf den stärkeren Anstieg der LSWE bei diesen Studierenden. Da sich die beiden Gruppen primär in Bezug auf diese Faktoren sowie die Länge des Praktikums unterscheiden, wäre es in Folgeuntersuchungen von Vorteil, diesen Unterschied in der Gestaltung und fachdidaktischen Ausrichtung des Praktikums zu kontrollieren.

Offen bleibt auch, ob das höhere Alter von etwa zwei Jahren und die höhere Semesteranzahl von etwa einem Semester in der Blockpraktikumsgruppe einen Einfluss auf die Ergebnisse haben. Zieht man zu dieser Frage vorliegende Forschungsbefunde heran, um beurteilen zu können, ob entsprechende Einflüsse plausibel erscheinen, so zeigt auch die bisherige Forschung kein einheitliches Bild: In der Studie von Pfitzner-Eden (2016) zeigte sich ein leicht höherer Anstieg in der LSWE bezogen auf Instructional Strategies bei unerfahrenen als bei fortgeschrittenen Studierenden. Dagegen sprechen jedoch die Befunde von Schüle et al. (2017), die Zuwächse der LSWE besonders in späteren Praxisphasen aufdecken konnten. Entsprechend dieser Befunde hätten bei den Blockpraktikumsstudierenden stärkere Zuwächse auftreten müssen. Hinsichtlich der Schulpraxiserfahrungen ist die Blockpraktikumsgruppe in unserer Studie jedoch nicht erfahrener bzw. fortgeschrittener als die Praxissemestergruppe, denn bei beiden Gruppen handelt es sich jeweils um das erste Praktikum im Rahmen ihres Lehramtsstudiums. Darüber hinaus könnte die höhere Semesteranzahl und damit die größere Studienerfahrung der Blockpraktikanten auch ein Indikator für einen problematischeren Studienverlauf sein. Ob der hier gemessene Unterschied in der Studienerfahrung von einem Semester tatsächlich für die beiden unterschiedlichen Verläufe der LSWE zwischen den beiden Messzeitpunkten A und B verantwortlich ist, erscheint nicht zuletzt auch deshalb fraglich, weil sich beide Gruppen – trotz der Unterschiede in der Studienerfahrung – am Schluss des Untersuchungszeitraums in der LSWE wieder angenähert haben.

Ebenso könnte der große Anteil an Frauen in beiden Stichproben die Ergebnisse beeinflussen. So ist es nicht eindeutig, ob die Ergebnisse für beide Geschlechter in gleicher Weise zutreffen, oder ob die vorliegenden Veränderungen hauptsächlich bei Frauen stattfinden. In der vorliegenden Studie waren getrennte Analysen aufgrund der geringen Anzahl männlicher Studierender wenig sinnvoll; eine entsprechende Fragestellung war auch nicht im Fokus dieser Studie. Für Folgeuntersuchungen wäre eine vergleichende Betrachtung der LSWE-Entwicklungen nach Geschlecht unter Einbezug einer größeren Stichprobe jedoch wünschenswert.

In diesem Beitrag wurde nicht untersucht, welchen Einfluss die Lehrveranstaltungen nach den Praxisphasen auf die Entwicklung der LSWE haben. Da keine Angaben hierzu vorliegen, mit welchen inhaltlichen Schwerpunkten sich die Studierenden in ihrer Studienphase beschäftigt haben, bliebe jegliche Interpretation darüber spekulativ. Für zukünftige Untersuchungen wäre es aber von Bedeutung, dem Einfluss der Studienphase weiter nachzugehen und die universitären Inhalte genauer in den Blick zu nehmen. Bisher gibt es nur wenige Anhaltspunkte dafür, ob und inwiefern diese einen Einfluss auf die LSWE haben.

Literatur

Bandura, A. (1977). Self-efficacy: Toward a unifying theory of behavioral change. Psychological Review, 84 (2), 191-215.

Bandura, A. (1997). Self-efficacy: The exercise of control. New York: W. H. Freeman.

Caprara, G. V., Barbaranelli, C., Steca, P. & Malone, P. S. (2006). Teachers' self-efficacy beliefs as determinants of job satisfaction and students' academic achievement: A study at the school level. Journal of School Psychology, 44 (6), 473-490.

Cho, Y. & Shim, S. S. (2013). Predicting teachers' achievement goals for teaching: The role of perceived school goal structure and teachers' sense of efficacy. Teaching and Teacher Education, 32, 12-21.

Cohen, J. (1988). Statistical power analysis for the behavioral sciences. Hillsdale, NJ: Erlbaum.

Ellis, P. D. (2010). The essential guide to effect sizes: Statistical power, meta-analysis, and the interpretation of research results. Cambridge: Cambridge University Press.

Fives, H., Hamman, D. & Olivarez, A. (2007). Does burnout begin with student-teaching? Analyzing efficacy, burnout, and support during the student-teaching semester. Teaching and Teacher Education, 23 (6), 916-934.

Frech, H.-W. (1976). Empirische Untersuchungen zur Ausbildung von Studienreferendaren. Berlin: Max-Planck-Institut für Bildungsforschung.

Garvis, S., Pendergast, D. & Keogh, J. (2012). Changes in teacher self-efficacy in the first year of primary school teacher education study. Journal of the World Universities Forum, 5 (1), 87-96.

Gröschner, A., Schmitt, C. & Seidel, T. (2013). Veränderung subjektiver Kompetenzeinschätzungen von Lehramtsstudierenden im Praxissemester. Zeitschrift für Pädagogische Psychologie, 27 (1), 77-86.

Hascher, T. (2006). Veränderungen im Praktikum – Veränderungen durch das Praktikum: Eine empirische Untersuchung zur Wirkung von schulpraktischen Studien in der Lehrerbildung. In E. Terhart & C. Allemann-Ghionda (Hrsg.), Kompetenzen und Kompetenzentwicklung von Lehrerinnen und Lehrern: Ausbildung und Beruf (S. 130-148). Weinheim: Beltz Verlag.

Hascher, T. (2012). Lernfeld Praktikum – Evidenzbasierte Entwicklungen in der Lehrer/innenbildung. Zeitschrift für Bildungsforschung, 2 (2), 109-129.

Henson, R. K. (2001). The effects of participation in teacher research on teacher efficacy. Teaching and Teacher Education, 17 (7), 819-836.

Klassen, R. M. & Chiu, M. M. (2010). Effects on teachers' self-efficacy and job satisfaction: Teacher gender, years of experience, and job stress. Journal of Educational Psychology, 102 (3), 741-756.

Klassen, R. M. & Durksen, T. L. (2014). Weekly self-efficacy and work stress during the teaching practicum: A mixed methods study. Learning and Instruction, 33, 158-169.

Klassen, R. M., Tze, V. M. C., Betts, S. M. & Gordon, K. A. (2011). Teacher efficacy research 1998-2009: Signs of progress or unfulfilled promise? Educational Psychology Review, 23 (1), 21-43.

Knoblauch, D. & Woolfolk Hoy, A. (2008). "Maybe I can teach those kids": The influence of contextual factors on student teachers' efficacy beliefs. Teaching and Teacher Education, 24, 166-179.

Kocher, M. (2014). Selbstwirksamkeit und Unterrichtsqualität: Unterricht und Persönlichkeitsaspekte im Berufsübergang von Lehrpersonen. Münster: Waxmann.

Künsting, J., Neuber, V. & Lipowsky, F. (2016). Teacher self-efficacy as a long-term predictor of instructional quality in the classroom. European Journal of Psychology of Education, 31 (3), 299-322.

Kunter, M. & Pohlmann, B. (2015). Lehrer. In E. Wild & J. Möller (Hrsg.), Pädagogische Psychologie (S. 261-281). Berlin, Heidelberg: Springer.

Li, X. & Zhang, M. (2000). Effects of early field experiences on preservice teachers' efficacy beliefs: a pilot study. New Orleans: Paper represented at the Annual Meeting of the American Educational Research Association.

Lin, H.-L. & Gorrell, J. (2001). Exploratory analysis of pre-service teacher efficacy in Taiwan. Teaching and Teacher Education, 17 (5), 623-635.

Looser, D. (2011). Soziale Beziehungen und Leistungsmotivation: Die Bedeutung von Bezugspersonen für die längerfristige Aufrechterhaltung der Lern- und Leistungsmotivation. Opladen: Budrich UniPress.

Ophardt, D., Piwowar, V. & Thiel, F. (2015). Kompetenzen des Klassenmanagements (KODEK): Entwicklung und Evaluation eines Fortbildungsprogramms für Lehrpersonen zum Klassenmanagement. In C. Gräsel & K. Trempler (Hrsg.), Entwicklung von Professionalität pädagogischen Personals: Interdisziplinäre Betrachtungen, Befunde und Perspektiven (S. 133-152). Wiesbaden: Vs Verlag für Sozialwissenschaften.

Pfitzner-Eden, F. (2016). I feel less confident so I quit? Do true changes in teacher self-efficacy predict changes in preservice teachers' intention to quit their teaching degree? Teaching and Teacher Education, 55, 240-254.

Pfitzner-Eden, F., Thiel, F. & Horsley, J. (2014). An adapted measure of teacher self-efficacy for preservice teachers: Exploring its validity across two countries. Zeitschrift für Pädagogische Psychologie, 28 (3), 83-92.

Pfitzner-Eden, F., Thiel, F. & Horsley, J. (2016). STSE – Scale for Teacher Self-Efficacy: Verfahrensbeschreibung und Fragebogen. Trier: ZPID, PSYNDEX.

Rothland, M. & Boecker, S. K. (2014). Wider das Imitationslernen in verlängerten Praxisphasen: Potenzial und Bedingungen des Forschenden Lernens im Praxissemester. Die Deutsche Schule, 106 (4), 386-397.

Schubarth, W., Gottmann, C. & Krohn, M. (2014). Wahrgenommene Kompetenzentwicklung im Praxissemester und dessen berufsorientierende Wirkung: Ergebnisse der ProPrax-Studie. In K.-H. Arnold, A. Gröschner & T. Hascher (Hrsg.), Schulpraktika in der Lehrerbildung: Theoretische Grundlagen, Konzeptionen, Prozesse und Effekte: Pedagogical field experiences in teacher education: Theoretical foundations, programmes, processes, and effects (S. 201-219). Münster: Waxmann.

Schüle, C., Besa, K.-S., Schriek, J. & Arnold, K.-H. (2017). Die Veränderung der Lehrerselbstwirksamkeitsüberzeugung in Schulpraktika. Zeitschrift für Bildungsforschung, 7 (1), 23-40.

Schulte, K. (2008). Selbstwirksamkeitserwartungen in der Lehrerbildung: Zur Struktur und dem Zusammenhang von Lehrer-Selbstwirksamkeitserwartungen, Pädagogischen Professionswissen und Persönlichkeitseigenschaften bei Lehramtsstudierenden und Lehrkräften. Göttingen: Dissertation.

Schulte, K., Bögeholz, S. & Watermann, R. (2008). Selbstwirksamkeitserwartungen und Pädagogisches Professionswissen im Verlauf des Lehramtsstudiums. Zeitschrift für Erziehungswissenschaft, 11 (2), 268-287.

Schunk, D. H. & Pajares, F. (2009). Self-efficacy theory. In K. R. Wentzel & A. Wigfield (Eds.), Handbook of motivation at school (pp. 35-53). New York: Routledge.

Schwarzer, R. & Jerusalem, M. (2002). Das Konzept der Selbstwirksamkeit. In M. Jerusalem & D. Hopf (Hrsg.), Selbstwirksamkeit und Motivationsprozesse in Bildungsinstitutionen (S. 28-53). Weinheim: Beltz.

Skaalvik, E. M. & Skaalvik, S. (2010). Teacher self-efficacy and teacher burnout: A study of relations. Teaching and Teacher Education, 26 (4), 1059-1069.

Soodak, L. C. & Podell, D. M. (1993). Teacher efficacy and student problem as factors in special education referral. The Journal of Special Education, 27 (1), 66-81.

Swan, B., Wolf, K. & Cano, J. (2011). Changes in teacher self-efficacy from the student teaching experience through the third year of teaching. Journal of Agricultural Education, 52 (2), 128-139.

Tournaki, N. & Podell, D. M. (2005). The impact of student characteristics and teacher efficacy on teachers' predictions of student success. Teaching and Teacher Education, 21 (3), 299-314.

Tschannen-Moran, M. & Hoy, A. W. (2007). The differential antecedents of self-efficacy beliefs of novice and experienced teachers. Teaching and Teacher Education, 23 (6), 944-956.

Tschannen-Moran, M. & Woolfolk Hoy, A. (2001). Teacher efficacy: Capturing an elusive construct. Teaching and Teacher Education, 17, 783-805.

Tschannen-Moran, M., Woolfolk Hoy, A. & Hoy, W. K. (1998). Teacher efficacy: Its meaning and measure. Review of Educational Research, 68 (2), 202-248.

Universität Kassel (2006). Modulprüfungsordnung der Universität Kassel für den Teilstudiengang Mathematik für das Lehramt an Grundschulen. 4.13.17/105 L1. Verfügbar unter: www.uni-kassel.de/uni/file admin/datas/pruefungsordnungen/FB10/Mathematik_105/105_L1_HF_PO_20060614.pdf [18.01.2018].

Universität Kassel (2007a). Neufassung der Modulprüfungsordnung der Universität Kassel für den Teilstudiengang Deutsch für das Lehramt an Grundschulen vom 28.06.2006. 4.13.02/067 L1. Verfügbar unter: www.uni-kassel.de/uni/fileadmin/datas/pruefungsordnungen/FB02/Germanistik_067/067_L1_HF_PO_200606028_NeuF_20070704.pdf [18.01.2018].

Universität Kassel (2007b). Neufassung der Modulprüfungsordnung der Universität Kassel für den Teilstudiengang Deutsch für das Lehramt an Hauptschulen und Realschulen vom 28.06.2006. 4.13.02/067 L2. Verfügbar unter: www.uni-kassel.de/uni/fileadmin/datas/pruefungsordnungen/FB02/Germanistik_067/067_L2_HF_PO_20060628_NeuF_20070704.pdf [18.01.2018].

Universität Kassel (2012). Modulprüfungsordnung der Universität Kassel für den Teilstudiengang Mathematik für das Lehramt an Hauptschulen und Realschulen. 4.13.17/105 L2 2012. Verfügbar unter: www.uni-kassel.de/uni/fileadmin/datas/pruefungsordnungen/FB02/Germanistik_067/067_L2_HF_PO_20060628_NeuF_20070704.pdf [18.01.2018].

Universität Kassel (2013). Modulprüfungsordnung der Universität Kassel für das erziehungs- und gesellschaftswissenschaftliche Kernstudium. 4.13.00/04 2013. Verfügbar unter: www.uni-kassel.de/uni/file admin/datas/pruefungsordnungen/FB01/Kernstudium_004/004_L1_HF_PO_20130207.pdf [18.01.2018].

Universität Kassel (2014a). Modulprüfungsordnung der Universität Kassel für den Teilstudiengang Deutsch für das Lehramt an Grundschulen. 4.13.02/067 L1. Verfügbar unter: www.uni-kassel.de/uni/fileadmin/datas/pruefungsordnungen/FB02/Germanistik_067/067_L1_HF_PO_120141127.pdf [18.01.2018].

Universität Kassel (2014b). Modulprüfungsordnung der Universität Kassel für den Teilstudiengang Deutsch für das Lehramt an Hauptschulen und Realschulen. 4.13.02/067 L2. Verfügbar unter: www.uni-kassel.de/uni/fileadmin/datas/pruefungsordnungen/FB02/Germanistik_067/067_L2_HF_PO_20141127.pdf [18.01.2018].

Universität Kassel (2014c). Modulprüfungsordnung der Universität Kassel für den Teilstudiengang erziehungs- und gesellschaftswissenschaftliches Kernstudium (Kernstudium) für das Lehramt an Grundschulen. 4.13.00/04 L1. Verfügbar unter: www.uni-kassel.de/uni/fileadmin/datas/pruefungsordnungen/FB01/Kernstudium_004/004_L1_HF_PO_20141127.pdf [18.01.2018].

Universität Kassel (2014d). Modulprüfungsordnung der Universität Kassel für den Teilstudiengang erziehungs- und gesellschaftswissenschaftliches Kernstudium (Kernstudium) für das Lehramt an Haupt- und Realschulen. 4.13.00/04 L2. Verfügbar unter: www.uni-kassel.de/uni/fileadmin/datas/pruefungs ordnungen/FB01/Kernstudium_004/004_L2_HF_PO_20141127.pdf [18.01.2018].

Universität Kassel (2014e). Modulprüfungsordnung der Universität Kassel für den Teilstudiengang Mathematik für das Lehramt an Grundschulen. 4.13.17/105 L1. Verfügbar unter: www.uni-kassel.de/uni/file admin/datas/pruefungsordnungen/FB10/Mathematik_105/105_L1_HF_PO_20141127.pdf [18.01.2018].

Universität Kassel (2014f). Modulprüfungsordnung der Universität Kassel für den Teilstudiengang Mathematik für das Lehramt an Hauptschulen und Realschulen. 4.13.17/105 L2. Verfügbar unter: www.uni-kassel.de/uni/fileadmin/datas/pruefungsordnungen/FB10/Mathematik_105/105_L2_HF_PO_20141127.pdf [18.01.2018].

Wolters, C. A. & Daugherty, S. G. (2007). Goal structures and teachers' sense of efficacy their relation and association to teaching experience and academic level. Journal of Educational Psychology, 99 (1), 181.

Woolfolk Hoy, A. & Burke Spero, R. (2005). Changes in teacher efficacy during the early years of teaching: A comparison of four measures. Teaching and Teacher Education, 21 (4), 343-356.

Woolfolk Hoy, A., Hoy, W. K. & Davis, H. A. (2009). Teachers' self-efficacy beliefs. In K. R. Wentzel & A. Wigfield (Eds.), Handbook of motivation at school (pp. 627-654). New York: Routledge.

Zee, M. & Koomen, H. M. Y. (2016). Teacher self-efficacy and its effects on classroom processes, student academic adjustment, and teacher well-being. Review of Educational Research, 86 (4), 981-1015.

The development of teacher self-efficacy in student teaching field experiences – A comparison of student teachers in 15 weeks of field training vs. 5 weeks of field training

Recent research concerning the development of teachers' self-efficacy (TSE) during student teaching field experiences show various results. While many studies report increases in field training, others report decreases or even both. Particularly the subdimensions of TSE (Classroom Management, Instructional Strategies and Student Engagement) show unequal developments. Furthermore, there is few research concerning the influence of form and duration of field experiences on TSE.

The present study explores how TSE of preservice teachers develops during the field training and up to 12 months afterwards and if the duration of the field experience influences the development of TSE. Preservice teachers in two different forms of field experiences (15 weeks of field training, n = 203 vs. 5 weeks of field training, n = 56) were questioned at three various points in time before, during and after the training, using a three-dimension scale of TSE. Differential development was examined using a repeated measures ANOVA. The results show differential developments of TSE, depending on the dimension and the duration of field training. There are more changes in TSE for the 15 week group. However, the groups align after the field training.

Keywords: longitudinal study – student teaching field experience – teacher education – teacher self-efficacy

Autoren:

Anne Böhnert, M. A., Marius Mähler, M. A., Franz Klingebiel, Dipl. Soz.-Wirt., Universität Kassel, Zentrum für Lehrerbildung (ZLB).

Prof. Dr. Martin Hänze, Universität Kassel, Institut für Psychologie, Fachgebiet Pädagogische Psychologie.

Prof. Dr. Hans Peter Kuhn, Universität Kassel, Institut für Erziehungswissenschaft, Fachgebiet Empirische Bildungsforschung.

Prof. Dr. Frank Lipowsky, Universität Kassel, Institut für Erziehungswissenschaft, Fachgebiet Schul- und Unterrichtsforschung.

Korrespondenz an: anne.boehnert@uni-kassel.de

Lehrerbildung auf dem Prüfstand
2018, 11. Jahrgang, Heft 1, S. 109-130

Veränderung motivationaler Orientierungen im Praxissemester: Eine videobasierte Studie auf Basis der Erwartungs-Wert-Theorie

Mathias Dehne, Susi Klaß und Alexander Gröschner

Die Forschung zur Lehrer/-innenbildung befasst sich selten mit der Leistungsmotivation im Praxissemester (PS). Der Beitrag fokussiert die Leistungsmotivation in den erziehungswissenschaftlichen Begleitveranstaltungen. Kern der Seminare ist die Reflexion eigenen Unterrichts der Studierenden in einer videobasierten Online-Lernumgebung. In der vorliegenden Studie wurde die Erwartungs-Wert-Theorie (EVT) verwendet, um Veränderungen der Leistungsmotivation während des PS in einem experimentellen Design (Unterrichtsreflexion mit Videografien vs. ohne Videografien) zu untersuchen. Konfirmatorische Faktorenanalysen bestätigen die Replikation der EVT im Kontext von Unterrichtsreflexionen. Es wird gezeigt, dass Studierende in der Interventionsgruppe, die mit dem videobasierten Ansatz reflektierten, nach Beendigung des PS punktuell Rückgänge in den Nützlichkeitswerten zeigen. Insgesamt können in beiden Gruppen Steigerungen der Wahrnehmungen von Kompetenz und Erfolgserwartung konstatiert werden. Die Ergebnisse weisen Ähnlichkeiten zu Befunden hinsichtlich der Kompetenzselbsteinschätzung oder Selbstwirksamkeitserwartung von angehenden Lehrpersonen auf. Implikationen aus emotionalen Anstrengungen für die weitere Forschung werden abgeleitet.

Schlagwörter: Erwartungs-Wert-Theorie – Praxissemester – Unterrichtsreflexion – Video

1 Einleitung

Praktische Erfahrungen innerhalb der universitären Phase der Lehrer/-innenbildung spielen eine bedeutsame Rolle für den Professionalisierungsprozess von Lehrer/ -innen (Zeichner, 2010). Praxissemester (PS) bieten berufsbezogene Lerngelegenheiten, liefern Grundlagen für die Bestätigung des Berufswunsches und ermöglichen den geforderten Bezug zur Institution Schule (Schied, 2013). Aus der Forschung zu Praktika lässt sich entnehmen, dass der tatsächliche Ertrag von Praktika an die Art und Weise der theoriegeleiteten Reflexion dieser schulpraktischen Erfahrungen gekoppelt ist (Arnold, Gröschner & Hascher, 2014). Demnach bedarf es vor allem innerhalb von Langzeitpraktika systematischer Reflexionsgelegenheiten, die es z. B. in die universitären Begleitseminare zu integrieren gilt (Hascher, 2012; Korthagen, 2010; Lee, 2005). Im Rahmen dieser universitär begleiteten Professionalisierungsprozesse sind Aspekte wie u. a. der Umgang mit Motivation und Emotion relevant (Hascher & Hagenauer, 2016).

Videografien im Rahmen schulpraktischer Studien erweisen sich als wirksames Tool zur Realisierung der reflexionsorientierten universitären Lernbegleitung (Gröschner, Klaß & Dehne, 2018; Santagata & Yeh, 2014). Durch die Authentizität der

Aufnahmen werden Unterrichtsvideos Einflüsse auf die Motivation unterstellt, da sie ein realistisches Erleben der Unterrichtssituationen und somit persönliche Bedeutungszuschreibungen ermöglichen (Seidel, Stürmer, Blomberg, Kobarg & Schwindt, 2011; Sherin, 2004). Videobasierte Unterrichtreflexionen gewähren Einblicke in Situationen, die sonst aufgrund der Vielzahl möglicher Ereignisse während einer Unterrichtsstunde unbemerkt bleiben (van Es & Sherin, 2008). Die universitäre Begleitung ermöglicht den Fokus auf Reflexionskompetenzen als möglichen Lernertrag, wobei die Veränderung der Leistungsmotivation der Studierenden im PS ein bislang wenig beachtetes Forschungsfeld darstellt (Opfer, 2014). Im Vergleich zur Reflexion von ersten Handlungskompetenzen bleibt dieser Bestandteil professionellen Lehrer/-innenhandelns bei der Lernbegleitung schulpraktischer Studien häufig unberücksichtigt (Allen & Wright, 2014). Der vorliegende Beitrag nimmt daher in einem experimentellen Design zwei erziehungswissenschaftliche Begleitseminare in den Blick, knüpft hierbei an die Forschung zur Berufswahlmotivation an (Rothland, 2014) und fokussiert die Leistungsmotivation innerhalb universitärer Lerngelegenheiten im PS.

2   Theoretischer Hintergrund

2.1   Unterrichtsreflexion als Lerngelegenheit im Praxissemester

In schulpraktischen Studien wird erstmalig das Spannungsfeld zwischen subjektiven Vorstellungen, teilweise basierend auf der eigenen Schüler/-innenbiografie, und den objektiven Anforderungen professionellen Handelns als Lehrer/-in für die Lehramtsstudierenden spürbar. Ein zentrales Ziel der universitären Begleitung schulpraktischer Studien ist es, angehende Lehrer/-innen darin zu unterstützen, eigenes unterrichtliches Handeln theoriegeleitet zu planen, umzusetzen und anschließend im Sinne notwendiger Veränderungen und eigener Weiterentwicklung zu reflektieren (Lee, 2005; Terhart, 2002). Die Förderung dieser Reflexionskompetenz gilt es innerhalb der Lehrer/-innenbildung zu realisieren (Borko, Michalec, Timmons & Siddle, 1997). Als Möglichkeit im PS bieten sich hierzu die universitären Begleitveranstaltungen an, um eine systematische Reflexion und theoretische Einordnung unterrichtspraktischer Erfahrungen vorzunehmen (Korthagen, 2010). Dabei sollen die Reflexionen in der Ausbildung nicht nur zu neuen Ideen über das unterrichtliche Verhalten führen, sondern ebenso ein Gefühl vermitteln, wie die professionelle Entwicklung hierdurch in Zukunft fundiert werden kann (Gröschner, 2011). Häufig fehlen jedoch objektive Verfahren, um die subjektiv berichteten Kompetenzzuwächse im Unterrichten systematisch im Rahmen der Lernbegleitung zu reflektieren. Ein wirksames, zunehmend zum Einsatz kommendes Verfahren zur Förderung von Reflexionskompetenz stellt die Unterrichtsvideografie dar (Brouwer,

Besselink & Oosterheert, 2017). Kollaborative Lerngelegenheiten im Praktikum stellen darüber hinaus eine effektive Möglichkeit dar, unterrichtsbezogene Reflexionen über die Selbstreflexion hinaus in kleineren Gruppen zu initiieren (de Zordo, Hagenauer & Hascher, 2017). In Anlehnung an Ryan und Deci (2000) sind soziale Eingebundenheit (in eine bestehende Gruppe) und die Wahrnehmung eigener Handlungswirksamkeit basale Elemente von Motivation. Dies wird über die Selbst- und Fremdreflexion eigenen unterrichtlichen Handelns in kollaborativen Lerngelegenheiten innerhalb des PS realisiert (Gröschner et al., 2018). Durch die aktive Anwendung von Reflexion (z. B. mittels videobasierter Methoden) im Vergleich zu eher theoretischen Grundlegungen in herkömmlichen Seminarkonzepten (z. B. ohne Videografien mit Thematisierung von Reflexion) kann infolgedessen eine höhere Motivation erwartet werden. Die Motivation gerät insbesondere in den Blick, da sie – folgt man etablierten professionsbezogenen Kompetenzmodellen wie dem COACTIV-Ansatz (Kunter, Kleickmann, Klusmann & Richter, 2011) – die unterschiedliche Nutzung universitärer Lerngelegenheiten beeinflusst und vorhersagt.

2.2 Erwartungs-Wert-Theorie

Forschungen zum PS nehmen Leistungsmotivation innerhalb der Begleitveranstaltungen bislang kaum in den Blick. Im Allgemeinen zeigt sich in Untersuchungen zur Lehrer/-innenbildung ein berufswahlmotivationaler Schwerpunkt (z. B. König, Rothland, Darge, Lünnemann & Tachtsoglou, 2013; Pohlmann & Möller, 2010). Ebenso werden experimentelle Designs, die im Kontext der Lernbegleitung verschiedene Seminarkonzepte (längsschnittlich) vergleichen, im PS selten angewandt (Arnold et al., 2014). Die videobasierte Lehr-Lern-Forschung fokussiert bisweilen verstärkt motivational-emotionale Entwicklungen von Schüler/-innen (z. B. Ledergerber, 2015).

Das FIT-Choice Modell (Factors Influencing Teaching Choice; Watt & Richardson, 2007) liefert über die Berufswahlmotivation einen Zugang zur leistungsmotivationalen Untersuchung in der Lehrer/-innenbildung. Mit der Erwartungs-Wert-Theorie (EVT) nach Eccles et al. (1983) liegt FIT-Choice ein Konstrukt zugrunde, welches Möglichkeiten zur Untersuchung leistungsmotivationaler Entwicklungen offeriert. Leistungsmotivation gerät insbesondere durch Erwerbs- und Anwendungssequenzen von Unterrichtsreflexionen im PS in den Blick. Erwartungen sowie der subjektive Wert bestimmter Aufgaben sagen Ziele und gleichzeitig die Aufnahme bestimmter Aktivitäten vorher (Wigfield & Cambria, 2010). Von Interesse ist infolgedessen, ob die EVT und ihre Bestandteile im PS repliziert werden können.

Die EVT stellt ein etabliertes Instrument für die Untersuchungen der Motivation von Schüler/-innen in verschiedenen Fächern dar (Wigfield & Cambria, 2010) und wird auch in Untersuchungen innerhalb des tertiären Bildungssektors angewendet

(Gorges & Kandler, 2012). Grundsätzlich werden mit der Theorie Fragen bildungs-, berufs- und leistungsbezogener Entscheidungen adressiert, die eng mit individuellen Fähigkeitsvorstellungen, Erfolgserwartungen und dem Wert verbunden sind, der einer Aufgabe zugeordnet wird (Eccles, 2005; Eccles et al., 1983; Wigfield & Eccles, 2000). Aus Erwartungen und Werten resultiert in dieser theoretischen Tradition Leistungs-/Lernmotivation, die u. a. die momentane Anstrengung (bspw. innerhalb einer Vorlesung) von Studierenden vorhersagt (Dietrich, Viljaranta, Moeller & Kracke, 2017). Zu beachten ist, dass trotz der synonymen Verwendung in der Forschungsliteratur die Begriffe Lern- und Leistungsmotivation Dissonanzen aufweisen, wobei „Lernen" konkreter auf hiermit assoziierte Lernzuwächse und „Leisten" auf Selbstverwirklichung ausgerichtet ist (Stuhlmann, 2005). In Anlehnung an Pekrun (1993) konzeptualisiert Stuhlmann (2005) Leistungsmotivation als einen Teil der umfassenden Lernmotivation und nimmt an, dass sie im Grunde ursächlich für Lernprozesse und innewohnende Ziele ist, was durch die gezeigte Anstrengung deutlich wird (Dietrich et al., 2017).

Erwartungen umfassen zum einen Fähigkeitsvorstellungen, also den Aspekt, wie kompetent sich ein Individuum im Moment bei einer Aufgabe einschätzt, und zum anderen die Erfolgserwartung bezogen auf das Erledigen zukünftiger Aufgaben. Für die Erwartungskomponente ist eine konzeptuelle Nähe zu Theorien der Selbstwirksamkeitserwartung (Bandura, 1997) oder dem Selbstkonzept (Möller & Marsh, 2013) zu konstatieren. Sowohl zur Selbstwirksamkeitserwartung als auch zu Kompetenzeinschätzungen von Studierenden konnten in Studien zum PS positive Veränderungen über die Zeit nachgewiesen werden (Gröschner, Schmitt & Seidel, 2013; Schüle, Besa, Schriek & Arnold, 2017).

Subjektive Aufgabenwerte können in (1) den leistungsbezogenen Wert einer Aufgabe, (2) den intrinsischen Wert, (3) Nützlichkeitswerte und (4) mit der Aufgabe assoziierte Kosten differenziert werden (Eccles et al., 1983). Während (1) auf die persönliche Bedeutung zielt, eine Aufgabe zu erledigen oder sie gut zu erledigen, nimmt (2) auf das Interesse oder den Genuss bei der Erledigung bestimmter Aufgaben Bezug; (3) greift den Nutzen bestimmter Aufgaben auf, die diese für das Erreichen von Kurz- und Langzeitzielen haben; (4) sind mit Aufgaben assoziierte psychische Kosten, welche durch die Erledigung einer und der Vernachlässigung anderer Aufgaben entstehen können (Eccles, 2005). Interventionen, die wie Videographien den Wert bestimmter Themen/Fachgebiete für den späteren Beruf adressieren, erweisen sich dabei als wirksam zur Steigerung von Nützlichkeitswerten (Harackiewicz, Tibbetts, Canning & Hyde, 2014).

Jüngere Forschungsbeiträge sind an einer weiteren Ausdifferenzierung des Werte-Konstrukts interessiert (Flake, Barron, Hulleman, McCoach & Welsh, 2015; Gaspard et al., 2015). Gaspard und Kolleg/-innen (2015) zeigten hierbei, dass sich die Facetten subjektiver Aufgabenwerte auf unterschiedliche interpretative Zugänge beziehen können (für eine konkrete Aufschlüsselung siehe Tabelle 1 „Skalenreliabilität"). Der prädiktive Charakter, den subjektive Aufgabenwerte und Erwartungen für verschiedene Outcomes, u. a. Leistungen, Beharrlichkeit, Anstrengungen oder die Entscheidung für bestimmte bildungsbezogene Aktivitäten und folglich die Zielerreichung und -aufrechterhaltung, haben (Wigfield & Cambria, 2010), macht sie für Unterrichtsreflexionen im PS bedeutsam. Sie determinieren demzufolge auch die Nutzung universitärer Lerngelegenheiten, können durch Methoden begünstigt werden und sagen die spätere Wiederaufnahme der vermittelten Themen und Aktivitäten voraus. Über Unterrichtsvideografien werden zudem schulbezogene Praxiserfahrungen in die Universität transferiert und so die Reflexion eigenen Lehrer/-innenhandelns ermöglicht. Durch diesen realistischen Zugang zur eigenen Handlung (Seidel et al., 2011) kann ebenso ein höheres Werte-Empfinden abgeleitet werden.

3 Die vorliegende Untersuchung

3.1 Ziel

Die Nutzung unterrichtsvideografischer Ansätze in der universitären Ausbildung angehender Lehrpersonen im Kontext der Motivation ist bedeutsam, da Studierende innerhalb ihres PS den praktischen Anteilen häufig eine höhere Bedeutung zuweisen als den Begleitveranstaltungen (Allen & Wright, 2014). Die Frage ist, inwiefern diese Einschätzung Bestand hat, wenn universitäre Begleitveranstaltungen als Lerngelegenheiten fungieren, die sowohl das Erlernen als auch das Anwenden der Reflexion von konkreten Unterrichtssituationen ermöglichen (Korthagen, 2010). Bisher ist nicht untersucht, welchen Beitrag hierbei motivationale Prozesse der Studierenden im Praktikum liefern. Der Einsatz von Unterrichtsvideografien ermöglicht realitäts- und praxisnahe Situationen, die durch die hohe subjektive Bedeutung zusätzlich motivierend und relevant für den subjektiven Lernertrag erscheinen.

Im vorliegenden Beitrag wird der Lernertrag der Studierenden von Unterrichtsreflexionen im Rahmen des PS in zwei Begleitseminaransätzen (Interventionsgruppe mittels Video: IG vs. Kontrollgruppe ohne Video: KG) untersucht. Im Mittelpunkt steht die Frage, welche Rolle hierbei die Leistungsmotivation spielt. Mit der EVT setzt die Untersuchung methodisch an einem elaborierten theoretischen Zugang an. Durch den Einsatz von Unterrichtsreflexion in zwei unterschiedlichen Seminarkonzepten sollen einerseits die Annahmen der EVT repliziert sowie Unterschiede zwischen den Gruppen untersucht werden.

3.2   Fragestellungen und Hypothesen

Aus den theoretischen Vorüberlegungen ergeben sich die folgenden Fragestellungen und Hypothesen:

F 1 Lassen sich die unterschiedlichen Dimensionen von Erwartungen und Werten faktorenanalytisch im Kontext des PS replizieren?

H 1: Es wird angenommen, dass sich Erwartungs- und Wertdimensionen gut bis ausreichend replizieren lassen. Diese Annahme wird durch den Einsatz der EVT in zahlreichen Lehr-Lern-Kontexten gestützt.

F 2 Wie verändern sich die Messmodelle sowie latenten Mittelwerte der Facetten von Erwartungen und subjektiven Aufgabenwerte in beiden untersuchten Gruppen?

H 2.1: Basierend auf den Lerngelegenheiten des Unterrichtens im PS werden Mittelwertsveränderungen in den Erwartungsfacetten erwartet, da u. a. Kompetenzen und somit auch deren Wahrnehmung durch die Studierenden direkt durch die Veranstaltungen adressiert werden.

H 2.2: Diese Veränderungen in den Erwartungen zeigen sich gruppenunabhängig.

F 3 Welche Gruppenunterschiede und Effekte zeigen sich durch den Einsatz der videobasierten Reflexion in der Veränderung (t_{2-1}) zwischen der IG und der KG?

H 3: Es wird erwartet, dass sich Nützlichkeitswerte (vor allem Nützlichkeit für den Beruf) zugunsten der IG verändern. Diese Effekte zeigen sich, da der Wert von Reflexionen für den späteren Beruf in Videographien adressiert wird.

4   Methode

4.1   Untersuchungsdesign und Stichprobe

Die quantitative Untersuchung ist in einem experimentellen Design angelegt und untersucht Studierende zu zwei Messzeitpunkten vor bzw. nach dem PS. Dabei werden zwei erziehungswissenschaftliche Begleitformate hinsichtlich der Unterrichtsreflexion verglichen. Das PS ist in Form eines fünfmonatigen Blockpraktikums realisiert, das die Begleitveranstaltungen in einem wöchentlichen Wechsel (Erziehungswissenschaft/Fachdidaktik) vorsieht. Teil der erziehungswissenschaftlichen Begleitung ist in der vorliegenden Studie die inhaltliche Auseinandersetzung mit forschungsmethodischen Grundlagen und die Realisierung eines Lernforschungsprojekts.

Angesiedelt ist die Studie im Forschungsprojekt „V-Teach" (Gröschner et al., 2018). Die Grundlage für die Analysen bildet eine standardisierte Befragung im SoSe 2017

(Vollerhebung: N = 125 Studierende[1], n_{IG} = 52; n_{KG} = 73). Die Erhebungszeitpunkte wurden in der obligatorischen Einführungsveranstaltung vor dem PS (t_1) und der Abschlussveranstaltung (t_2) realisiert. Die Studierenden (Alter: M = 22.73, SD = 3.23, Range = 19-37; 63.2 % weiblich) befanden sich im 5. bzw. 6. Fachsemester (M = 5.73, SD = 1.72) und waren entweder für das Regelschul- (12 %) oder das Gymnasiallehramt (88 %) immatrikuliert. Die Studierenden wurden randomisiert der IG bzw. der KG zugewiesen.

Die Studierenden der IG reflektierten im Rahmen eines Begleitseminars eigene videografierte Unterrichtseinheiten in Kleingruppen mithilfe eines Ansatzes zum onlinebasierten Videofeedback (Gröschner et al., 2018). Hierzu stellten sie einen ca. 5- bis 8-minütigen Videoausschnitt aus einer Unterrichtsstunde in ein persönliches Forum der hierfür adaptierten digitalen Lehr- und Lernplattform ein. Die Kleingruppe (3-4 Studierende) wurde anschließend aufgefordert, kriteriengeleitet Rückmeldung zu geben (siehe Kleinknecht & Gröschner, 2016). Nebst dem strukturierten Feedback durch Mitstudierende erhielten die Studierenden der IG zudem eine Rückmeldung durch Dozierende. Als KG fungierte eine Gruppe Studierender, die Unterrichtsreflexion thematisch im Kontext eines zweiten Begleitseminarformats (ohne Video und somit ohne systematische Bezugnahme zu eigenem Unterricht) unternahm. In beiden Gruppen dient als Abschlussleistung ein schriftlicher Forschungsbericht, der im konkreten Rückbezug zu den in beiden Ansätzen konstant gehaltenen thematischen Schwerpunkten in den Kleingruppen steht.

4.2 Operationalisierung und Datenanalyse

In der Studie wurden die Skalen von Gaspard et al. (2015) zu subjektiven Aufgabenwerten (Bsp. „Gute Leistungen bei der Unterrichtsreflexion sind mir wichtig.") eingesetzt. Zudem wurden die Kompetenzselbsteinschätzungen (Bsp. „Ich habe keine Probleme, andere Studierende bei der Unterrichtsreflexion zu beraten.") und die Erfolgserwartung (Bsp. „Meine Kenntnisse in Unterrichtsreflexion sind gut genug, um im Lehrerberuf erfolgreich zu bestehen.") nach Gorges und Kandler (2012) erfasst. Die subjektiven Aufgabenwerte wurden auf einer 4-Punkt-Likert-Skala von 1 (stimmt gar nicht) bis 4 (stimmt genau) erhoben. Die Kompetenzselbsteinschätzungen und Erfolgserwartungen wurden mit einem 6-stufigen Ant-

---

[1] Diese Angabe bezieht sich auf den t_1; zu t_2 konnten N = 95 (n_{IG} = 50; n_{KG} = 45) verwertbare Datensätze in die Analysen einfließen. Der Drop-out innerhalb der KG lässt sich auf die Erhebung im Rahmen einer gesonderten Abschlussveranstaltung am Semesterende zurückführen, in der alle Kurse (n = 3) der KG befragt wurden, an der jedoch nicht mehr alle Studierenden der KG teilnehmen mussten. Auf Item-Ebene wurden fehlende Werte mit MCAR-Test überprüft. Die Ergebnisse unterstreichen, dass Ausfälle „completely at random" sind.

wortformat von 1 (trifft nicht zu) bis 6 (trifft genau zu) erfasst. Um die Items der Skalen für den Kontext Unterrichtsreflexion einzusetzen, wurden diese inhaltlich adaptiert. Für die Reliabilitätsanalyse der verwendeten Messinstrumente wurde die Skalenreliabilität ρ (Raykov, 2009) bestimmt, die Vorteile bei Analysen mit latenten Variablen bietet.

Für die Beantwortung der ersten Forschungsfrage wurden konfirmatorische Fakto-renanalysen (CFA) unter Berücksichtigung der gesamten Stichprobe (prä/post) berechnet. Die Fit-Indizes wurden hinsichtlich der Cutoff-Kriterien (Hu & Bentler, 1999) betrachtet. Relative Kriterien zur Anpassungsgüte wie der Comparative Fit Index (CFI) sowie der Tucker-Lewis Index (TLI) sollten Werte $\geq$ .90 für einen ausrei-chenden und $\geq$ .95 für einen guten Fit des Modells erreichen. Absolute Kriterien zur Anpassungsgüte wie die Root Mean Square Error of Approximation (RMSEA) oder die Standardized Root Mean Square Residual (SRMR) sollten Werte $\leq$ .06 bzw. $\leq$ .08 annehmen. Aufgrund der Anfälligkeit der Güte der RMSEA und SRMR für kleinere Stichproben (N $\leq$ 100) (Chen, Curran, Bollen, Kirby & Paxton, 2008) schlägt Little (2013) eine Lockerung der Cutoff-Kriterien vor. Demnach sind Model-le mit RMSEA-Werten von .10 akzeptabel. Analog dazu werden CFI- sowie TLI-Werte zwischen .85 bis .90 als mittelmäßig angesehen. Da neben der Stich-probengröße ebenso differenzielle Anforderungen an Faktorzahl oder Höhe der Ladungen gestellt werden (Wolf, Harrington, Clark & Miller, 2013), wurden auf Basis des vorliegenden Samples zum einen die angenommenen Dimensionen der EVT als separate CFA-Modelle (z. B. Nützlichkeitswerte als fünffaktorielles Modell) berechnet. Zum anderen wurden bei Modellen $\geq$ 5 Faktoren (Nützlichkeitswerte) zusätzlich ESEM-Analysen (Asparouhov & Muthén, 2009) durchgeführt. Diese las-sen Kreuzladungen zu und sind folglich weniger restriktiv als CFA-Modelle.

Zur Beantwortung der zweiten und dritten Fragestellung wurden zunächst Verän-derungen zwischen den Messzeitpunkten mittels true change-Modellen (Steyer, Eid & Schwenkmezger, 1997) exploriert. True change-Modelle erlauben die Über-prüfung latenter Mittelwertsveränderungen. Die Mittelwerte der Differenzvariable können als tatsächliche Veränderung zwischen den Messzeitpunkten interpretiert werden. Als wesentlicher Aspekt für die Anwendung wird die starke faktorielle Invarianz eines Konstruktes angesehen. Folgende Analyseschritte wurden im Rah-men der Überprüfung latenter Veränderungen durchgeführt: Um die Vorausset-zungen für true change-Modellierungen zu überprüfen, wurde zunächst die Invarianz überprüft. Sollte die Annahme starker Invarianz nicht erfüllt sein, wurden die Veränderungen der Mittelwertstruktur in den true change-Modellen zusätzlich mit ANOVAs überprüft. Dasselbe Vorgehen wurde unternommen, wenn die Fit-Statistiken der true change-Modelle einen noch akzeptablen Bereich (Little, 2013) unterschritten. Die Invarianzannahmen wurden für Modelle separat mit ESEM-

Analysen überprüft. Sollte ein stark-invariantes von einem schwach-invarianten Modell signifikant abweichen, indes lediglich marginale Unterschiede bspw. in den relativen Gütekriterien (TLI/CFI) vorzufinden sein, kann u. a. zusätzlich das Bayes'sche Informationskriterium (BIC) betrachtet werden (van de Schoot, Lugtig & Hox, 2012). Wird ein niedrigerer Wert für das restriktivere stark-invariante Modell vorgefunden, so kann die Annahme starker Invarianz unterstützt werden. Anschließend wurden Gruppenunterschiede in den Mittelwerten latenter Differenzvariablen mit t-Tests untersucht und Effektstärken (Cohen's d) bestimmt.

Die Modellierung latenter Variablen erfolgte mit Mplus 7.4 (Muthén & Muthén, 1998-2015). Es wurde die FIML-Schätzprozedur (Full Information Maximum Likelihood) für alle Modelle verwendet, um möglichst viele Daten unter Berücksichtigung der vorliegenden Stichprobengröße in die Berechnungen zu inkludieren.

Tabelle 1:   Skalenreliabilität ρ (t$_1$/t$_2$)

Skala/Subfacette (Itemanzahl)	ρ (t$_1$)	ρ (t$_2$)
Erwartungen		
Erfolgserwartung (3)	.88	.84
Kompetenzselbsteinschätzung (6)	.76	.84
Intrinsische Werte (4)	.81	.91
Bedeutungswerte		
Bedeutung von Leistung (3)	.88	.88
Persönliche Bedeutung (6)	.76	.81
Nützlichkeitswerte		
Allgemeiner Nutzen für Zukunft (5)	.78	.87
Nutzen für Alltag (3)	.79	.83
Nutzen für Beruf (5)	.83	.85
Nutzen für Universität (5)	.82	.84
Sozialer Nutzen (6)	.82	.78
Kosten		
Anstrengung (4)	.85	.90
Emotionale Kosten (4)	.76	.83
Opportunitätskosten (3)	.89	.88

Anmerkung: Reliabilitätskoeffizient ρ (rho)

Vor Betrachtung der Faktoren gemäß den Forschungsfragen wurden zunächst Reliabilitätswerte bestimmt und Korrelationen gebildet. Die Ergebnisse der Reliabilitätsanalysen sind in Tabelle 1 dargestellt und sind zufriedenstellend. Die psychometrische Güte lässt sich anhand dieser Kennwerte ähnlich zu den Originalskalen einstufen (Gaspard et al., 2015). Die Korrelationen (Anhang) weisen zwischen einzelnen Facetten der Werte mittlere, punktuell hohe Zusammenhänge auf. Die Korrelation zwischen den emotionalen Kosten und Opportunitätskosten ($r = .86$) ist zu t_2 hoch. Ähnlich hoch liegt die Korrelation zwischen dem Nutzen für Universität und dem Nutzen für Beruf.

5   Ergebnisse

5.1   Replikation der Erwartungs-Wert-Theorie

Die Ergebnisse der CFAs sind in Tabelle 2 dargestellt. Insgesamt zeigen sich zu t_1 gute Fit-Indizes. Da die Nützlichkeitswerte über beide Messzeitpunkte eher schlechte Fits aufweisen und zudem über fünf Faktoren verfügen, wurden zusätzlich ESEM-Analysen für beide Messzeitpunkte durchgeführt, wobei aufgrund der theoretischen Vorüberlegungen eine feste Faktoranzahl (5) vorgegeben wurde. Diese zeigt gute bis akzeptable Fit-Indizes zu t_1 ($\chi^2(166) = 258.85$, $p < .001$, CFI = .942, TLI = .904, RMSEA = .067, SRMR = .039) und mittelmäßige bis gute Indizes zu t_2 ($\chi^2(166) = 349.22$, $p < .001$, CFI = .883, TLI = .805, RMSEA = .109, SRMR = .039) mit Ausnahme des TLI sowie der RMSEA. Die Fit-Indizes der mittels CFAs berechneten Facetten weisen zu t_2 allgemein akzeptable Werte in den relativen Kriterien zur Anpassungsgüte auf. Als problematisch sind die absoluten Kriterien zur Anpassungsgüte zu betrachten, was insbesondere die RMSEA-Werte betrifft.

Tabelle 2:   Konfirmatorische Faktorenanalyse (t_1/t_2)

Modell	χ^2	df	p	CFI	TLI	RMSEA	SRMR
Intrinsisch							
1-Faktor	11.76	2	.003	.940	.821	.199	$.042^1$
	12.00	2	.003	.963	.889	.232	$.028^2$
Bedeutung							
2-Faktor	45.12	33	.078	.970	.960	.054	$.052^1$
2nd order	45.12	33	.078	.970	.960	.054	$.052^1$
2-Faktor	63.73	33	.001	.932	.908	.100	$.061^2$
2nd order	63.73	33	.001	.932	.908	.100	$.061^2$

Modell	χ^2	df	p	CFI	TLI	RMSEA	SRMR
Nützlichkeit							
5-Faktor	485.64	242	<.001	.849	.828	.090	.104[1]
2nd order	502.47	247	<.001	.842	.823	.091	.110[1]
5-Faktor	616.69	242	<.001	.761	.727	.129	.121[2]
2nd order	646.79	247	<.001	.745	.715	.132	.149[2]
Kosten							
3-Faktor	48.18	41	.205	.987	.983	.038	.045[1]
2nd order	48.18	41	.205	.987	.983	.038	.045[1]
3-Faktor	99.74	41	<.001	.918	.890	.123	.055[2]
2nd order	99.74	41	<.001	.918	.890	.123	.055[2]
Erwartungen							
2-Faktor	35.76	26	.096	.973	.962	.056	.059[1]
2nd order	35.76	25	.075	.970	.957	.060	.059[1]
2-Faktor	63.75	26	<.001	.902	.865	.126	.063[2]
2nd order	63.75	25	<.001	.900	.856	.130	.063[2]

Anmerkungen: χ^2 = Chi-Quadrat-Wert; df = Freiheitsgrade; p = p-Wert; CFI = Comparative Fit Index; TLI = Tucker-Lewis Index; RMSEA = Root Mean Square Error of Approximation; SRMR = Standardized Root Mean Square Residual; [1] = Fit-Indizes t_1; [2] = Fit-Indizes t_2.

5.2 Veränderungen von Erwartungen und Werten bezogen auf Unterrichtsreflexion

5.2.1 Voranalysen: Invarianz

Grundsätzlich sind die Fits der auf Invarianz getesteten Modelle als akzeptabel zu betrachten. Für den intrinsischen Wert ist laut χ^2-Differenztest das schwach-invariante Modell zu favorisieren (Tabelle 3). Marginale Unterschiede der CFI-/TLI-Werte sowie niedrigere Werte für das BIC unterstützen die Annahme starker Invarianz. Für die zwei Faktoren der Erwartungen – Kompetenzselbsteinschätzung und Erfolgserwartung – ist das schwach-invariante Modell zu bevorzugen. Für die Nützlichkeitswerte konnte ein Faktor (allgemeiner Nutzen für die Zukunft) identifiziert werden, welcher der Annahme starker Invarianz widerspricht, sodass die Ergebnisse in Tabelle 3 Modelle ohne Berücksichtigung dieses Faktors zeigen (siehe zudem Tabelle 4). Für die Modellierung der Veränderung des allgemeinen Nutzens, der Kompetenzselbsteinschätzung sowie der Erfolgserwartung wurde aufgrund datenanalytischer Restriktionen zusätzlich auf ANOVAs zurückgegriffen, um die

Mittelwerte der Messmodelle zu prüfen (Tabelle 6). Dabei können für die betroffenen Modelle mit Ausnahme des allgemeinen Nutzens für die Zukunft[2] ähnliche Werte und Effekte erzielt werden.

Tabelle 3:   Invarianzüberprüfungen auf Basis von ESEM-Berechnungen*

Modell	χ^2	df	CFI	TLI	RMSEA	SRMR	$\Delta\chi^2$	Δdf	p
Intrinsisch	43.74	18	.944	.912	.102	.080[1]			
	54.38	22	.929	.910	.103	.089[2]	10.63	4	.031
Bedeutung	259.87	154	.889	.864	.070	.096[1]			
	271.57	164	.888	.870	.069	.108[2]	11.70	10	.306
Nützlichkeit	753.90	520	.903	.883	.057	.083[1]			
	780.26	538	.900	.883	.057	.087[2]	26.36	18	.092
Kosten	288.83	175	.918	.892	.069	.069[1]			
	303.11	186	.916	.895	.068	.069[2]	14.29	11	.218
Erwartungen	193.53	120	.911	.886	.067	.082[1]			
	271.03	129	.827	.795	.090	.214[2]	77.50	9	< .001

Anmerkungen: Berücksichtigte Modelle entsprechen der in CFAs verwendeten Faktorzahl; alle χ^2-Statistiken waren bei p < .001 signifikant; [1] = schwach-invariante Modelle; [2] = stark-invariante Modelle; * = mit Ausnahme des einfaktoriellen Modells „intrinsischer Wert" ohne Kreuzladungen

5.2.2 Veränderungen

Die Stichprobengrößen sind für die true change-Modelle durch die Aufteilung des Datenfiles in IG/KG relativ gering. Fits für die Modelle der persönlichen Bedeutung, des sozialen Nutzens und des Nutzens für die Universität liegen unter dem als akzeptabel betrachteten Bereich (Tabelle 4). Für diese Modelle wurden zusätzlich ANOVAs mit Messwiederholung berechnet, womit die modellimplizierten Veränderungen auf manifester Ebene (Tabelle 6) bestätigt werden können. Für die persönliche Bedeutung resultieren trotz statistisch signifikantem Interaktionseffekt vergleichbare Ergebnisse, dargestellt durch den signifikanten Zeiteffekt sowie den nicht-signifikanten Gruppeneffekt.[3]

---

[2]   Es lässt sich ein signifikanter Zeiteffekt ($F_{(1, 78)}$ = 4.78, p = .032, η_{p2} = .058), jedoch kein statistisch signifikanter Interaktionseffekt ($F_{(1, 78)}$ = 1.96, p = .165) feststellen.

[3]   Zeiteffekt ($F_{(1, 78)}$ = 7.90, p < .01, η_{p2} = .092); Interaktionseffekt ($F_{(1, 78)}$ = 4.07, p < .05, η_{p2} = .050); Gruppeneffekt ($F_{(1, 78)}$ = .415, p = .522).

Tabelle 4: Fit-Indizes der true change-Modelle

Modell	n	χ^2	df	CFI	TLI	RMSEA	SRMR
Bedeutung von	52	15.76	12	.976	.969	.078	.170
Leistung	73	22.44*	12	.942	.927	.109	.209
Persönliche	52	102.05	86	.860	.851	.060	.178
Bedeutung	73	184.15***	86	.687	.668	.125	.258
Intrinsischer Wert	52	20.28	25	1.00	1.03	.000	.133
	73	59.64***	25	.870	.854	.138	.147
Allgemeiner Nutzen	52	101.38***	42	.760	.743	.165	.166
für Zukunft	72	90.14***	42	.829	.817	.126	.152
Nutzen für Alltag	52	16.95	12	.974	.967	.089	.168
	71	21.15*	12	.928	.910	.104	.159
Nutzen für Beruf	52	64.70*	42	.920	.914	.102	.166
	70	87.50***	42	.862	.852	.124	.222
Nutzen für	52	90.77***	42	.828	.816	.149	.180
Universität	71	71.39**	42	.897	.890	.099	.183
Sozialer Nutzen	52	75.68**	42	.824	.812	.124	.185
	71	92.01***	42	.772	.755	.130	.208
Anstrengung	52	56.76***	25	.889	.876	.156	.178
	71	48.32**	25	.894	.882	.115	.208
Emotionale Kosten	52	43.62*	25	.896	.884	.120	.132
	71	27.39	25	.975	.972	.037	.144
Opportunitätskosten	52	12.88	12	.995	.994	.038	.102
	69	29.80**	12	.902	.877	.147	.125
Erfolgserwartung	52	18.02	12	.962	.952	.098	.167
	70	14.07	12	.987	.984	.050	.115
Kompetenzselbstein-	52	157.70***	63	.569	.548	.170	.177
schätzung	70	93.22**	63	.877	.871	.083	.183

Anmerkungen: * = p < .05, ** = p < .01, *** = p < .001; n = verwertbare Datensätze für die Veränderungsmodelle. Die kleinere Stichprobengröße entspricht der IG.

Tabelle 5: Latente Mittelwerte, Signifikanztest der Differenzvariablen sowie Effektstärken

Latente Variable	$t_{1\ IG}$ $M\ (s^2)$	$t_{2-1\ IG}$ $M\ (s^2)$	$t_{1\ KG}$ $M\ (s^2)$	$t_{2-1\ KG}$ $M\ (s^2)$	$\|t\|_{(df)}\ (p)$	$\|d\|$
Bedeutung von Leistung	3.29 (.238)	-.042 (.203)	3.31 (.284)	.059 (.165)	$t_{(123)} = 1.31$ (.193)	.238
Persönliche Bedeutung	3.75 (.072)	-.133 (.156)	3.67 (.152)	-.171 (.087)	$t_{(123)} = .616$ (.539)	.112
Intrinsischer Wert	2.77 (.124)	-.187* (.198)	2.67 (.225)	-.060 (.335)	$t_{(123)} = 1.33$ (.187)	.241
Allg. Nutzen für Zukunft	3.19 (.193)	-.550** (.554)	3.04 (.235)	-.029 (.305)	$t_{(122)} = 4.48$ (< .001)	.814
Nutzen für Alltag	2.83 (.434)	-.405* (.494)	2.72 (.251)	-.112 (.383)	$t_{(121)} = 2.45$ (.016)	.447
Nutzen für Beruf	2.92 (.182)	-.023 (.365)	2.94 (.265)	.077 (.253)	$t_{(120)} = .996$ (.321)	.182
Nutzen für Universität	3.10 (.211)	-.088 (.262)	3.06 (.297)	.175 (.173)	$t_{(121)} = 3.14$ (< .01)	.573
Sozialer Nutzen	2.96 (.237)	-.022 (.288)	3.13 (.296)	-.069 (.297)	$t_{(121)} = .475$ (.635)	.087
Anstrengung	2.46 (.223)	.005 (.528)	2.28 (.281)	.295 (.439)	$t_{(121)} = 2.30$ (.023)	.420
Emotionale Kosten	1.52 (.160)	.107 (.384)	1.50 (.137)	-.017 (.164)	$t_{(121)} = 1.32$ (.182)	.245
Opportunitätskosten	1.90 (.421)	.079 (.433)	1.95 (.260)	-.047 (.196)	$t_{(119)} = 1.26$ (.211)	.231
Erfolgserwartung	3.06 (.854)	1.22** (1.16)	3.20 (.934)	1.26** (1.64)	$t_{(120)} = .182$ (.856)	.033
Kompetenzselbsteinschätzung	3.69 (.325)	.734** (.546)	3.93 (.621)	.582* (.494)	$t_{(120)} = 1.16$ (.250)	.212

Anmerkungen: M t_1 = latenter Mittelwert Messzeitpunkt 1; M t_{2-1} = latenter Mittelwert der Differenzvariable; s^2 = Varianz der latenten Mittelwerte; * = signifikant von Null verschieden bei p < .05; ** = bei p ≤ .001; p = p-Wert für den Gruppenunterschied zwischen latenten Differenzvariablen auf Basis von t-Test; d = Cohen's d als Maß für Effektstärke.

In Bezug auf die zweite Forschungsfrage zeigen sich über beide Gruppen in der Kompetenzselbsteinschätzung und Erfolgserwartung signifikant positive Entwicklungen (Tabelle 5). Die Facetten der Nützlichkeitswerte wie auch des leistungsbezogenen Bedeutungswertes bleiben mit Ausnahme des Nutzens für den Alltag in der IG über das PS relativ zeitstabil. Zusätzlich weist der intrinsische Wert in der IG einen signifikanten Rückgang auf.

5.2.3 Effekte der Intervention

Keine signifikanten Effekte können für beide Erwartungsfacetten und den Nutzen für den Beruf festgestellt (Tabelle 5) werden. Signifikante Effekte zeigen sich für den Nutzen für den Alltag sowie den Nutzen für die Universität (hier durch Zunahme in der KG, Abnahme in der IG). Zwischen beiden Gruppen tritt hinsichtlich (negativer) emotionaler Anstrengungen ein signifikanter Effekt auf (zugunsten der KG). Die weiteren Faktoren (intrinsischer Wert, Bedeutung von Leistung, emotionale Kosten und Opportunitätskosten) weisen tendenzielle, jedoch keine statistisch signifikanten Effekte auf.

Tabelle 6:   Manifeste Mittelwerte und Standardabweichungen

Skala	$t_{1\,(IG)}$ M (SD), n	$t_{2\,(IG)}$ M (SD)	$t_{1\,(KG)}$ M (SD), n	$t_{2\,(KG)}$ M (SD)
Persönliche Bedeutung	3.35 (.30), n = 45	3.12 (.42)	3.31 (.45), n = 35	3.23 (.55)
Allg. Nutzen für Zukunft	3.15 (.47), n = 45	2.85 (.62)	2.99 (.55), n = 35	2.93 (.57)
Nutzen für Universität	3.19 (.48), n = 45	3.05 (.42)	3.22 (.58), n = 33	3.35 (.50)
Sozialer Nutzen	2.46 (.52), n = 45	2.34 (.55)	2.52 (.56), n = 34	2.53 (.64)
Erfolgserwartung	3.14 (.98) n = 45	4.37 (.79)	3.12 (1.13) n = 33	4.66 (.84)
Kompetenzselbsteinschätzung	3.50 (.65), n = 45	4.01 (.78)	3.79 (.76), n = 33	4.32 (1.05)

Anmerkungen: n = Stichprobegröße bei Verwendung des listenweisen Fallausschlusses.

6   Diskussion

Der vorliegende Beitrag nahm vor dem Hintergrund fehlender Forschungsbeiträge die Bedeutung der Leistungsmotivation im Rahmen der universitären Lernbegleitung im PS auf der Basis eines Erwartungs-Wert-Ansatzes (Gaspard et al., 2015; Gorges & Kandler, 2012) in den Blick. Motivation ist ein zentrales Merkmal professioneller Kompetenz im Lehrer/-innenberuf. Durch motivationale Voraussetzungen wird der Lernertrag der Professionalisierung mitbestimmt (Kunter et al., 2011). Im Kontext schulpraktischer Studien werden Unterrichtsvideografien als Werkzeug zur Reflexion des Lehrer/-innenhandelns als motivierend angesehen (Blomberg, Renkl, Sherin, Borko & Seidel, 2013). Neue Erkenntnisse liefert der Beitrag dabei zum Einsatz von Skalen basierend auf der EVT im PS, erwarteten Veränderungen der Leistungsmotivation im Verlauf des PS sowie Effekten in der videobasierten vs. nicht-videobasierten Unterrichtsreflexion.

Die Bestandteile der EVT (Eccles et al., 1983) konnten erwartungskonform repliziert werden (H 1 bestätigt). Die auftretenden Korrelationen weisen Ähnlichkeiten zu vorherigen Untersuchungen subjektiver Aufgabenwerte auf (Gaspard et al., 2015) und indizieren eine gute bis ausreichende Trennung der einzelnen Konstrukte. Punktuell hohe Korrelationen zwischen einzelnen Wertfacetten lassen sich auf erhöhte Anforderungen, insbesondere zum Ende des PS (Jantowski & Ebert, 2014), zurückführen (wie z. B. Arbeit in den Online-Foren/Anfertigung von Hausarbeiten zum Erreichen der erforderlichen Prüfungsleistungen). Dabei zeigt sich, dass Faktoren des Nutzens und der Kosten in Bezug auf eine berufsbezogene Anforderung (wie der Unterrichtsreflexion) mit weiteren Anforderungen des Studiums in intensiven Arbeitsphasen eng verbunden sind. Die Komplexität des Lehrer/-innenhandelns lässt sich somit in Bezug auf motivationale Aspekte kaum unabhängig betrachten, sondern steht im Kontext der gesamten Nutzung individueller und institutioneller Lerngelegenheiten (Gröschner & Hascher, in Druck).

Die Struktur der Facetten von Erwartungen (Gorges & Kandler, 2012) und Werten (Gaspard et al., 2015) kann durch die Studie im Rahmen des PS unterstrichen werden und liefert Hinweise auf die Bedeutung für die Leistungsmotivation in diesem Professionalisierungsabschnitt. Die Analysen (2nd order) unterstreichen zudem die von Eccles et al. (1983) als übergeordnet angenommenen Faktoren subjektiver Aufgabenwerte und Erwartungen auch im Kontext der Lerngelegenheiten im PS. Einzig die ermittelten Modell-Fits für Nützlichkeitswerte (sowohl erster als auch zweiter Ordnung) lassen die Fünf-Faktorlösung als nicht hinreichend erscheinen. Diesbezüglich besteht Bedarf an weiterführenden Analysen, die die Faktorstruktur der Nützlichkeitswerte im PS erneut untersuchen. Hierbei ist zu berücksichtigen, dass in der vorliegenden Studie die Invarianzüberprüfungen ohne das Konstrukt des allgemeinen Nutzens durchgeführt wurden. Auch für die

Erwartungsfacette widersprechen die Ergebnisse der Annahme starker Invarianz. Dies kann den Hinweis darauf liefern, dass die Konstrukte von Erwartungen und Werten sich über das PS verändern und z. T. unterschiedlich interpretiert werden (siehe van de Schoot et al., 2012). Künftige Untersuchungen sollten daher für die Unterrichtreflexion berücksichtigen, dass die Erwartungs-Wert-Konstrukte insgesamt zeitinvariant abgebildet werden können. Die vorliegende Studie lieferte hierzu bislang nicht untersuchte Erkenntnisse.

In Bezug auf die zweite Forschungsfrage resultierten Veränderungen in beiden Gruppen bzgl. der Erwartungen und Kompetenzselbsteinschätzungen (H 2.1/2.2. bestätigt). Hinsichtlich der dritten Forschungsfrage zeigten sich Unterschiede auf Basis der videobasierten Reflexionen in den Facetten Nutzen für den Alltag (Rückgang zugunsten der IG) und dem Nutzen für die Universität (Anstieg KG, Rückgang IG). Für den Nutzen für den Beruf resultieren weder ein Zeit- noch ein Interaktionseffekt (H 3 nicht bestätigt).

Sowohl Erwartungen als auch Kompetenzeinschätzungen der Studierenden veränderten sich erwartungsgemäß in beiden Gruppen. Unabhängig von der methodischen Ausgestaltung des Seminars fühlen sich Studierende nach dem PS kompetenter und erwarten, bei Themen der Unterrichtsreflexion erfolgreich bestehen zu können. Die Zunahme von Kompetenzselbsteinschätzungen wie auch der Erfolgserwartung deckt sich mit Befunden für das PS (Gröschner et al., 2013; Schüle et al., 2017). Diese Ergebnisse für Erwartungen sind in Beziehung zum leistungsbezogenen Bedeutungswert zu betrachten. Die prädiktive Bedeutung dieser Werte für bildungs- und leistungsbezogene Entscheidungen wie präferierte Kursentscheidungen ist dabei von besonderem Interesse (z. B. Faver, 1982). Für das PS verdeutlicht der Befund, dass die universitären Begleitungen bei schulpraktischen Erfahrungen die relative Stabilität hoher Merkmalsausprägungen begünstigen können. Damit zeigt sich, dass das Thema Unterrichtsreflexion und damit ein wesentlicher Bestandteil der Analyse unterrichtlichen Lehrer/-innenhandelns und der Lehrer-Schüler-Interaktion (Gröschner et al., 2018) im Rahmen des PS auch aus Sicht der Motivation als relevant angesehen werden kann.

Der Rückgang intrinsischer Werte kann über die abgeschlossene systematische Begleitung am Ende des PS interpretiert werden. So berichten Shim und Ryan (2005) ebenfalls vom Rückgang des intrinsischen Wertes nach einer intensiven Studienphase respektive nach Abgabe und Benotung ihrer ersten Studien-/Prüfungsleistung. Im Kontext der vorliegenden Studie kann dies unter Rückbezug auf den Abschluss der Teilprüfungsleistung (IG: Upload der Videos, Kommentierung, Lernforschungsprojekt mit Video; KG: Planung, Durchführung und Auswertung eines Lernforschungsprojekts zum Unterricht ohne Video) interpretiert werden. Nach Beendigung der Seminarleistungen wird „Freude" oder „Genuss" durch die

Unterrichtsreflexion in beiden Gruppen niedriger eingestuft als noch in der Auf-
taktveranstaltung, weil die schulpraktische Erfahrung abgeschlossen ist, jedoch die
leistungsbezogene universitäre Erfahrung aufgrund der Prüfung noch anhält.
Heterogen ist die Befundlage für die Nützlichkeitswerte. Relevant ist in diesem
Zusammenhang die durch König, Rothland, Tachtsoglou und Klemenz (2016)
festgestellte Abnahme extrinsischer Motive während der ersten zwei Studienjahre.
So konnten auch in der IG für den allgemeinen Nutzen von Unterrichtsreflexion für
die Zukunft sowie den Nutzen für den Alltag ähnliche abnehmende Muster festgestellt werden. Dies ist erwartungswidrig, da insbesondere für den Aspekt Nützlichkeit für den Beruf die Rolle von Unterrichtsreflexionen als vielversprechend
eingestuft wurde (vgl. Kleinknecht & Gröschner, 2016). Zur Diskussion der Befunde
können Kontextfaktoren wie die Qualität schulischer Unterrichtsbesprechungen
(Futter, 2017), die Beziehung zu den Praktikumslehrpersonen (Jaspers, Meijer, Prins
& Wubbels, 2014) oder den peers (de Zordo et al., 2017) sowie Aspekte der Qualität und Quantität des Feedbacks in den Foren mit in Betracht gezogen werden.
Signifikante Rückgänge des alltagsbezogenen Nutzens sowie des allgemeinen
Nutzens für die Zukunft in der IG sprechen zudem dafür, dass sich das Bild professioneller und systematischer Reflexionsansätze, die im Rahmen des Begleitsemi-
nars im Mittelpunkt standen, verfestigt hat. Insgesamt lässt sich für die vorliegende
Untersuchung festhalten, dass der Nutzen von Unterrichtsreflexion relativ hoch
eingeschätzt wird. Auch für die Kosten kann eine relative Stabilität konstatiert
werden, wenngleich sich beide Gruppen in den emotionalen Anstrengungen unterscheiden. Der mittlere Effekt unterstreicht dabei eine Tendenz: Studierende der
IG empfanden durch den Begleitcharakter der Unterrichtsvideografie weniger
Anstrengungen, was vor allem für die methodische Ausgestaltung von forschungs-
bezogenen Begleitseminaren im PS relevant ist (Klewin & Koch, 2017). Videografien weisen offenbar in der vorliegenden Untersuchung durch einen
systematischeren Begleitcharakter weniger Anstrengungen auf als andere Lern-
forschungsansätze.

Auf Limitationen der Studie soll nachfolgend eingegangen werden: So ist aufgrund
der Heterogenität des PS in Deutschland die Generalisierbarkeit der Ergebnisse nur
begrenzt gegeben (Gröschner et al., 2015). Als weitere Grenze der Studie ist die für
die Art der durchgeführten Analysen verhältnismäßig kleine Stichprobe zu nennen.
So mussten sechs Modelle zusätzlich über eine ANOVA mit Messwiederholung
anhand manifester Werte überprüft werden, was z. T. auf fehlende Invarianz zurückgeführt werden kann. Des Weiteren wurden Fit-Indizes auf Basis der vorliegenden Stichprobengröße anhand weniger restriktiver Kriterien interpretiert.
Dennoch konnte die Studie aufgrund ihres multimethodalen Ansatzes weitgehend
auf latente Analysen zurückgreifen und erlaubt einen ersten Blick auf leistungs-

motivationale Erwartungen und Werte in universitären Lerngelegenheiten. Sie liefert somit erstmals einen Einblick in leistungsmotivationale Orientierungen im PS auf Basis der EVT.

Die Resultate skizzieren ein Bild von möglichen Veränderungen und sind geprägt von hohen Merkmalsausprägungen hinsichtlich der Unterrichtsreflexion. Die Aufgabenschwierigkeit für Erwartungen wie auch Werte bilden wichtige Bezugsquellen (Wigfield & Cambria, 2010; Wigfield & Eccles, 2000) für weitere Untersuchungen. Etwaige Deckeneffekte, die sich für Nützlichkeitswerte und leistungsbezogene Bedeutungen ergeben können, sollten dabei einfließen. Künftige Untersuchungen sollten zudem Aspekte der negativen emotionalen Anstrengung weiter in den Blick nehmen. Die vorliegenden Ergebnisse verweisen auf logische Rückgänge im Bereich der Nützlichkeit. Gleichsam erfährt die berufsbezogene Nützlichkeit entgegen der Hypothese (H 3) keinen Zuwachs. Vor diesem Hintergrund sollten Seminarkonzeptionen noch deutlicher den kontinuierlichen Lerncharakter der Unterrichtsreflexion adressieren, deren Bedeutung für den beruflichen Professionalisierungsprozess betonen und gegebenenfalls hierzu bereits Lernanlässe vor dem PS offerieren (z. B. durch den Einsatz von fremden Unterrichtsfällen). Zusammenfassend stellt die Berücksichtigung motivationaler Orientierungen einen vielversprechenden Entwicklungsaspekt dar, der in innovativen und lernwirksamen Ansätzen zur Begleitung schulpraktischer Erfahrungen weiter ausgebaut werden sollte.

Literatur

Allen, J. M. & Wright, S. E. (2014). Integrating theory and practice in the pre-service teacher education practicum. Teachers and Teaching: Theory and Practice, 20 (2), 136-151.

Arnold, K. H., Gröschner, A. & Hascher, T. (Hrsg.). (2014). Schulpraktika in der Lehrerbildung: Theoretische Grundlagen, Konzeptionen, Prozesse und Effekte. Münster: Waxmann.

Asparouhov, T. & Muthén, B. (2009). Exploratory structural equation modeling. Structural Equation Modeling, 16, 397-438.

Bandura, A. (1997). Self-efficacy: The exercise of control. New York, NY: W. H. Freeman.

Blomberg, G., Renkl, A., Sherin, M. G., Borko, H. & Seidel, T. (2013). Five research-based heuristics for using video in pre-service teacher education. Journal for Educational Research Online, 5 (1), 90-114.

Borko, H., Michalec, P., Timmons, M. & Siddle, J. (1997). Student teaching portfolios: A tool for promoting reflective practice. Journal of Teacher Education, 48 (5), 345-357.

Brouwer, N., Besselink, E. & Oosterheert, I. (2017). The power of video feedback with structured viewing guides. Teaching and Teacher Education, 66, 60-73.

Chen, F., Curran, P. J., Bollen, K. A., Kirby, J. & Paxton, P. (2008). An empirical evaluation of the use of fixed cutoff points in RMSEA test statistic in structural equation models. Sociological Methods and Research, 36, 462-494.

de Zordo, L., Hagenauer, G. & Hascher, T. (2017). Verschiedene Formen des Teamteaching als Lerngelegenheiten im kooperativen Praktikum. In A. Kreis & S. Schnebel (Hrsg.), Peer Coaching in der praxissituierten Ausbildung von Lehrpersonen (S. 8-29) (Sonderheft Lehrerbildung auf dem Prüfstand). Landau: Verlag Empirische Pädagogik.

Dietrich, J., Viljaranta, J., Moeller, J. & Kracke, B. (2017). Situational expectancies and task values: Associations with students' effort. Learning and Instruction, 47, 53-64.

Eccles, J. S. (2005). Subjective task value and the Eccles et al. model of achievement-related choices. In A. J. Elliot & C. S. Dweck (Eds.), Handbook of competence and motivation (pp. 105-121). New York, NY: Guilford Press.

Eccles, J. S., Adler, T. F., Futterman, R., Goff, S. B., Kaczala, C. M., Meece, J. L. & Midgley, C. (1983). Expectancies, values and academic behaviors. In J. T. Spence (Ed.), Achievement and achievement motives. Psychological and sociological approaches (pp. 74-146). San Francisco, CA: W. H. Freeman.

Faver, C. A. (1982). Achievement orientation, attainment values, and women's employment. Journal of Vocational Behavior, 20, 67-80.

Flake, J. K., Barron, K. E., Hulleman, C., McCoach, B. D. & Welsh, M. E. (2015). Measuring cost: The forgotten component of expectancy-value theory. Contemporary Educational Psychology, 41, 232-244.

Futter, K. (2017). Lernwirksame Unterrichtsbesprechungen im Praktikum. Nutzung von Lerngelegenheiten durch Lehramtsstudierende und Unterstützungsverhalten der Praxislehrpersonen. Bad Heilbrunn: Klinkhardt.

Gaspard, H., Dicke, A.-L., Flunger, B., Schreier, B., Häfner, I., Trautwein, U. & Nagengast, B. (2015). More value through greater differentiation: Gender differences in value beliefs about math. Journal of Educational Psychology, 107, 663-677.

Gorges, J. & Kandler, C. (2012). Adults' learning motivation: Expectancy of success, value, and the role of affective memories. Learning and Individual Differences, 22, 610-617.

Gröschner, A. (2011). Innovation als Lernaufgabe: Eine quantitativ-qualitative Studie zur Erfassung und Umsetzung von Innovationskompetenz in der Lehrerbildung. Münster: Waxmann.

Gröschner, A. & Hascher, T. (in Druck). Praxisphasen in der Lehrer/innen/bildung. In M. Gläser-Zikuda, M. Harring & C. Rohlfs (Hrsg.), Handbuch Schulpädagogik. Münster: Waxmann.

Gröschner, A., Klaß, S. & Dehne, M. (2018). Lässt sich Lehrer-Schüler Interaktion an der Hochschule lernen? Effekte des peer-coaching auf die Kompetenzeinschätzung im Praxissemester. Zeitschrift für Hochschulentwicklung, 13 (1), 45-67.

Gröschner, A., Müller, K., Bauer, J., Seidel, T., Prenzel, M., Kauper, T. & Möller, J. (2015). Praxisphasen in der Lehrerausbildung – Eine Strukturanalyse am Beispiel des gymnasialen Lehramtsstudiums in Deutschland. Zeitschrift für Erziehungswissenschaft, 18 (4), 639-665.

Gröschner, A., Schmitt, C. & Seidel, T. (2013). Veränderung subjektiver Kompetenzeinschätzungen von Lehramtsstudierenden im Praxissemester. Zeitschrift für Pädagogische Psychologie, 27 (1-2), 77-86.

Harackiewicz, J. M., Tibbetts, Y., Canning, E. & Hyde, J. S. (2014). Harnessing values to promote motivation in education. In S. A. Karabenick, & T. C. Urdan (Eds.), Advances in motivation and achievement – Motivational interventions (Vol. 18, pp. 71-105). Bingley: Emerald.

Hascher, T. (2012). Forschung zur Bedeutung von Schul- und Unterrichtspraktika in der Lehrerinnen- und Lehrerbildung. Beiträge zur Lehrerbildung, 30 (1), 87-98.

Hascher, T. & Hagenauer, G. (2016). Openness to theory and its importance for student teachers' self-efficacy, emotions, and classroom behaviour in the practicum. International Journal of Educational Research, 77, 15-25.

Hu, L. & Bentler, P. M. (1999). Cutoff criteria for fit indexes in covariance structure analysis: Conventional criteria versus new alternatives. Structural Equation Modeling: A Multidisciplinary Journal, 6 (1), 1-55.

Jantowski, A. & Ebert, S. (2014). Eine empirische Studie zu studentischen Belastungen während der Praxisphase. In K. Kleinespel (Hrsg.), Ein Praxissemester in der Lehrerbildung (S. 97-118). Bad Heilbrunn: Klinkhardt.

Jaspers, W. M., Meijer, P. C., Prins, F. & Wubbels, T. (2014). Mentor teachers – Their perceived possibilities and challenges as mentor and teacher. Teaching and Teacher Education, 44, 106-116.

Kleinknecht, M. & Gröschner, A. (2016). Fostering preservice teachers' noticing with structured video feedback: Results of an online- and video-based intervention study. Teaching and Teacher Education, 59, 45-56.

Klewin, G. & Koch, B. (2017). Forschendes Lernen ohne forschende Lehrkräfte? Die Deutsche Schule, 109 (1), 58-69.

König, J., Rothland, M., Darge, K., Lünnemann, M. & Tachtsoglou, S. (2013). Erfassung und Struktur berufswahlrelevanter Faktoren für die Lehrerausbildung und den Lehrerberuf in Deutschland, Österreich und der Schweiz. Zeitschrift für Erziehungswissenschaft, 16 (3), 553-577.

König, J., Rothland, M., Tachtsoglou, S. & Klemenz, S. (2016). Comparing the change of teaching motivations among preservice teachers in Austria, Germany, and Switzerland: Do in-school learning opportunities matter? International Journal of Higher Education, 5 (3), 91-103.

Korthagen, F. A. J. (2010). Situated learning theory and the pedagogy of teacher education: Towards an integrative view of teacher behavior and teacher learning. Teaching and Teacher Education, 26, 98-106.

Kunter, M., Kleickmann, T., Klusmann, U. & Richter, D. (2011). Die Entwicklung professioneller Kompetenz von Lehrkräften. In M. Kunter, J. Baumert, W. Blum, U. Klusmann, S. Krauss & M. Neubrand (Hrsg.), Forschung zur professionellen Kompetenz von Lehrkräften – Ergebnisse des Projekts COACTIV (S. 55-68). Münster: Waxmann.

Ledergerber, C. (2015). Unterrichtskommunikation und motivational-emotionale Aspekte des Lernens. Münster: Waxmann.

Lee, H.-J. (2005). Understanding and assessing preservice teachers' reflective thinking. Teaching and Teacher Education, 21, 699-715.

Little, T. D. (2013). Longitudinal structural equation modeling. New York, NY: Guilford.

Möller, J. & Marsh, H. W. (2013). Dimensional comparison theory. Psychological Review, 120 (3), 544-560.

Muthén, L. K. & Muthén, B. O. (1998-2015). Mplus user's guide (7th ed.). Los Angeles, CA: Muthén & Muthén.

Opfer, V. D. (2014). Teacher career trajectories. In P. W. Richardson, S. A. Karabenick & H. M. G. Watt (Eds.), Teacher motivation. Theory and practice (pp. 214-226). New York, NY: Routledge.

Pekrun, R. (1993). Themenschwerpunkt „Lernmotivation": Einführung. Zeitschrift für Pädagogische Psychologie, 1 (2), 71-76.

Pohlmann, B. & Möller, J. (2010). Fragebogen zur Erfassung der Motivation für die Wahl des Lehramtsstudiums (FEMOLA). Zeitschrift für Pädagogische Psychologie, 24, 73-84.

Raykov, T. (2009). Evaluation of scale reliability for unidimensional measures using latent variable modeling. Measurement and Evaluation in Counseling and Development, 42, 223-232.

Rothland, M. (2014). Warum entscheiden sich Studierende für den Lehrerberuf? Berufswahlmotive und berufsbezogene Überzeugungen von Lehramtsstudierenden. In E. Terhart, H. Bennewitz & M. Rothland (Hrsg.), Handbuch der Forschung zum Lehrerberuf (2., vollst. überarb. u. erw. Aufl., S. 319-348). Münster: Waxmann.

Ryan, R. M. & Deci, E. L. (2000). Self-determination theory and the facilitation of intrinsic motivation, social development, and well-being. American Psychologist, 55, 68-78.

Santagata, R. & Yeh, C. (2014). Learning to teach mathematics and to analyze teaching effectiveness: Evidence from a video- and practice-based approach. Journal of Mathematics Teacher Education, 17, 491-514.

Schied, M. (2013). Schulpraktische Studien im Rahmen der Lehrerausbildung. Konzeptionalisierung und Evaluierung nach dem Gmünder Modell. Bad Heilbrunn: Klinkhardt.

Schüle, C., Besa, K. S., Schriek, J. & Arnold, K.-H. (2017). Die Veränderung der Lehrerselbstwirksamkeitsüberzeugung in Schulpraktika. Zeitschrift für Bildungsforschung, 7 (1), 1-20.

Seidel, T., Stürmer, K., Blomberg, G., Kobarg, M. & Schwindt, K. (2011). Teacher learning from analysis of videotaped classroom situations: Does it make a difference whether teachers observe their own teaching or that of others? Teaching and Teacher Education, 27, 259-267.

Sherin, M. G. (2004). New perspectives on the role of video in teacher education. In J. Brophy (Ed.), Using video in teacher education (pp. 1-28). Amsterdam: Elsevier.

Shim, S. & Ryan A. (2005). Changes in self-efficacy, challenge avoidance, and intrinsic value in response to grades: The role of achievement goals. The Journal of Experimental Education, 73 (4), 333-349.

Steyer, R., Eid, M. & Schwenkmezger, P. (1997). Modeling true intraindividual change: True change as a latent variable. Methods of Psychological Research-Online, 2, 21-33.

Stuhlmann, K. (2005). Entwicklung der Lern- und Leistungsmotivation im Übergang von der Adoleszenz ins frühe Erwachsenenalter. Zeitschrift für Soziologie der Erziehung und Sozialisation, 25 (1), 67-81.

Terhart, E. (2002). Standards für die Lehrerbildung. Eine Expertise für die Kultusministerkonferenz. Universität Münster: Zentrale Koordination Lehrerbildung (ZKL-Texte Nr. 23).

van de Schoot, R., Lugtig, P. & Hox, J. (2012). A checklist for testing measurement invariance. European Journal of Developmental Psychology, 9 (4), 486-492.

van Es, E. & Sherin, M. G. (2008). Mathematics teachers' "learning to notice" in the context of a video club. Teaching and Teacher Education, 24 (2), 244-276.

Watt, H. M. G. & Richardson, P. W. (2007). Motivational factors influencing teaching as a career choice: Development and validation of the FIT-Choice scale. The Journal of Experimental Education, 75 (3), 167-202.

Wigfield, A. & Cambria, J. (2010). Expectancy-value theory: Retrospective and prospective. In T. Urdan & S. A. Karabenick (Eds.), Advances in motivation and achievement. The next decade of research in motivation and achievement (pp. 35-70). London: Emerald.

Wigfield, A. & Eccles, J. S. (2000). Expectancy-value theory of achievement motivation. Contemporary Educational Psychology, 25, 68-81.

Wolf, E. J., Harrington, K. M., Clark, S. L. & Miller, M. W. (2013). Sample size requirements for structural equation models: An evaluation of power, bias, and solution propriety. Educational and Psychological Measurement, 73 (6), 913-934.

Zeichner, K. (2010). Rethinking the connection between campus courses and field experiences in college- and university-based teacher education. Journal of Teacher Education, 61 (1-2), 89-99.

Changes in motivational orientations during pre-service teacher practicum: A video-based study based on expectancy-value theory

Research on teacher education hardly focuses on achievement motivation during a long-term teaching practicum. The present study investigated achievement motivation during university courses accompanying the teaching practicum. The courses focus student teachers' learning to reflect upon own teaching in a video-based online-environment. To study the effects on motivational development during reflection of classroom situations in an experimental design (with video vs. without video), expectancy-value theory served as theoretical background. Confirmatory factor analyses indicate the replication of expectancies and values regarding teaching reflection. Results of true change models show decreases in utility values regarding teaching reflection for student teachers in the video reflection group. Overall, student teachers' perceptions of competences and success expectation increased in both groups. The results are in line with findings on pre-service teachers' self-evaluations of competence and self-efficacy. Future research on emotional effort is needed.

Keywords: expectancy-value theory – teacher practicum – teaching reflection – video

Autoren:

Mathias Dehne, B. A., Dr. Susi Klaß, Prof. Dr. Alexander Gröschner, Friedrich-Schiller-Universität Jena, Lehrstuhl für Schulpädagogik und Unterrichtsforschung. Korrespondenz an: mathias.dehne@uni-jena.de

Anhang

Interkorrelationen (messfehlerbereinigt) innerhalb eines 13-Faktor-EVT-Modells

Variable	1.	2.	3.	4.	5.	6.	7.	8.	9.	10.	11.	12.	13.
1. Bedeutung Leistung	—	.89*	.56*	.59*	.32*	.58*	.69*	.33*	-.14	-.42*	-.28*	.53*	.54*
2. Pers. Bedeutung	.70*	—	.68*	.65*	.56*	.50*	.54*	.49*	-.14	-.43*	-.15	.37*	.28*
3. Intrinsischer Wert	.67*	.64*	—	.45*	.38*	.40*	.47*	.37*	-.37*	-.46*	-.36*	.33*	.26*
4. Nutzen Zukunft	.34*	.44*	.31*	—	.55*	.52*	.52*	.35*	-.01	-.29*	-.12	.35*	.39*
5. Nutzen Alltag	.11	.26*	.24*	.59*	—	.13	.18	.24*	.18	.07	.15	.01	.05
6. Nutzen Beruf	.38*	.42*	.42*	.59*	.38*	—	.86*	.26*	-.29*	-.63*	-.38*	.58*	.42*
7. Nutzen Universität	.43*	.41*	.45*	.54*	.40*	.66*	—	.40*	-.23*	-.60*	-.41*	.64*	.50*
8. Sozialer Nutzen	.30*	.25*	.21	.16	.28*	.16	.37*	—	.20	-.09	-.01	.31*	.28*
9. Anstrengung	-.02	.04	-.34*	-.01	-.11	-.10	-.17	.15	—	.73*	.76*	-.24*	-.12
10. Emotionale Kosten	-.22*	-.28*	-.40*	-.20	-.31*	-.38*	-.27*	.17	.53*	—	.86*	-.43*	-.40*
11. Opportunitätskosten	-.17	-.14	-.30*	-.27*	-.12	-.20*	-.26*	.07	.42*	.54*	—	-.37*	-.36*
12. Erfolgserwartung	.14	.04	.18	-.11	.24*	-.07	-.04	.13	-.06	.01	.10	—	.76*
13. Kompetenzselbstein.	.28*	.17	.31*	.12	.28*	.24*	.29*	.22*	-.01	-.17	.04	.45*	—

Anmerkungen: Korrelationen t_1 unterhalb, t_2 oberhalb dargestellt. * = Korrelationen sind signifikant ($p < .05$). Korrelationen basieren auf der Gesamtstichprobe.

Lehrerbildung auf dem Prüfstand
2018, 11. Jahrgang, Heft 1, S. 132-151

Was wissen Studierende über Klassenführung? – Lerngelegenheiten und Lerngewinne in Studium und Praxissemester

Andrea Westphal, Hendrik Lohse-Bossenz, Miriam Vock und Gerlinde Lenske

Klassenführung ist ein wesentlicher Aspekt erfolgreichen Unterrichts und sollte daher eine zentrale Rolle in der Lehramtsausbildung einnehmen. Der vorliegende Beitrag prüft, wie intensiv das Thema Klassenführung in Praxissemesterbegleitveranstaltungen und in früheren Studienphasen der Universität Potsdam besprochen wird. Zudem untersuchen wir das Wissen von N = 554 Lehramtsstudierenden über Klassenführung; dazu berichten wir über die Ergebnisse aus Befragungen und Wissenstestungen von Studierenden während der Bachelorstudienphase (n = 252), zu Beginn der Masterstudienphase (n = 145) und während des Praxissemesters (n = 157), die im Wintersemester 2016/17 durchgeführt wurden. Wir untersuchen auch den Wissenszuwachs dieser drei Studierendenkohorten im Verlauf eines Semesters. In erziehungswissenschaftlichen Veranstaltungen wurde, insbesondere zu Beginn des Studiums und im Praxissemester, intensiver über Klassenführung gesprochen als in fachdidaktischen Veranstaltungen. Latente Strukturgleichungsmodelle ergaben deutliche Wissensvorteile der Praxissemesterstudierenden gegenüber den Bachelorstudierenden. Im Verlauf eines Semesters war das Wissen recht stabil. Wir diskutieren Implikationen für die Lehramtsausbildung.

Schlagwörter: Lehramtsstudium – Lerngelegenheiten – Praxissemester – Wissen über Klassenführung

1 Einführung

Welche Faktoren für den beruflichen Erfolg von Lehrkräften entscheidend sind und daher in der Lehrkräfteausbildung besonderes Gewicht erhalten sollten, ist eine zentrale Frage der Bildungsforschung. Ein Aspekt, der sich als hochrelevant für die Leistungsentwicklung von Schülern herauskristallisiert hat, ist die Klassenführung von Lehrkräften (Korpershoek, Harms, de Boer, Van Kuijk & Doolaard, 2016). Eine effektive Klassenführung ist auch eng verknüpft mit dem Belastungserleben von Lehrkräften (Clunies-Ross, Little & Kienhuis, 2008; Klusmann, Kunter, Voss & Baumert, 2012). Angesichts der zentralen Rolle von Klassenführungsfähigkeiten überrascht die spärliche Forschungslage dazu, wie gut es gelingt, diese Fähigkeiten im Verlauf der Lehramtsausbildung und insbesondere in Praxisphasen zu vermitteln. Vor diesem Hintergrund befragten wir Studierende der Universität Potsdam dazu, wie intensiv das Thema Klassenführung im Praxissemester, im regulären Masterstudium (vor dem Praxissemester) und im Bachelorstudium besprochen wird. Zudem erfassten wir in diesen drei Studierendenkohorten (Praxissemester-, Master- und Bachelorstudierende) das Wissen über Klassenführung mit Testaufgaben, die

Interventionen bei Störungen, die Optimierung zeitlicher Abläufe und die Gruppenaktivierung fokussierten. Wir untersuchten auch den Wissenszuwachs im Verlauf eines Semesters und prüften, inwiefern der Wissenszuwachs der Studierenden höher war, wenn das Thema in den Veranstaltungen intensiver besprochen wurde.

1.1 Wie lässt sich das Wissen über Klassenführung konzeptualisieren und erfassen?

Wissen über Klassenführung wird als eine Facette des pädagogischen Wissens angesehen, d. h. als fachunabhängiges und für verschiedene Fachbereiche nutzbares Wissen (Voss, Kunina-Habenicht, Hoehne & Kunter, 2015). Es wird häufig aufbauend auf den Arbeiten von Kounin (1970) konzeptualisiert (Thiel, Richter & Ophardt, 2012; Voss, Kunter & Baumert, 2011). Kounin (1970) beschrieb präventive und proaktive Verhaltensweisen von Lehrkräften, die dazu beitragen können, dass der Unterricht weitgehend störungsfrei verläuft (Allgegenwärtigkeit, Überlappung, Momentum, Reibungslosigkeit, Gruppenaktivierung). Aktuellere Ansätze unterscheiden drei Dimensionen der Klassenführung (Seidel, 2015): Demnach meint Klassenführung zunächst einen effektiven Umgang mit Unterrichtsstörungen (siehe auch Ophardt & Thiel, 2013), wozu zählt, dass Lehrkräfte Regeln und Abläufe einführen, Erwartungen eindeutig kommunizieren und Schülern regelmäßig Rückmeldungen geben. Zweitens bezieht sich Klassenführung auf die Maximierung der Lernzeit, die durch einen reibungslosen Unterrichtsablauf mit klarer Struktur und vorausschauenden Handlungsweisen erzielt wird. Schließlich wird Klassenführung als Lernprozessbegleitung, d. h. als Monitoring und Unterstützung beim Lernen verstanden.

Um Klassenführungsfähigkeiten von (angehenden) Lehrkräften zu erfassen, haben Studien häufig Beurteilungen von Schülern oder externen Beobachtern herangezogen (z. B. Piwowar, Thiel & Ophardt, 2013). Nach dem Verständnis von Voss et al. (2015) bildet eine solche Operationalisierung nicht das Wissen ab (im Sinne einer individuellen Voraussetzung), sondern das Verhalten im Klassenraum (siehe auch Blömeke, Gustafsson & Shavelson, 2015). In den letzten Jahren sind zunehmend Testverfahren zur Erfassung von pädagogischem Wissen entwickelt worden, die eine Skala zum Wissen über Klassenführung beinhalten (z. B. König, 2012; Lenske, Thillmann, Wirth, Dicke & Leutner, 2015; Voss et al., 2011). Ein Spezifikum des Wissens über Klassenführung ist, dass es kaum deklarative Wissensanteile (Faktenwissen) einschließt, sondern vor allem prozedurales, d. h. auf Handlungsabläufe bezogenes Wissen umfasst (Stough, 2006; Westerman, 1991). Entsprechend sind vor allem solche Testverfahren aussagekräftig, die auf die Erfassung prozeduralen Wissens fokussieren.

1.2   Welche Lerngelegenheiten für den Erwerb von Klassenführungswissen bietet das Lehramtsstudium?

Pädagogisches Wissen – und damit auch Wissen über Klassenführung – sollen Lehramtsstudierende in der theoretischen Grundausbildung und in Praxisphasen erwerben. Solche Praxisphasen dienen dazu, das eigene Berufsziel zu überprüfen, Wissen zu aktualisieren und Theorie-Praxis-Verknüpfungen aufzubauen (Gröschner & Schmitt, 2010). Eine besonders relevante Praxisphase stellt an vielen Universitäten das Praxissemester dar, das zumeist im Masterstudium angesiedelt ist und es Studierenden ermöglicht, über den Zeitraum von, je nach Universität, vier bis sechs Monaten (Weyland & Wittmann, 2015), im Unterricht zu hospitieren und selbst zu unterrichten. Prozedurales Wissen, das einen wesentlichen Anteil des Wissens über Klassenführung ausmacht (Ophardt & Thiel, 2013; Stough, 2006), wird zwar auch in theoretischen Ausbildungsphasen vermittelt, soll aber vordergründig in praktischen Ausbildungsphasen erworben werden (Korthagen & Kessels, 1999). Da Lehramtsstudierende das Aufrechterhalten von störungsfreiem Unterricht als eine der zentralen Herausforderungen in Praxisphasen empfinden (Porsch & Gollub, 2016), kommt dem Wissensaufbau im Bereich der Klassenführung (als individueller Voraussetzung von Klassenführungsfähigkeiten, Voss et al., 2015) vermutlich eine besonders wichtige Rolle im Praxissemester zu.

Offenbar sind aber die Angebote, die sich Lehramtsstudierenden für den Erwerb von Klassenführungswissen bieten, rar. Demnach haben Lehramtsstudierende im siebten Fachsemester zwar durchschnittlich bereits neun Kurse in den Erziehungswissenschaften belegt, aber darunter nur etwa drei Kurse, die sich mit Lehren und Lernen beschäftigen (Stürmer, Könings & Seidel, 2013). Die große Mehrzahl der Lehrkräfte berichtete retrospektiv, dass sie sich während ihres Studiums „gar nicht" oder „etwas" mit Klassenführung beschäftigt habe (Frey, Bonsen & Obermeier, 2016; Wendt, Bos, Goy & Jusufi, 2017). Obwohl die Klassenführung als eine wesentliche Fähigkeit für angehende Lehrkräfte gilt, stellten verschiedene Studien in den USA fest, dass mehr als 50 % der Lehrerbildungsinstitute keinen Kurs anbieten, der sich dem Thema Klassenführung widmet (Stough, Williams & Montague, 2004, zitiert nach Stough & Montague, 2015; Wesley & Vocke, 1992; siehe auch Greenberg, Putman & Walsh, 2014). In den USA wird das Thema Klassenführung im Rahmen von Einführungskursen zur pädagogischen Psychologie unterrichtet (Jones, 2006). Offenbar ist der zeitliche Anteil, der sich mit Klassenführung beschäftigt innerhalb solcher Kurse aber auch gering (durchschnittlich etwa 2 Stunden; O'Neill & Stephenson, 2011). Für die deutsche Lehramtsausbildung liegen keine vergleichbaren Ergebnisse vor. Bei der Analyse der aktuellen Hochschulcurricula (Hohenstein, Zimmermann, Kleickmann, Köller & Möller, 2014; Terhart, Lohmann & Seidel, 2010) wurden Module zur Klassenführung nicht ausdrücklich berücksichtigt, da sie in den Standards zur Lehrkräftebildung der Kultusministerkonferenz (2004) nicht explizit aufgeführt werden. Veranstaltungen, die sich mit Unterrichtsplanung und der Beurteilung von Unterrichtsqualität beschäftigen, werden zwar von fast allen von Hohenstein et al. (2014) untersuchten Universitäten angeboten. Es fehlen aber Angaben dazu, inwiefern Klassenführung im Rahmen dieser Module thematisiert wird.

1.3 Wie entwickelt sich das Wissen über Klassenführung im Verlauf des Lehramtsstudiums?

Professionelles Wissen wird gemäß dem COACTIV-Modell als erlernbar angesehen (Voss et al., 2015). Hierfür müssen entsprechende Lerngelegenheiten angeboten werden. Die Entwicklung des professionellen Wissens ist demnach einerseits von der Qualität dieser Lernangebote abhängig; andererseits können auch individuelle Merkmale wie die Motivation der Teilnehmenden beeinflussen, inwiefern Lerngelegenheiten genutzt und Wissen erworben werden kann (Kunter, Kleickmann, Klusmann & Richter, 2011). Die Frage, inwiefern es gelingt Lehramtsstudierenden Wissen über Klassenführung zu vermitteln, wird zum Teil von Studien beantwortet, die spezifische, im Rahmen des Lehramtsstudiums angebotene Trainingsmaßnahmen auf ihre Wirksamkeit hin überprüften. So haben bspw. Gold, Förster und Holodynski (2013) ein Training für angehende Grundschullehrkräfte entwickelt, in dem mit Unterrichtsvideos die Analyse von Klassenführung geübt wird. Ihre Evaluationsstudie lieferte Hinweise darauf, dass das Wissen über Klassenführung, operationalisiert über die professionelle Wahrnehmung von klassenführungsrelevanten Situationen, durch das Training verbessert werden kann (Gold et al., 2013). In einer weiteren Untersuchung erwiesen sich videogestützte und transkriptgestützte Seminare zur Klassenführung im Aufbau von Wissen über Klassenführung als ähnlich wirksam, während Seminare, die sich nicht spezifisch mit dem Thema Klassenführung beschäftigten, zwar pädagogisches Wissen, aber kaum Wissen über Klassenführung vermittelten (Kramer, König, Kaiser, Ligtvoet & Blömeke, 2017; siehe auch Dicke, Elling, Schmeck & Leutner, 2015; Piwowar et al., 2013; für einen internationalen Überblick siehe Greenberg et al., 2014). Andere Studien beschäftigten sich mit dem pädagogischen Wissen von (angehenden) Lehrkräften und erfassten dabei das Wissen über Klassenführung mit einer Subskala. Die Entwicklung des pädagogischen Wissens im Zeitraum vom ersten bis zum vierten Semester stand im Fokus der LEK-Längsschnittstudie (König, 2012). In diesem Zeitraum nahm das Klassenführungswissen der 261 untersuchten Studierenden zu (Effektstärken je nach Universitätsstandort zwischen 0.4 und 0.8). Allerdings war der Wissenszuwachs im Bereich der Klassenführung geringer als der Zuwachs in anderen Facetten des pädagogischen Wissens (König, 2012). Darüber hinaus fanden Lenske et al. (2015) in einer Querschnittstudie Belege dafür, dass fachfremde Studierende über

geringeres prozedurales pädagogisches Wissen verfügen als Lehrkräfte mit abge-
schlossener Ausbildung. Im Rahmen der COACTIV-Studie zeigte sich, dass Referendare mit abgeschlossenem Lehramtsstudium über ein höheres pädagogisches
Wissen verfügen als Quereinsteiger (Kleickmann & Anders, 2011). Diese quer-
schnittlichen Ergebnisse wurden als Bestätigung dafür interpretiert, dass es im
Rahmen des Lehramtsstudiums gelingt, systematisch pädagogisches Wissen zu
vermitteln. In beiden Studien wurden die Ergebnisse jedoch nicht für unterschiedliche Inhaltsdimensionen des Wissenstests aufgeschlüsselt, so dass nicht deutlich
wurde, inwiefern sich auch das Wissen über Klassenführung – als eine Dimension
der Wissenstests – in den Kohorten unterschied.

1.4   Vorliegende Studie

Welchen Anteil das Thema Klassenführung im Lehramtsstudium und insbesondere
in Praxisphasen einnimmt und wie sich das Wissen der Studierenden im Studienverlauf entwickelt, ist bislang kaum bekannt. Aus diesem Grund befragten wir für
die vorliegende Studie zu Beginn und am Ende des Wintersemesters 2016/17
Lehramtsstudierende aus drei Studierendenkohorten (N = 554) der Universität
Potsdam. Die Studierenden waren zum Befragungszeitpunkt am Beginn des Bachelorstudiums, im regulären Masterstudium (vor dem Praxissemester) oder im
Praxissemester (am Ende des Masterstudiums). Wir erfassten das prozedurale Wis-
sen zur Klassenführung in diesen drei Studierendenkohorten zu Beginn und am
Ende des Semesters. Dafür nutzten wir eine adaptierte Form des Wissenstests von
Lenske et al. (2015), der auf die drei Dimensionen der Klassenführung abzielt, die
in aktuelleren Konzeptionen der Klassenführung unterschieden werden (Seidel,
2015), nämlich auf Interventionen bei Störungen, effektive Zeitnutzung und
Gruppenaktivierung (als Aspekt der Lernprozessbegleitung). Dabei waren folgende
Forschungsfragen leitend:

1) Wie intensiv wird das Thema Klassenführung in den erziehungswissenschaftlichen und fachdidaktischen Veranstaltungen zu Beginn des Bachelorstudiums,
   im regulären Masterstudium (vor dem Praxissemester) und in den Begleitveranstaltungen des Praxissemesters (am Ende des Masterstudiums) thematisiert?

2) Wie ist der Wissensstand zum Thema Klassenführung in den drei Studien-
   kohorten ausgeprägt und wie entwickelt er sich über den Verlauf von einem
   Semester?

Wir erwarteten deutliche Wissensunterschiede zwischen den Kohorten. Wir nahmen zudem an, dass der Wissenszuwachs umso größer ist, je intensiver das Thema
in den Veranstaltungen besprochen wurde und je günstiger die Lernvoraussetzungen der Studierenden waren, die wir in Form von Abiturnoten berücksichtigten.

2 Methode

2.1 Stichprobe

Zu Beginn des Wintersemesters 2016/17 rekrutierten wir an der Universität Potsdam Lehramtsstudierende in einer erziehungswissenschaftlichen Einführungsvorlesung für Bachelorstudierende, in zwei erziehungswissenschaftlichen Vorlesungen für Masterstudierende im regulären Studiensemester (vor dem Praxissemester) sowie in den erziehungswissenschaftlichen Begleitseminaren zum Praxissemester. Eine zweite Erhebung in diesen Veranstaltungen fand am Ende des Wintersemesters 2016/17 statt. Die Teilnahme an der Erhebung war freiwillig. Insgesamt nahmen N = 554 Lehramtsstudierende teil. Von diesen Studierenden befanden sich 45 % im Bachelorstudium, 26 % im Masterstudium und 28 % im Praxissemester. Verschiedene Fächerkombinationen und angestrebte Lehramtsformen waren vertreten (Grundschule: 7 %, Sekundarstufe I: 21 %, Sekundarstufe II/Gymnasium: 72 %)[1]. 33 % der Studierenden nahmen ausschließlich am ersten und 21 % ausschließlich am zweiten Messzeitpunkt teil. Die längsschnittlichen Veränderungen über ein Semester wurden auf der Basis von 258 Personen (47 %) berechnet. Die demographischen Variablen der Stichprobe sind in Tabelle 1 dargestellt.

Tabelle 1: Beschreibung der Stichprobe

	N	Anteil weiblich (in %)	Alter M (SD)	Fachsemester M (SD)	Abiturnote M (SD)
Bachelor	252	63	20.86 (4.05)	1.31 (0.94)[a]	1.93 (0.57)
Master	145	68	25.92 (3.47)	2.09 (1.26)[b]	2.10 (0.55)
Praxissemester	157	60	27.03 (3.57)	3.86 (1.77)[b]	2.19 (0.56)

Anmerkungen: [a] Fachsemester im Bachelor; [b] Fachsemester im Master

2.2 Instrumente

Thematisierung der Klassenführung in universitären Veranstaltungen. Die Studierenden berichteten zum zweiten Messzeitpunkt, in welchem Umfang das Thema Klassenführung im vorangegangenen Semester in den erziehungswissenschaftlichen Lehrveranstaltungen besprochen wurde (ein Item) und in welchem Umfang es in den beiden fachdidaktischen Lehrveranstaltungen thematisiert wurde (je ein Item). Das Antwortformat war vierstufig (1 = gar nicht intensiv, 2 = weniger inten-

---

[1] Im Potsdamer Lehramtsstudium findet erst im Masterstudium eine Ausdifferenzierung auf Sekundarstufe I oder II statt. Bachelorstudierende berichteten die angestrebte Lehramtsform.

siv, 3 = eher intensiv, 4 = sehr intensiv). Die Angaben zu den beiden fachdidaktischen Veranstaltungen wurden anschließend gemittelt.

Stellen Sie sich vor, eine Lehrperson möchte die Erledi-gung der Hausaufgaben (HA) der Schülerinnen und Schüler (SuS) kontrollieren. Was kann sie tun, um den zeitlichen Ablauf dabei zu optimieren?	1	2	3	4	5	6
a. Sie kann die SuS nach vorne ans Pult kommen lassen und die HA kontrollieren.	☐	☐	☐	☐	☐	☐
b. Sie kann während einer Diskussion durch die Reihen gehen und die HA kontrollieren.	☐	☐	☐	☐	☐	☐
c. Sie kann einen Schüler die HA einsammeln lassen und während einer Arbeitsphase die HA kontrollieren.	☐	☐	☐	☐	☐	☐
d. Sie kann am Anfang der Stunde durch die Reihen gehen und die HA kontrollieren.	☐	☐	☐	☐	☐	☐
e. Sie kann während einer Arbeitsphase durch die Reihen gehen und die HA kontrollieren.	☐	☐	☐	☐	☐	☐

Abbildung 1:   Beispielaufgabe aus dem Test zum Klassenführungswissen (aus
                 Lenske et al., 2016)

Wissen über Klassenführung. Das Wissen über Klassenführung ermittelten wir mit
einer adaptierten Version des Tests zum pädagogisch-psychologischen Wissen aus
dem Projekt „Professionswissen von Lehrkräften in den Naturwissenschaften"
(ProwiN; Lenske et al., 2015). In seiner ursprünglichen Version erfasste der Test
deklaratives und prozedural-konditionales Wissen in vier Inhaltsbereichen (Klassenführung, Unterrichtsmethoden, Individualisierung, Leistungsbeurteilung und
Feedback). Für die vorliegende Studie verwendeten wir vier Aufgaben, die prozedural-konditionales Wissen über Klassenführung abbilden und sich auf Interventionen bei Störungen, das Optimieren zeitlicher Abläufe und die Gruppenaktivierung
konzentrieren. Die Aufgaben bestanden aus einer textbasierten Situationsvignette
und mehreren Handlungsoptionen (siehe Abbildung 1 für eine Beispielaufgabe;
vorgegeben waren – je nach Aufgabe – drei bis sieben Handlungsoptionen). Diese
Handlungsoptionen wurden von den Teilnehmenden auf einer Notenskala von 1
(sehr gut) bis 6 (ungenügend) bewertet. Auf Grundlage dieser Ratings bildeten wir
eine Rangskala (günstigste bis ungünstigste Handlungsoption aus Sicht des Teilnehmenden) und verglichen diese mit der Musterlösung (Expertenratings). War die
Rangfolge des Teilnehmenden identisch mit der Rangfolge der Expertinnen, erhielten die Teilnehmenden die volle Punktzahl. Für Handlungsoptionen, denen die

Teilnehmenden einen höheren oder niedrigeren Rang zuschrieben als die Expertinnen, wurden keine Punkte vergeben (siehe Lenske et al., 2015, für das Vorgehen). Für beide Messzeitpunkte wurden dieselben Aufgaben verwendet und jeweils ein Wissensscore berechnet. Um die Messinvarianz über die Zeit zu prüfen, wurde eine konfirmatorische Faktorenanalyse durchgeführt. Die vier Items luden alle auf einer latenten Dimension „Wissen über Klassenführung". Zusätzlich wurde eine Autokorrelation der Residuen zugelassen (Modell 1). Eine schrittweise Fixierung der Faktorladungen (Modell 2) und Intercepts (Modell 3) zeigte, dass metrische Invarianz vorliegt, jedoch nicht alle Itemintercepts über die Messzeitpunkte invariant sind. Wurden nur drei der vier Itemintercepts als invariant angenommen, führte dies zu keiner bedeutsamen Modellverschlechterung (siehe Tabelle 2). Somit liegt partielle skalare Invarianz vor und der Vergleich von Mittelwertsunterschieden ist zulässig (Byrne, Shavelson & Muthén, 1989; Vandenberg & Lance, 2000).

Tabelle 2: Ergebnisse der Messinvarianzprüfung über die Messzeitpunkte hinweg

	df	AIC	BIC	χ^2	$\Delta\chi^2$	Δ df	p
Modell 1 (freie Schätzung)	15	-1726	-1601	11.617			
Modell 2 (fixierte Faktorladungen)	18	-1731	-1619	12.796	1.126	3	.771
Modell 3 (fixierte Intercepts)	22	-1727	-1632	24.195	11.049	4	.026
Modell 4 (partiell fixierte Intercepts, 1 Item nicht fixiert)	21	-1734	-1635	15.695	2.863*	2	.413

Anmerkungen: * Vergleich zu Modell 2; df = Freiheitsgrade; AIC = Akaike Information Criterion; BIC = Bayesian Information Criterion; χ^2 = Modell fit test statistic; $\Delta\chi^2$ = Differenz der χ^2-Werte zum vorhergehenden Modell; Δ df = Differenz der Freiheitsgrade; p = Irrtumswahrscheinlichkeit

2.3 Datenanalyse

Um zu untersuchen, inwiefern Klassenführung in den verschiedenen Studienabschnitten unterschiedlich intensiv besprochen wurde, führten wir eine multivariate einfaktorielle Varianzanalyse mit den Intensitätsratings für die Fachdidaktiken und die Erziehungswissenschaften als abhängigen Variablen und der Kohorte (Bachelor, Master, Praxissemester) als unabhängiger Variable durch. Um zu prüfen, wie sich das Wissen über Klassenführung zwischen den Kohorten unterscheidet und wie es sich über das Semester hinweg entwickelt, spezifizierten wir latente Strukturgleichungsmodelle. Auf der Basis des über die Zeit messinvarianten Messmodells wurden vier aufeinander aufbauende Modelle geschätzt. In jedem dieser Modelle wurde simultan das Wissen zum ersten und zum zweiten Messzeitpunkt vorhergesagt. Bei der Vorhersage des Wissens zum zweiten Messzeitpunkt wurde das Wissen zum ersten Messzeitpunkt stets als Prädiktor ins Modell aufgenommen. In Modell 1 berücksichtigten wir Abiturnote und Geschlecht, da sie in früheren Studien mit pädagogischem Wissen assoziiert waren (Kleickmann & Anders, 2011; König & Klemens, 2015). Zudem bezogen wir das Alter als Kontrollvariable ein (vgl. König & Klemens, 2015). In Modell 2 wurde zusätzlich die Kohortenzugehörigkeit ins Modell aufgenommen. In Modell 3 nahmen wir auch das studierte Lehramt (Gymnasial- vs. Nicht-Gymnasiallehramt) in Form einer Dummy-Variable auf. Um schließlich zu prüfen, ob sich die Intensität, mit der das Thema Klassenführung in erziehungswissenschaftlichen und fachdidaktischen Lehrveranstaltungen besprochen wurde, auf die Wissensentwicklung auswirkt, wurden die beiden Intensitätsratings in Modell 4 zusätzlich berücksichtigt.

3   Ergebnisse

3.1 Thematisierung von Klassenführung in den universitären Veranstaltungen

Unsere Ergebnisse zeigen, dass das Thema Klassenführung in erziehungswissenschaftlichen Veranstaltungen (M = 2.73, SD = .82) insgesamt intensiver besprochen wurde als in fachdidaktischen Veranstaltungen (M = 1.78, SD = .73; d = 1.21; siehe Abbildung 2). Um zu prüfen, ob das Thema in den verschiedenen Studienphasen unterschiedlich intensiv besprochen wurde, führten wir eine multivariate Varianzanalyse mit den Intensitätsratings in erziehungswissenschaftlichen und fachdidaktischen Veranstaltungen als abhängigen Variablen und der Kohorte als unabhängiger Variable durch. Die Analyse ergab einen statistisch bedeutsamen Effekt der Kohorte auf die Intensität, mit der das Thema Klassenführung in erziehungswissenschaftlichen und fachdidaktischen Veranstaltungen besprochen wurde (F(4,638) = 16.10, p < .001). Separate Varianzanalysen zeigten, dass der Kohorteneffekt für die erziehungswissenschaftlichen Veranstaltungen statistisch bedeutsam war (F(2,319) = 31.42, p < .001), sich für die fachdidaktischen Veranstaltungen aber nicht als statistisch bedeutsam erwies (F(2,319) = 2.67, p = .071). Post hoc-Tests (Bonferroni) ergaben, dass Klassenführung in erziehungswissenschaftlichen Bachelor- und Praxissemesterveranstaltungen intensiver als in erziehungswissenschaftlichen Masterveranstaltungen (p < .001) besprochen wurde. In erziehungswissenschaftlichen Bachelor- und Praxissemesterveranstaltungen war das Thema ähnlich intensiv vertreten (p = .050). Für die fachdidaktischen Veranstaltungen fand sich kein statistisch bedeutsamer Unterschied (p = .073).

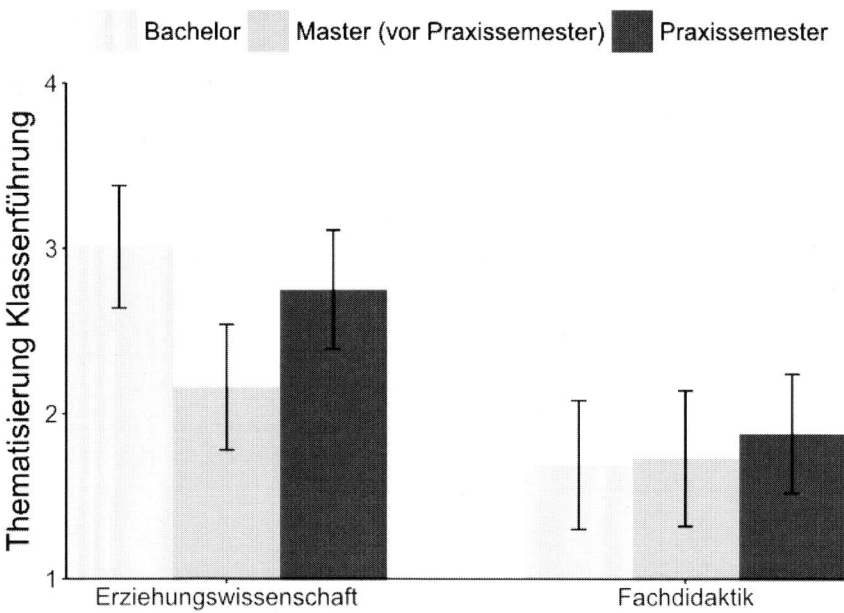

Abbildung 2:   Thematisierung von Klassenführung innerhalb erziehungswissenschaftlicher und fachdidaktischer Veranstaltungen

3.2   Unterschiede und Entwicklungen im Wissen über Klassen-führung

Um Kohortenunterschiede im Wissen über Klassenführung zu untersuchen und die Entwicklung des Wissens zu prüfen, schätzten wir vier aufeinander aufbauende latente Regressionsmodelle (Tabelle 3). Alle Modelle wiesen eine ausreichende Modellgüte auf (Hu & Bentler, 1999). Die z-standardisierten Mittelwerte der Bachelorstudierenden im Wissenstest lagen bei M_{MZP1} = -.43 bzw. M_{MZP2} = -.29, während die Werte der Masterstudierenden (vor dem Praxissemester) M_{MZP1} = -.05 bzw. M_{MZP2} = -.02 betrugen. Die z-standardisierten Mittelwerte der Praxissemesterstudierenden lagen bei M_{MZP1} = .36 bzw. M_{MZP2} = .24. Die Regressionsparameter waren über die Modelle hinweg vergleichsweise stabil. Einzig der statistisch bedeutsame positive Zusammenhang zwischen dem Alter und dem Wissen zum ersten Messzeitpunkt im Modell 1 (β = .45) war nach Berücksichtigung der Kohorten nicht mehr statistisch bedeutsam (β = .09), was auf die Altersunterschiede zwischen den Kohorten zurückzuführen ist. Aufgrund der hohen Stabilität der Modelle beschreiben wir im Folgenden nur die Ergebnisse des Gesamtmodells (Modell 4).

Da wir bei der Vorhersage des Wissens zum zweiten Messzeitpunkt auch das Wissen zum ersten Messzeitpunkt berücksichtigten, können die Regressionsparameter als Effekte auf den Wissenszuwachs interpretiert werden. Die Strukturgleichungsmodelle zeigten, dass das Wissen über Klassenführung über das Semester hinweg eher stabil war ($\beta = .70$). Weibliche Studierende erzielten zum ersten Messzeitpunkt höhere Testwerte als männliche Studierende ($\beta = .18$). Weibliche und männliche Studierende unterschieden sich zudem in ihren Wissenszuwächsen ($\beta = -.21$). Während sich keine Zusammenhänge zwischen der Abiturnote und dem Wissen zum ersten Messzeitpunkt zeigten, verzeichneten Personen mit besseren Abiturnoten stärkere Wissenszuwächse ($\beta = .22$). Die Lehramtsform war weder mit dem Wissen zum ersten Messzeitpunkt noch mit dem Wissenszuwachs statistisch bedeutsam assoziiert.

Tabelle 3: Standardisierte Regressionsparameter und Modell-Fit-Parameter für die Vorhersage von Wissen über Klassenführung zum ersten und zweiten Messzeitpunkt (MZP1 & MZP2)

	Modell 1 MZP1		Modell 1 MZP2		Modell 2 MZP1		Modell 2 MZP2	
	β	p	β	p	β	p	β	p
Wissen MZP1	-	-	.76***	.000	-	-	.71**	.003
Abiturnote[1]	.23**	.009	.17	.105	.16	.056	.23*	.030
Geschlecht[2]	.21**	.006	-.20	.034	.19*	.011	-.19*	.041
Alter	.45***	.000	.03	.796	.09	.226	.07	.523
Bachelor[3]					-.61***	.000	-.08	.659
Master[3]					-.13	.112	-.15	.129
Modellgüte								
R^2	.201		.596		.389		.599	
χ^2			47.001				71.357	
df			37				49	
p			.126				.020	
CFI			.965				.938	
TLI			.951				.914	
RMSEA			.023				.029	

| | Modell 3 | | | | Modell 4 | | | |
| | MZP1 | | MZP2 | | MZP1 | | MZP2 | |
	β	p	β	p	β	p	β	p
Wissen MZP1	-	-	.71**	.005	-	-	.70**	.006
Abiturnote[1]	.16	.055	.23*	.029	.16	.058	.22*	.036
Geschlecht[2]	.18*	.015	-.20*	.036	.18*	.014	-.21*	.032
Alter	.09	.266	.06	.599	.09	.257	.05	.633
Bachelor[3]	-.61***	.000	-.07	.713	-.60***	.000	-.10	.587
Master[3]	-.14	.110	-.15	.130	-.13	.112	-.13	.188
Lehramt[4]	-.04	.578	-.05	.528	-.04	.561	-.05	.530
Klassenführung EWI							.08	.313
Klassenführung FD							-.06	.395
Modellgüte								
R^2	.391		.600		.389		.595	
χ^2			77.997				91.528	
df			55				69	
p			.022				.036	
CFI			.937				.938	
TLI			.912				.918	
RMSEA			.027				.024	

Anmerkungen: [1] invertiert; Range: 1 bis 4; [2] Referenz: männlich; [3] Referenz: Praxissemester; [4] Referenz: Nicht-Gymnasium. EWI: Intensitätsratings in erziehungswissenschaftlichen Veranstaltungen; FD: Intensitätsratings in fachdidaktischen Veranstaltungen; R^2 = Anteil erklärter Varianz in der abhängigen Variable; χ^2 = Modell fit test statistic; df = Freiheitsgrade des Modells; p = Irrtumswahrscheinlichkeit; CFI = Comparative Fit Index; TLI = Tucker-Lewis-Index; RMSEA = Root Mean Square Error of Approximation; *p < .05; *p < .01; **p < .001

Die Überprüfung der Kohorteneffekte ergab, dass das Wissen der Praxissemesterstudierenden zum ersten Messzeitpunkt mehr als eine halbe Standardabweichung höher war als das Wissen der Bachelorstudierenden (β = -.60), sich aber nicht statistisch bedeutsam vom Wissen der Masterstudierenden unterschied (β = -.13; Abb. 3). Für den Wissenszuwachs über das Semester sind keine Kohorteneffekte nachweisbar. Die Intensität, mit der das Thema Klassenführung in den erziehungswissenschaftlichen (β = .08) und fachdidaktischen Veranstaltungen (β = -.06) besprochen wurde, wirkte sich nicht statistisch bedeutsam auf den Wissenszuwachs aus.

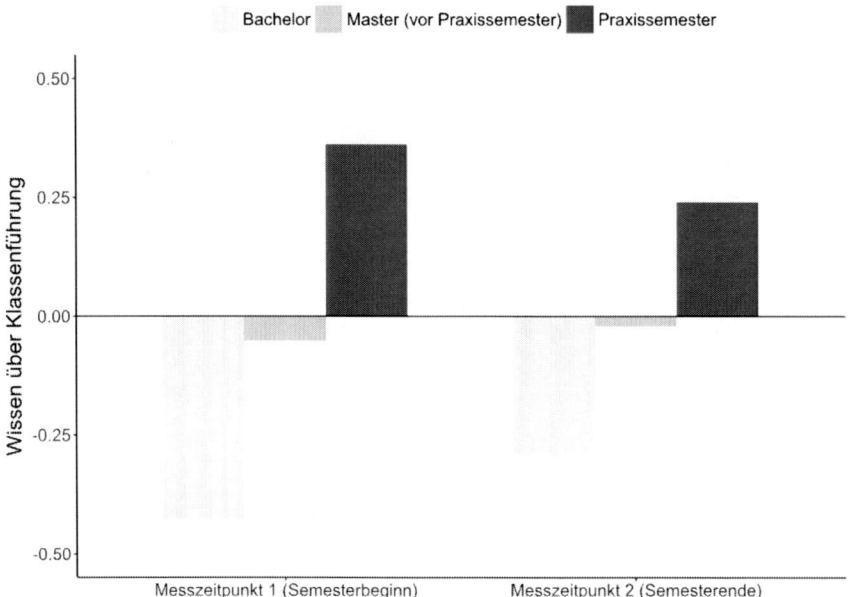

Abbildung 3:   z-standardisierte Mittelwerte im Wissenstest zur Klassenführung in Abhängigkeit von Kohorte und Messzeitpunkt

4   Diskussion

In den letzten Jahren wurden verschiedene Trainingsverfahren entwickelt, die sich als wirksam für die Förderung von Wissen über Klassenführung erwiesen haben (Gold et al., 2013; Kramer et al., 2017). Allerdings ist wenig darüber bekannt, welche Bedeutung diesem Themenbereich in praktischen Ausbildungsphasen und im Lehramtsstudium insgesamt zugemessen wird und wie sich das Wissen der Lehramtsstudierenden im Studienverlauf entwickelt. Obwohl es Hinweise darauf gibt, dass Studierende in den ersten Semestern Wissen über Klassenführung erwerben (König, Tachtsoglou & Seifert, 2012), ist es aus Sicht der Studierenden eine der primären Herausforderungen der Praxisphasen, einen störungsfreien Unterricht zu realisieren (D'Rozario & Wong, 1996; Hart, 1987; Morton, Vesco, Williams & Awender, 1997). Vor diesem Hintergrund prüfte die vorliegende Studie, in welchem Umfang das Thema Klassenführung im Potsdamer Lehramtsstudium aus Sicht der Studierenden in unterschiedlichen Studienabschnitten (Bachelor, Master vor dem

Praxissemester, Praxissemester) besprochen wird. Zudem untersuchten wir, wie sich das Wissen über Klassenführung zwischen diesen Kohorten unterscheidet und inwiefern im Verlauf eines Semesters ein Wissenszuwachs sichtbar wird.

Unsere Ergebnisse zeigten zunächst, dass das Thema Klassenführung aus Sicht der angehenden Lehrkräfte in den verschiedenen Studienphasen unterschiedlich intensiv besprochen wird. Unsere Befunde zeichnen ein differenzierteres Bild über die Bedeutsamkeit des Themas im Lehramtsstudium als retrospektive Befragungen von erfahrenen Lehrkräften, die überwiegend angaben, sich im Studium kaum oder gar nicht mit Klassenführung beschäftigt zu haben (Frey et al., 2016; Wendt et al., 2017). Im Einklang mit den Ergebnissen US-amerikanischer Studien (Jones, 2006) berichteten Studienanfänger, dass Klassenführung in den erziehungswissenschaftlichen Einführungsveranstaltungen eher intensiv besprochen wird, während Masterstudierende es als weniger intensiv wahrnahmen. Im Praxissemester wurde das Thema in den erziehungswissenschaftlichen Begleitveranstaltungen offenbar wieder intensiver besprochen, was sich mit Befunden zur subjektiven Bedeutsamkeit des Themas für Studierende in Praxisphasen deckt (Morton et al., 1997). In den fachdidaktischen Veranstaltungen nimmt die Bedeutsamkeit des Themas in den Begleitveranstaltungen zum Praxissemester ebenfalls tendenziell zu. Insgesamt wird Klassenführung in den erziehungswissenschaftlichen Veranstaltungen des Lehramtsstudiums aus Sicht der Studierenden aber deutlich stärker thematisiert als in den fachdidaktischen Vorlesungen und Seminaren. Die Verortung des Themas Klassenführung im Lehramtsstudium korrespondiert demnach offenbar mit Modellen der Professionskompetenz, in denen es ebenfalls als eine Facette des fachunspezifischen pädagogischen Wissens betrachtet wird (Baumert & Kunter, 2011).

Zudem offenbaren unsere Befunde die systematischen Wissensunterschiede zwischen der Bachelorkohorte, die über ein weitaus geringeres Wissen über Klassenführung verfügte, und den beiden Masterkohorten. Diese Kohortenunterschiede deuten darauf hin, dass es im Rahmen des Lehramtsstudiums gelingt, systematisch Wissen über Klassenführung aufzubauen. Entsprechend sind unsere Ergebnisse konsistent mit Befunden früherer Studien, die zeigen konnten, dass pädagogisches Wissen über die ersten vier Bachelorsemester hinweg zunimmt (König, 2012), und dass Referendare mit abgeschlossenem Lehramtsstudium über ein höheres pädagogisches Wissen verfügen als Referendare ohne Lehramtsstudium (Kleickmann & Anders, 2011; Kunina-Habenicht et al., 2013). In unserer Untersuchung fanden im Verlauf eines Semesters – vor allem in der Bachelorkohorte – geringfügige Wissenszuwächse statt, die sich aber nicht inferenzstatistisch absichern ließen. Eine frühere Studie konnte zeigen, dass sich ein systematischer Anstieg im Wissen über Klassenführung im Verlauf eines Semesters nur dann feststellen lässt, wenn Studierende einen Kurs besuchten, der spezifisch auf das Thema Klassenführung fokussierte (Kramer et al., 2017). Andernfalls findet der Wissenserwerb vermutlich eher langfristig statt. Unsere Analysen zeigten weiterhin, dass weibliche Studierende zu Semesterbeginn über ein höheres pädagogisches Wissen verfügten als männliche Studierende, was sich möglicherweise durch Geschlechtsunterschiede im pädagogischen Interesse erklären lässt, die frühere Studien zeigen konnten (Gronostay & Manzel, 2015). Männliche Studierende zeigten aber einen höheren Wissensanstieg im Verlauf des Semesters. Die Lehrveranstaltungen wirkten demnach offenbar kompensatorisch. Schließlich erwarben Studierende mit besseren Abiturnoten im Verlauf des Semesters mehr Wissen als Studierende mit schlechteren Abiturnoten. Dieses Ergebnis bestätigt die Annahme, dass persönliche Voraussetzungen die Nutzung von Lerngelegenheiten beeinflussen und sich auf den Kompetenzerwerb auswirken können (Kunter et al., 2011).

Darüber hinaus zeigten sich keine bedeutsamen Zusammenhänge zwischen der Intensität, mit der das Thema Klassenführung in den universitären Veranstaltungen besprochen wurde und der Wissensentwicklung. In der LEK-Studie von König et al. (2012) waren ebenfalls nur vereinzelt korrelative Zusammenhänge zwischen den im Studium behandelten Inhalten und dem pädagogischen Unterrichtswissen gefunden worden. Die Autor/-innen der LEK-Studie hatten ihre Ergebnisse insbesondere damit begründet, dass Studienordnungen den Studierenden kaum Freiheitsgrade ermöglichen (König et al., 2012). Dies trifft auch für das Bachelor-Lehramtsstudium in Potsdam zu. Im Masterstudium haben Potsdamer Lehramtsstudierende hingegen vielfältige Möglichkeiten, um erziehungswissenschaftliche Schwerpunkte frei zu wählen. Tatsächlich verfügen Studierende offenbar über ein größeres pädagogisches Wissen in Bereichen, die sie schwerpunktmäßig studiert haben (Schulze-Stocker, Holzberger, Kunina-Habenicht, Terhart & Kunter, 2016). Allerdings sind die entsprechenden Zusammenhänge klein. Angesichts unserer Befunde wäre es daher denkbar, dass sich erst die – über mehrere Semester hinweg – kumulierten Unterschiede in den Studieninhalten auf den Wissenserwerb auswirken.

4.1   Limitationen und Forschungsimplikationen

Unsere Untersuchung weist einige Grenzen auf. Zunächst fand die Erhebung nur an einem Universitätsstandort statt. Tatsächlich unterscheidet sich das Studienangebot zwischen Universitäten zum Teil erheblich (Hohenstein et al., 2014). Kunina-Habenicht et al. (2013) fanden zwar Hinweise darauf, dass für den Aufbau von bildungswissenschaftlichem Wissen individuelle Wissensaufbauprozesse bedeutsamer seien als eine Profilbildung von Universitäten. In der Untersuchung von König (2012) zeigten sich aber deutliche Unterschiede im Aufbau des pädagogischen Wissens an verschiedenen Universitäten. Daher lassen sich unsere Befunde möglicherweise nur dann auf andere Universitätsstandorte übertragen, wenn diese über ähnliche Studienstrukturen verfügen wie die Universität Potsdam. Aufgrund des geringen Anteils an Studierenden in der Stichprobe, die das Lehramt Grundschule studierten, war es uns nicht möglich, diese Gruppe separat zu betrachten. Da angehende Grundschullehrkräfte häufig eine größere Anzahl von erziehungswissenschaftlichen Veranstaltungen besuchen müssen, wäre aber denkbar, dass sie sich in ihrem Studium häufiger mit dem Thema Klassenführung auseinandersetzen und ein umfangreicheres Klassenführungswissen erwerben als Studierende der Sekundarstufe I und II. Zudem erfassten wir die Lerngelegenheiten, die das Potsdamer Lehramtsstudium zum Thema Klassenführung bietet, anhand eines Intensitätsratings. Diese Operationalisierung ermöglichte es uns, eine Aussage darüber zu treffen, zu welchen Anteilen Klassenführung in Veranstaltungen thematisiert wird, die sich nicht ausschließlich diesem Thema widmen, wie bspw. Begleitveranstaltungen zum Praxissemester. Die Aussagekraft solcher Ratings mag aber durch ihre Subjektivität und durch die punktuellen Angaben (bspw. fehlen Angaben zu späteren Phasen des Bachelorstudiums) begrenzt sein. Die Analyse von Studienordnungen oder Befragungen zu Anzahl und Qualität der besuchten Veranstaltungen zum Thema und zur Form der Vermittlung könnten unsere Ergebnisse vervollständigen. Schließlich fokussierte der von uns eingesetzte Wissenstest ausschließlich auf prozedurale Wissensaspekte und lediglich auf spezifische Facetten der Klassenführung (Interventionen bei Störungen, Optimieren zeitlicher Abläufe, Gruppenaktivierung). Auch wenn die Langform des Testverfahrens zuvor mit Beobachterratings der Klassenführungsqualität in Verbindung gebracht werden konnte (Lenske et al., 2015), ist der Test vermutlich nicht sensitiv genug, um das Wissen der Studierenden vollständig abzubilden und sämtliche Wissenszuwächse im Bereich der Klassenführung zu erfassen. In Evaluationsstudien wurden die eingesetzten Messinstrumente eng auf die erwarteten Lernergebnisse abgestimmt (Kramer et al., 2017). Zukünftige Studien könnten Dozierende, die in der universitären Lehrkräftebildung tätig sind, dazu befragen, welche Lernziele sie im Bereich der Klassenführung anvisieren und gezielt das Erreichen dieser Lernziele messen. Außerdem wären Studien aufschlussreich, die nachzeichnen, inwiefern das im Studium erworbene Wissen über Klassenführung im Unterrichtsverhalten der (angehenden) Lehrkräfte sichtbar wird. Dabei sollte auch fokussiert werden, welche individuellen Merkmale einerseits den Wissenserwerb und andererseits die Umsetzung des Wissens in gute Klassenführungsfähigkeiten beeinflussen können.

4.2 Praktische Implikationen

Erfolgreiche Klassenführung ist eine zentrale Voraussetzung für das Lernen von Schülern (Korpershoek et al., 2016) und für das Wohlbefinden von Lehrkräften (Clunies-Ross et al., 2008). Die vorliegende Untersuchung liefert einige Hinweise auf die Verankerung des Themas Klassenführung in den erziehungswissenschaftlichen und fachdidaktischen Veranstaltungen des Lehramtsstudiums. In ihren Bemühungen um eine Professionalisierung des beruflichen Handelns von (angehenden) Lehrkräften sollten Ausbildner sich auf diejenigen Kompetenzfacetten konzentrieren, deren Relevanz empirische Studien belegen konnten (Lipowsky, 2014). Auch wenn unsere Befunde darauf hindeuten, dass Klassenführung im Lehramtsstudium intensiver besprochen wird als die Ergebnisse aus globalen retrospektiven Befragungen (Frey et al., 2016; Wendt et al., 2017) vermuten lassen, wird dem Thema wohl nicht die Bedeutung zugemessen, die es angesichts seiner zentralen Rolle für den beruflichen Erfolg von Lehrkräften verdient. Um Studierende optimal auf die Herausforderungen des Lehrerberufs vorzubereiten, könnte es daher gewinnbringend sein, wenn Studienangebote und die Regulation von Studienverläufen stärker an verbindlichen Kompetenzbereichen orientiert werden (Schulze-Stocker et al., 2016).

Literatur

Baumert, J. & Kunter, M. (2011). Das Kompetenzmodell von COACTIV. In M. Kunter, J. Baumert, W. Blum, U. Klusmann, S. Krauss & M. Neubrand (Hrsg.), Professionelle Kompetenz von Lehrkräften: Ergebnisse des Forschungsprogramms COACTIV (S. 85-113). Münster: Waxmann.

Blömeke, S., Gustafsson, J.-E. & Shavelson, R. J. (2015). Beyond dichotomies: Competence viewed as a continuum. Zeitschrift für Psychologie, 223, 3-13.

Byrne, B. M., Shavelson, R. J. & Muthén, B. O. (1989). Testing for the equivalence of factor covariance and mean structures: The issues of partial measurement invariance. Psychological Bulletin, 105 (3), 456-466.

Clunies-Ross, P., Little, E. & Kienhuis, M. (2008). Self-reported and actual use of proactive and reactive classroom management strategies and their relationship with teacher stress and student behaviour. Educational Psychology, 28 (6), 693-710.

Dicke, T., Elling, J., Schmeck, A. & Leutner, D. (2015). Reducing reality shock: The effects of classroom management skills training on beginning teachers. Teaching and Teacher Education, 48, 1-12.

D'Rozario, V. & Wong, A. F. L. (1996). A study of practicum-related stresses in a sample of first year student teachers in Singapore. Paper presented at annual conference of the Singapore Educational Research Association and Australian Association for Research in Education, Singapore.

Frey, K. A., Bonsen, M. & Obermeier, A.-C. (2016). Wie hast Du's mit der Klassenführung? Die Auseinandersetzung von Lehrkräften mit einer zentralen Dimension der Unterrichtsqualität. In D. Prinz & K. Schwippert (Hrsg.), Der Forschung – Der Lehre – Der Bildung: Aktuelle Entwicklungen der empirischen Bildungsforschung (S. 57-72). Münster: Waxmann.

Gold, B., Förster, S. & Holodynski, M. (2013). Evaluation eines videobasierten Trainingsseminars zur Förderung der professionellen Wahrnehmung von Klassenführung im Grundschulunterricht. Zeitschrift für Pädagogische Psychologie, 27 (3), 141-155.

Greenberg, J., Putman, H. & Walsh, K. (2014). Training our future teachers: Classroom management. Washington, D. C.: National Council on Teacher Quality.

Gröschner, A. & Schmitt, C. (2010). Wirkt, was wir bewegen? Ansätze zur Untersuchung der Qualität universitärer Praxisphasen im Kontext der Reform der Lehrerbildung. Erziehungswissenschaft, 21 (40), 89-97.

Gronostay, D. & Manzel, S. (2015). Entwicklung der professionellen Kompetenz von Studierenden im Lehramt Sozialwissenschaften – Erste Ergebnisse einer Quasi-Längsschnitterhebung zur Berufswahlmotivation. In G. Weißeno & C. Schelle, Empirische Forschung in gesellschaftswissenschaftlichen Fachdidaktiken (S. 155-165). Wiesbaden: Springer VS.

Hart, N. I. (1987). Student teachers' anxieties: Four measured factors and their relationships to pupil disruption in class. Educational Research, 29 (1), 12-18.

Hohenstein, F., Zimmermann, F., Kleickmann, T., Köller, O. & Möller, J. (2014). Sind die bildungswissenschaftlichen Standards für die Lehramtsausbildung in den Curricula der Hochschulen angekommen? Zeitschrift für Erziehungswissenschaft, 17 (3), 497-507.

Hu, L. & Bentler, P. M. (1999). Cutoff criteria for fit indexes in covariance structure analysis: Conventional criteria versus new alternatives. Structural Equation Modeling: A Multidisciplinary Journal, 6 (1), 1-55.

Jones, V. (2006). How do teachers learn to be effective classroom managers? In C. M. Evertson & C. S. Weinstein (Eds.), Handbook of classroom management: Research, practice and contemporary issues (pp. 887-908). Mahwah, NJ: Lawrence Erlbaum Associates.

Kleickmann, T. & Anders, Y. (2011). Lernen an der Universität. In M. Kunter, J. Baumert, W. Blum, U. Klusmann, S. Krauss & M. Neubrand (Hrsg.), Professionelle Kompetenz von Lehrkräften: Ergebnisse des Forschungsprogramms COACTIV (S. 305-315). Münster: Waxmann.

Klusmann, U., Kunter, M., Voss, T. & Baumert, J. (2012). Berufliche Beanspruchung angehender Lehrkräfte: Die Effekte von Persönlichkeit, pädagogischer Vorerfahrung und professioneller Kompetenz. Zeitschrift für Pädagogische Psychologie, 26 (4), 275-290.

König, J. (2012). Die Entwicklung von pädagogischem Unterrichtswissen: Theoretischer Rahmen, Testinstrument, Skalierung und Ergebnisse. In J. König & A. Seifert (Hrsg.), Lehramtsstudierende erwerben pädagogisches Professionswissen: Ergebnisse der Längsschnittstudie LEK zur Wirksamkeit der erziehungswissenschaftlichen Lehrerbildung (S. 143-182). Münster: Waxmann.

König, J. & Klemens, S. (2015). Der Erwerb von pädagogischem Wissen bei angehenden Lehrkräften in unterschiedlichen Ausbildungskontexten: Zur Wirksamkeit der Lehrerausbildung in Deutschland und Österreich. Zeitschrift für Erziehungswissenschaft, 18, 247-277.

König, J., Tachtsoglou, S. & Seifert, A. (2012). Individuelle Voraussetzungen, Lerngelegenheiten und der Erwerb von pädagogischem Professionswissen. In J. König & A. Seifert (Hrsg.), Lehramtsstudierende erwerben pädagogisches Professionswissen: Ergebnisse der Längsschnittstudie LEK zur Wirksamkeit der erziehungswissenschaftlichen Lehrerausbildung (S. 243-283). Münster: Waxmann.

Korpershoek, H., Harms, T., de Boer, H., Van Kuijk, M. & Doolaard, S. (2016). A meta-analysis of the effects of classroom management strategies and classroom management programs on students' academic, behavioral, emotional, and motivational outcomes. Review of Educational Research, 86 (3), 643-680.

Korthagen, F. A. J. & Kessels, J. P. A. M. (1999). Linking theory and practice: Changing the pedagogy of teacher education. Educational Researcher, 28 (4), 4-17.

Kounin, J. S. (1970). Discipline and group management in classrooms. New York: Holt, Rinehart & Winston.

Kramer, C., König, J., Kaiser, G., Ligtvoet, R. & Blömeke, S. (2017). Der Einsatz von Unterrichtsvideos in der universitären Ausbildung: Zur Wirksamkeit video- und transkriptgestützter Seminare zur Klassenführung auf pädagogisches Wissen und situationsspezifische Fähigkeiten angehender Lehrkräfte. Zeitschrift für Erziehungswissenschaft, 20 (1), 137-164.

Kultusministerkonferenz (2004). Standards für die Lehrerbildung: Bildungswissenschaften. Verfügbar unter: www.kmk.org/fileadmin/veroeffentlichungen_beschluesse/2004/2004_12_16-Standards-Lehrerbildung.pdf [14.08.2017].

Kunina-Habenicht, O., Schulze-Stocker, F., Kunter, M., Baumert, J., Leutner, D., Förster, D. & Terhart, E. (2013). Die Bedeutung der Lerngelegenheiten im Lehramtsstudium und deren individuelle Nutzung für den Aufbau des bildungswissenschaftlichen Wissens. Zeitschrift für Pädagogik, 59 (1), 1-23.

Kunter, M., Kleickmann, T., Klusmann, U. & Richter, D. (2011). Die Entwicklung professioneller Kompetenz von Lehrkräften. In M. Kunter, J. Baumert, W. Blum, U. Klusmann, S. Krauss & M. Neubrand (Hrsg.), Professionelle Kompetenz von Lehrkräften: Ergebnisse des Forschungsprogramms COACTIV (S. 55-68). Münster: Waxmann.

Lenske, G., Thillmann, H., Wirth, J., Dicke, T. & Leutner, D. (2015). Pädagogisch-psychologisches Professionswissen von Lehrkräften: Evaluation des ProwiN-Tests. Zeitschrift für Erziehungswissenschaft, 18 (2), 225-245.

Lenske, G., Wagner, W., Wirth, J., Thillmann, H., Cauet, E., Liepertz, S. & Leutner, D. (2016). Die Bedeutung des pädagogisch-psychologischen Wissens für die Qualität der Klassenführung und den Lernzuwachs der Schüler/innen im Physikunterricht. Zeitschrift für Erziehungswissenschaft, 19 (1), 211-233.

Lipowsky, F. (2014). Theoretische Perspektiven und empirische Befunde zur Wirksamkeit von Lehrerfort- und -weiterbildung. In E. Terhart, H. Bennewitz & M. Rothland (Hrsg.), Handbuch der Forschung zum Lehrerberuf (2. Aufl., S. 511-541). Münster: Waxmann.

Morton, L. L., Vesco, R., Williams, N. H. & Awender, M. A. (1997). Student teacher anxieties related to class management, pedagogy, evaluation, and staff relations. British Journal of Educational Psychology, 67 (1), 69-89.

O'Neill, S. C. & Stephenson, J. (2011). Classroom behaviour management preparation in undergraduate primary teacher education in Australia: A web-based investigation. Australian Journal of Teacher Education, 36 (10), 34-52.

Ophardt, D. & Thiel, F. (2013). Klassenmanagement: Ein Handbuch für Studium und Praxis. Stuttgart: Kohlhammer.

Piwowar, V., Thiel, F. & Ophardt, D. (2013). Training inservice teachers' competencies in classroom management: A quasi-experimental study with teachers of secondary schools. Teaching and Teacher Education, 30, 1-12.

Porsch, R. & Gollub, P. (2016). Angst zu unterrichten bei Lehramtsstudierenden vor und nach dem Praxissemester: Ergebnisse der InPraxis-Studie. Poster präsentiert auf dem 4. Symposium „Schulen der Zukunft", Koblenz.

Schulze-Stocker, F., Holzberger, D., Kunina-Habenicht, O., Terhart, E. & Kunter, M. (2016). Spielen Studienschwerpunkte wirklich eine Rolle? Zum Zusammenhang von bildungswissenschaftlichen Studienschwerpunkten, selbst eingeschätzten Kenntnissen und gemessenem Wissen am Ende eines Lehramtsstudiums. Zeitschrift für Erziehungswissenschaft, 19 (3), 599-623.

Seidel, T. (2015). Klassenführung. In E. Wild & J. Möller (Hrsg.), Pädagogische Psychologie (S. 107-119). Berlin: Springer.

Stough, L. M. (2006). The place of classroom management and standards in teacher education. In C. M. Evertson & C. S. Weinstein (Eds.), Handbook of classroom management: Research, practice, and contemporary issues (pp. 909-923). Mahwah, NJ: Lawrence Erlbaum Associates.

Stough, L. M. & Montague, M. L. (2015). How teachers learn to be classroom managers. In E. T. Emmer & E. J. Sabornie (Eds.), Handbook of classroom management (2nd ed., pp. 446-458). New York: Routledge.

Stürmer, K., Könings, K. D. & Seidel, T. (2013). Declarative knowledge and professional vision in teacher education: Effect of courses in teaching and learning. British Journal of Educational Psychology, 83 (3), 467-483.

Terhart, E., Lohmann, V. & Seidel, V. (2010). Die bildungswissenschaftlichen Studien in der universitären Lehrerbildung: Eine Analyse aktueller Studienordnungen und Modelhandbücher an Universitäten in Nordrhein-Westfalen. Münster: Universität Münster, Institut für Erziehungswissenschaft.

Thiel, F., Richter, S. G. & Ophardt, D. (2012). Steuerung von Übergängen im Unterricht: Eine Experten-Novizen-Studie zum Klassenmanagement. Zeitschrift für Erziehungswissenschaft, 15 (4), 727-752.

Vandenberg, R. J. & Lance, C. E. (2000). A review and synthesis of the measurement invariance literature: Suggestions, practices, and recommendations for organizational research. Organizational Research Methods, 3 (1), 4-70.

Voss, T., Kunina-Habenicht, O., Hoehne, V. & Kunter, M. (2015). Stichwort pädagogisches Wissen von Lehrkräften: Empirische Zugänge und Befunde. Zeitschrift für Erziehungswissenschaft, 18 (2), 187-223.

Voss, T., Kunter, M. & Baumert, J. (2011). Assessing teacher candidates' general pedagogical/psychological knowledge: Test construction and validation. Journal of Educational Psychology, 103 (4), 952-969.

Wendt, H., Bos, W., Goy, M. & Jusufi, D. (2017). TIMSS 2015 Skalenhandbuch zur Dokumentation der Erhebungsinstrumente und Arbeit mit den Datensätzen. Münster: Waxmann.

Wesley, D. A. & Vocke, D. E. (1992). Classroom discipline and teacher education. Paper presented at the annual meeting of the Association of Teacher Educators, Orlando, FL.

Westerman, D. A. (1991). Expert and novice teacher decision making. Journal of Teacher Education, 42 (4), 292-305.

Weyland, U. & Wittmann, E. (2015). Langzeitpraktika in der Lehrerausbildung in Deutschland: Stand und Perspektiven. Journal für LehrerInnenbildung, 15 (1), 8-21.

A comparison of how much teaching students know about classroom management

Classroom management is an essential element of successful teaching and should therefore play a central role in teacher education. This study examines how intensively classroom management is taught both in classes that accompany practical internships as well as in the initial stages of teacher training at the University of Potsdam. We also compare how much students knew about classroom management during their teaching placement (n = 157) with how much teaching students in bachelor programs (n = 252) or at an earlier stage of their master's degree knew (n = 145). We then looked at how much knowledge these three student cohorts had acquired over the course of a single semester. Thus, the study was based on a sample of N = 554 students, who were questioned and tested during the winter semester 2016/17. Classroom management was taught more intensively in pedagogical courses than in didactic courses, especially in the bachelor program and during teaching internships. Latent structural equation models indicated that students on teaching placements knew much more about classroom management than bachelor students. Student knowledge remained relatively constant over the course of the semester. We discuss implications for teacher training.

Keywords: knowledge about classroom management – learning opportunities – practical internship – teacher training

Autoren:[2]

Dr. Andrea Westphal, Prof. Dr. Miriam Vock, Universität Potsdam, Empirische Unterrichts- und Interventionsforschung.

JProf. Dr. Hendrik Lohse-Bossenz, PH Heidelberg, Psychologie mit Schwerpunkt Lehr-Lern-Forschung.

JProf. Dr. Gerlinde Lenske, Universität Koblenz-Landau, Institut für Bildung im Kindes- und Jugendalter.

Korrespondenz an: andrea.westphal@uni-potsdam.de

Wir bedanken uns insbesondere bei Clara Josepha Hoferichter sowie bei Henriette-Maja Haufe, Anahait Barseghyan, So Wun Baik, Laura Engler, Nina Farentholz, Dorothea Körner und Liliana Paulina Looks für die Unterstützung bei der Datenerhebung und -verarbeitung.

---

[2] Das diesem Bericht zugrundeliegende Vorhaben wurde im Rahmen der gemeinsamen „Qualitätsoffensive Lehrerbildung" von Bund und Ländern mit Mitteln des Bundesministeriums für Bildung und Forschung unter dem Förderkennzeichen 01JA1516 gefördert. Die Verantwortung für den Inhalt dieser Veröffentlichung liegt bei den Autorinnen und Autoren.

Lehrerbildung auf dem Prüfstand
2018, 11. Jahrgang, Heft 1, S. 152-167

Veränderung von Einstellungen zur Theorie- und Praxisorientierung des Lehramtsstudiums im Praxissemester

Thomas Fischer, Andreas Bach und Kathrin Rheinländer

Der vorliegende Beitrag untersucht die Einstellungen von Studierenden zur Theorie-Praxisorientierung des Lehramtsstudiums im Verlauf eines 10-wöchigen Praxissemesters. Die Studie ist Teil des Projekts Intensität und Stabilität berufsbezogener Einstellungen im Lehramtsstudium (ISabEL) an der Europa-Universität Flensburg. Mit Blick auf Ziele verlängerter Praxisphasen wird überprüft, ob und inwiefern sich die Einstellungen der Studierenden im Laufe eines Praxissemesters verändern. Die Analysen erfolgen anhand einer neu entwickelten Skala, welche die Einstellungen zur Theorie-Praxis-Orientierung auf den Dimensionen „theoretisch-reflexive Professionalisierungsfunktion" und „berufseinführende Professionalisierungsfunktion" erfasst. Die Ergebnisse zeigen, dass die Studierenden nach dem Praxissemester über weniger positive Einstellungen gegenüber einer „theoretisch-reflexiven Professionalisierungsfunktion" verfügen, während sich die Einstellungen zur „berufseinführenden Professionalisierungsfunktion" nicht statistisch bedeutsam nach dem Praxissemester unterscheiden.

Schlagwörter: Einstellungen – Lehrerbildung – Schulpraktika – Theorie-Praxis-Verhältnis

1 Einleitung

Die Erste Phase der Lehrerausbildung in Deutschland hat in den letzten Jahren, bedingt durch die quantitative Ausweitung schulischer Praxisphasen, einen strukturellen Wandel erfahren, der durch die Einführung von Praxissemestern als neue Form der Langzeitpraktika ausgelöst worden ist (Offenberg & Walke, 2013; Weyland & Wittmann, 2015). Die vielfach kritisierte „Randständigkeit der schulpraktischen Ausbildungsanteile" (Terhart, 2000, S. 107) sowie die starke Segmentierung der beiden Ausbildungsphasen wurden damit zumindest auf der Ebene der Formalstruktur der Lehrerausbildung reformiert, indem Berufsfeld- und Praxisbezüge lehramtsbezogener Studiengänge gestärkt wurden. Schulische Praxisphasen gelten konzeptionell als bedeutsames Studienelement für Professionalisierungsprozesse von Studierenden lehramtsbezogener Studiengänge, da diesen eine „Brückenfunktion" in der Vermittlung „zwischen den universitären Theoriestudien und der späteren Berufspraxis" (Arnold et al., 2011, S. 90) zugeschrieben wird. Auch aus Studierendenperspektive wird schulischen Praxisphasen ein besonders hoher Stellenwert beigemessen (Cramer, 2013; Cramer, 2014; Hascher, 2011; Korthagen & Kessels, 1999). Praxisphasen gelten daher auch als das „Herzstück" (Hascher, 2006, S. 130) der universitären Lehrerausbildung. Mit Blick auf aktuelle bildungspolitische Ziele und konzeptionelle Lösungsversuche einer stärkeren Verzahnung aller Phasen des Lehramtsstudiums werden verlängerte Praxisphasen als „Königs-weg" (Schubarth, Gottmann & Krohn, 2014, S. 203) postuliert, obgleich eine mangelnde empirische Befundlage und theoretisch-konzeptionelle Absicherung festgestellt wird (vgl. Cramer, 2014).

Erste empirische Untersuchungen deuten darauf hin, dass sich die intendierten Ef-fekte schulpraktischer Ausbildungsanteile nicht per se durch eine zeitliche Aus-dehnung von Praxisphasen herstellen lassen. Die in Praktika häufig dominierende „Adaption der Studierenden an die gegebene Schul- und Unterrichtspraxis" (Bach, 2013, S. 123) kann vielmehr eine „Erfahrungsfalle" (Hascher, 2005, S. 41) für Pro-fessionalisierungsprozesse sein. Auch vor dem Hintergrund professionstheore-tischer Überlegungen in der Lehrerbildung wird auf konfligierende Logiken respek-tive widersprüchliche Erwartungshaltungen der Akteure innerhalb der Bezugs-systeme Schule und Wissenschaft verwiesen, die eher zu einer Verstärkung der Theorie-Praxis-Problematik und entsprechenden Deprofessionalisierungstenden-zen als zu deren Auflösung beitragen (vgl. u. a. Fraefel, 2012; Hascher, 2012a, 2012b). Empirische Untersuchungen, die die Verknüpfung von Theorie und Praxis im Rahmen von verlängerten Praxisphasen untersuchen, sind bislang kaum vor-handen (Cramer, 2014). Der vorliegende Beitrag greift dieses Desiderat auf und untersucht, welche Einstellungen Studierende zur Theorie-Praxis-Orientierung des Lehramtsstudiums aufweisen, und ob und in welche Richtung sich die Einstellun-gen innerhalb eines 10-wöchigen Praxissemesters verändern.

2   Theoretische Grundlagen und Forschungsstand

2.1   Einstellungen und Einstellungswandel von angehenden Lehr-kräften in verlängerten Praxisphasen als Transition

Einstellungen bzw. Überzeugungen bilden eine Facette von Lehrerprofessionalität (Baumert & Kunter, 2013), der ein bedeutsamer Einfluss im Hinblick auf die Wahr-nehmung bzw. Nutzung von Lerngelegenheiten sowie dem späteren Lehrer-handeln zugeschrieben werden (vgl. Reusser & Pauli, 2014).

Der Einstellungsbegriff wird in der Lehrerbildungsforschung häufig synonym mit Termini wie Überzeugungen, subjektiven Theorien, Sichtweisen und Werthaltun-gen verwendet (Calderhead, 1996; Fives & Buehl, 2012; Pajares, 1992; Reusser & Pauli 2014; Richardson, 1996) und beschreibt das affektive und evaluative Urteil gegenüber einem Objekt, das handlungsleitend sein kann (Fives & Buehl, 2012; Maio & Haddock, 2009; Murphy & Mason, 2006; Richardson, 1996). Einstellungen beinhalten eine explizite und implizite Komponente (Fives & Buehl, 2012). Einstel-lungen zur Professionalisierungsfunktion des Lehramtsstudiums lassen sich in An-lehnung an die Klassifikation von Reusser und Pauli (2014), in Abgrenzung zu epistemologischen und personenbezogenen Einstellungen, den kontextbezogenen Einstellungen zuordnen, da diese den institutionellen Kontext von Bildung und Erziehung fachübergreifend als Einstellungsgegenstand in den Blick nehmen. Professionstheoretische Modelle verweisen darauf, dass Einstellungen bzw. Überzeugungen eine bedeutsame Facette für pädagogische Professionalität darstellen (Ortenburger & Kuper, 2010). Allerdings fehlt es an empirischen Studien, die die Ausprägung und Veränderbarkeit der Einstellungen und Überzeugungen in den Blick nehmen (vgl. Bauer, Festner, Gruber, Harteis & Heid, 2005), was insbesondere für die Relationierung von Theorie und Praxis gilt (vgl. Cramer, 2014).

Theoretisch schließt der vorliegende Beitrag an die Theorien zur Expertise- und beruflichen Identitätsentwicklungsforschung an und konzeptualisiert die Einstellungsänderung von Studierenden sozialisatorisch als Anpassungs- bzw. Assimilationsprozess an die Normen und Standards des (quasi-)beruflichen Umfeldes im Praxisfeld Schule (vgl. Messner & Reusser, 2000). Konzeptionell lassen sich verlängerte Praxisphasen, die in Form von Mitwirkungspraktika durchgeführt werden und in denen Studierende häufig stärker als in Kurzzeit-, Hospitations- bzw. Orientierungspraktika in das Unterrichten eingebunden sind, als zeitlich und tätigkeitsbezogen begrenzte Transitionen in das Berufsfeld Schule bestimmen, die spezifische Bewältigungsanforderungen an Studierende stellen. Obgleich schulische Praxisphasen im Vergleich zur Berufseinmündung bzw. der eigentlichen Berufstätigkeit als mehr oder weniger „geschützte Erfahrungsräume" beschrieben werden, verweisen vorliegende Forschungen zu Bewältigungsmustern und Veränderungen in Praxisphasen darauf, dass Einstellungen sich bereits vor der Berufseinmündung und vor allem in schulpraktischen Phasen stark verändern können (Moser & Hascher, 2000). Studierende befinden sich, je nach Qualität der Praktikumsbetreuung, in einer Art „survival stage" (Fuller & Brown, 1975, p. 36; Endedjik, 2014; Hascher, Cocard & Moser, 2007) in der die Anpassung an die schulische Praxis dominiert (Bach, 2013; Chiptin, Simon & Galipeau; 2008; Hascher, 2012b; Rothland & Boecker, 2014). Studierende sind als Novizen im Vergleich zu Experten weniger in der Lage, die durch Handlungsdruck entstehende Komplexität zu reduzieren (Berliner, 2001, 2004; Darling-Hammond & Bransford, 2005; Doyle, 2006; Haider & Frensch, 1996; Wolff, Jarodzka, Van den Bogert, & Boshuizen, 2016; Wolff, Van den Bogert, Jarodzka & Boshuizen, 2014). Andererseits wird angenommen, dass mit der Ausweitung der Praxisphasen der Einstellungs- und Entwicklungsverlauf von Studierenden professionalisiert werden kann, da der schulische Rahmen und die Orientierung am Lernen der Schülerinnen und Schüler ein sozial vielfältiges und anspruchsvolles Feld ist, das die Integration disparater Wissensbestände ermöglicht und gleichzeitig die motivationalen Bereitschaften der Studierenden stärken kann (Fraefel, 2012; Fraefel, Bernhardsson-Laros & Bäuerlein, 2017; Grossman, Hammerness & McDonald, 2009).

2.2 Forschungsstand zur Theorie-Praxis-Orientierung von Lehramtsstudierenden

Bisherige Untersuchungen belegen hinsichtlich der Orientierung von Lehramtsstudierenden zu theoretischen und schulpraktischen Ausbildungsanteilen der Ersten Phase der Lehrerausbildung konsistent und einhellig, dass Studierende schulischen Praxisphasen generell eine hohe Bedeutung zuschreiben, die retrospektiv jedoch geringer eingeschätzt wird (vgl. u. a. Cramer, 2013, Hascher, 2011). Theorie wird aus der Sichtweise von Studierenden mit „universitärer Lehre gleichgesetzt" (Thon, 2014, S. 223), während unter Schulpraxis das Unterrichten selbst verstanden wird (Cramer, 2014). Mit Blick auf die Wirkungen von Praxisphasen auf die Bedeutsamkeits-, Qualitäts- und Nutzeneinschätzung von Lehramtsstudierenden weist Cramer (2013) im Rahmen einer Längsschnittstudie an Pädagogischen Hochschulen in Baden-Württemberg nach, dass das „zunehmende Erfolgserleben in den Schulpraktika (...) zu einer geringeren Bedeutsamkeitszuschreibung an das erziehungswissenschaftliche Studium [führt]" (S. 76).

Studien zu Lernprozessen in schulpraktischen Studien verweisen darauf, dass Praxisphasen vorrangig als Bewältigungs- und Bewährungsphase wahrgenommen werden, in denen Studierende neben „vielseitigen Erfahrungen" (Hascher, 2006, S. 133) häufig auch „Tipps und konkrete Hinweise, wie Unterricht gelingen kann" (ebd.) erwarten. Das Lernen am Modell der Praxislehrpersonen wird als dominierende Lernform der Studierenden genutzt (Moser & Hascher, 2000), die ebenso durch eine „Tipps-und-Tricks-Vermittlungskultur" (Hascher, 2012, S. 112) der Praxislehrpersonen unterstützt wird. Auch in einer Studie von Rajuan, Beijaard und Verloop (2007) zeigte sich eine hohe Übereinstimmung in den praxisbezogenen Orientierungen von Studierenden und Praxislehrpersonen.

Studien zu verlängerten schulischen Praxisphasen konnten bislang keine Verbesserung der wahrgenommenen Verzahnung von Theorie und Praxis feststellen (vgl. Fischer, Bach & Rheinländer, 2016). Fischer et al. (2016) zeigen auf der Grundlage einer quantitativen Erhebung zudem, dass sich der Widerspruch zwischen Theorie und Praxis im Verlauf des Praxissemesters statistisch bedeutsam vergrößert. Erste Untersuchungen zu Reflexionskompetenzen/-prozessen von Studierenden in Praxisphasen zeigen Beispiele, in denen die Reflexionstiefe auf einem geringen Niveau und gerade bei einer Verschriftlichung in Portfolios auf einer deskriptiv-beschreibenden Ebene bleibt (Leonhard & Rihm, 2011). Die Ergebnisse von Homt und Van Ophuysen (2017) deuten zudem darauf hin, dass Forschendes Lernen von Studierenden im Praxissemester als weniger sinnvoll bewertet wird.

3   Forschungsfragen

Die folgenden Forschungsfragen standen im Mittelpunkt der vorliegenden Studie:

(1) Welche psychometrischen Eigenschaften (faktorielle Struktur, Reliabilität) weist eine neu entwickelte Likert-Skala zur Erfassung der Einstellungen von Lehramtsstudierenden zur Theorie- und Praxisorientierung des Lehramtsstudiums auf?

(2) Über welche Einstellung zur Theorie- und Praxisorientierung des Lehramtsstudiums verfügen Lehramtsstudierende am Anfang des Praxissemesters und wie verändern sich diese Einstellungen im Verlauf der Praxisphase?

3.1   Untersuchungsdesign

Die vorliegende Studie ist Teil des Projekts ISabEL an der Europa-Universität Flensburg, das die Veränderungen berufsbezogener Einstellungen von Lehramtsstudierenden im Kontext von Studien- und Praxisphasen untersucht. Die in diesem Beitrag vorgestellten Ergebnisse basieren auf einer schriftlichen Befragung von zwei Kohorten von Lehramtsstudierenden des M.A. für Grund- und Gemeinschaftsschulen. Die erste Kohorte diente als Stichprobe für Studie 1, in der die neu entwickelte Einstellungsskala im Rahmen exploratorischer Faktorenanalysen (EFA) untersucht wurde. Anhand einer zweiten Kohorte wurde in Studie 2 die Skala zusätzlich mit einer konfirmatorischen Faktorenanalyse (CFA) überprüft und im Rahmen einer Längsschnittstudie im Praxissemester mit zwei Messzeitpunkten unmittelbar vor und nach der Praxisphase eingesetzt.

Das Praxissemester an der Europa-Universität Flensburg findet im dritten Mastersemester des viersemestrigen Masterstudiums statt und umfasst eine zehnwöchige Praxisphase, wobei die Studierenden vier Tage pro Woche an einer Praktikumsschule verbringen. Neben der umfassenden Erkundung des Praxisfelds Schule und der Erprobung im selbstgestalteten Unterricht liegen die Ziele des Praxissemesters in der Vertiefung der Kompetenz zum forschenden Lernen und der Vertiefung der biographisch-reflexiven Kompetenzen. Die Praxisphase wird durch universitäre Seminare in den zwei studierten Fächern und der Schulpädagogik (je 6 Seminarsitzungen à 90 Minuten) sowie durch praxisbezogene Veranstaltungen der zweiten Ausbildungsphase (8 Termine à drei Stunden) begleitet. Während der Schwerpunkt in den universitären Seminaren auf fachdidaktischen (z. B. Unterrichtsplanung) bzw. schulpädagogischen Themen (z. B. Classroom Management, pädagogische Diagnostik) liegt, sind die Veranstaltungen der zweiten Ausbildungsphase primär auf die reflexive Auseinandersetzung mit der Praxis sowie die Reflexion des eigenen Handelns als zukünftige Lehrkraft ausgerichtet. Die Studierenden führen im Rahmen des Praxissemesters eine universitär betreute Forschungsarbeit im Sinne des Forschenden Lernens durch und schreiben ein Portfolio über ihre Schul- und Unterrichtserfahrungen (vgl. Großmann, Bach & Winkel, 2016).

3.2   Stichproben

Die Stichprobe für Studie 1 bestand aus N = 239 Lehramtsstudierenden im 3. Semester des Masterstudiums an der Europa-Universität Flensburg im Wintersemester 2014/2015 (77.4 % weiblich; Alter: M = 25.28, SD = 2.57). 47.7 % der Befragten studierten den Master of Education für Grundschule, 52.3 % den Master of Education für Gemeinschaftsschule. Die Stichprobe für Studie 2 bildeten N = 296 Lehramtsstudierende im 3. Semester des Masterstudiums an der Europa-Universität Flensburg im Wintersemester 2015/2016 (70.6 % weiblich; Alter: M = 24.68, SD = 3.50). 54.6 % der untersuchten Studierenden waren für ein Studium für den Master of Education für Grundschule und 45.4 % für den Master of Education Gemeinschaftsschule immatrikuliert. In der Post-Messung nach dem Praxissemester konnten N = 260 der Lehramtsstudierenden dieser Stichprobe erneut befragt werden.

3.3   Erhebungsinstrument

Die Einstellungen der Studierenden zur Theorie- und Praxisorientierung des Lehramtsstudiums wurden mit einer neu entwickelten Skala erfasst, die theoretisch aus zwei Einstellungsdimensionen konzipiert wurde. Dabei wurde in Anlehnung an den Ansatz der „conceptual orientations" (Feiman-Nemser, 1990) von grundlegenden konzeptionellen Orientierungen des Lehramtsstudiums ausgegangen, die zwar parallel existieren können, denen aber jeweils ein gemeinsames Cluster an Einstellungen über die Funktionen und Zielsetzungen der Lehrerausbildung zugrunde liegt. Der erste Faktor „theoretisch-reflexive Professionalisierungsfunktion" erfasst Einstellungen, die sich auf die Funktion des Lehramtsstudiums hinsichtlich einer theoretisch-reflexiven Auseinandersetzung mit Schule und Unterricht beziehen und die somit die Theorieorientierung des Lehramtsstudiums betreffen (Item-Beispiel: „Eine zentrale Aufgabe des Lehramtsstudiums liegt darin, dass gelernt wird, die Schulpraxis vor dem Hintergrund von Theorien zu reflektieren."). Mit dem zweiten Faktor „berufseinführende Professionalisierungsfunktion" werden Einstellungen erhoben, die sich auf die Funktion des Lehramtsstudiums im Hinblick auf eine Vorbereitung auf den späteren Beruf im Sinne einer Handlungsfähigkeit beziehen, womit die Praxisorientierung des Lehramtsstudiums fokussiert wird (Item-Beispiel: „Eine zentrale Aufgabe des Lehramtsstudiums liegt darin, dass das Gelernte unmittelbar im Unterrichtsalltag angewendet werden kann."). Der ursprünglich entwickelte Itempool bestand aus zehn Items, die in Anlehnung an die „conceptual orientations" (Feiman-Nemser, 1990) generiert wurden. Im Rahmen einer Vorstudie wurden nach einer EFA drei Items aufgrund der Faktorladungen entfernt. Die

Skala erfasst die Einstellungen auf einer 4-stufigen Ratingskala (1 = „stimmt nicht"
bis 4 = „stimmt genau").

3.4 Analysen

In Studie 1 wurde zunächst die Faktorenstruktur der neu entwickelten Einstellungsskala mithilfe von exploratorischen Strukturgleichungsmodellen (ESEM) mit obli-
quer Geomin-Rotation ermittelt. ESEM ermöglicht es, die Vorteile von explorativen
und konfirmatorischen Faktorenanalysen im Rahmen einer Strukturgleichungs-
modellierung zu verbinden (Asparouhov & Muthén, 2009). Dabei wurden drei
Modelle mit ein bis drei Faktoren geschätzt. Anhand der Anpassungsgüte der
Modelle sowie des χ^2-Differenztests wurde über die Anzahl der zu extrahierenden
Faktoren entschieden. Als Schätzer für die interne Konsistenz wurde McDonalds
Omega (McDonald, 1999) herangezogen. Die in Studie 1 ermittelte Faktorenstruktur wurde in Studie 2 durch eine konfirmatorische Faktorenanalyse abgesichert.
Die Beurteilung der Modellanpassung erfolgte neben dem χ^2-Test über die Fit-
Indizes CFI, RMSEA und SRMR. Die Modellbeurteilung richtet sich nach den Empfehlungen von Schermelleh-Engel, Moosbrugger und Müller (2003). Die Analysen
erfolgten mit dem Programm Mplus (Muthén & Muthén, 2009). Die Mittelwertsunterschiede in den Einstellungen vor und nach dem Praxissemester wurden mithilfe des t-Tests für abhängige Stichproben mit dem Programm SPSS analysiert.

4 Ergebnisse

4.1 Faktorielle Validität der Skala

In Tabelle 1 sind die Fit-Statistiken für die drei verschiedenen Modelle mit ein bis
drei Faktoren dargestellt. Sowohl das Zwei-Faktoren-Modell als auch das Drei-
Faktoren-Modell weisen akzeptable bis gute Fit-Werte auf. Nach dem χ^2-Differenz-
test wäre das Modell mit drei Faktoren zu favorisieren. Allerdings weist der dritte
Faktor nur jeweils ein Item mit einer substanziellen Faktorladung auf den beiden
Faktoren auf (vgl. Tabelle 2). Darüber hinaus spricht der Eigenwertverlauf ([1] 3.21,
[2] 1.49, [3] 0.69) gegen das 3-Faktoren-Modell und stattdessen für die Extraktion
von zwei Faktoren. Da der Differenztest in exploratorischen Faktorenanalysen außerdem zu einer Überschätzung der Faktorenanzahl tendiert („overfactoring", Hayashi, Bentler & Yuan, 2007, p. 512), wurde das Zwei-Faktoren-Modell favorisiert.
Tabelle 3 zeigt die Items, Mittelwerte, Standardabweichungen, Faktorladungen
sowie die interne Konsistenz der zweifaktoriellen Einstellungsskala. Alle Items
laden hoch auf den theoretisch angenommenen Faktoren ($\geq .56$). Die Nebenladun-
gen fallen gering aus ($\leq .14$).

Tabelle 1:   Fit-Statistiken der exploratorischen Strukturgleichungsmodelle aus Studie 1

Faktoren	χ^2	df	p	CFI	RMSEA	SRMR	$\Delta\chi^2$	p
1	111.03	14	.000	.795	.171	.105		
2	24.94	8	.002	.964	.094	.026	78.56	.000
3	0.94	3	.199	1.000	.000	.005	23.20	.003

Anmerkungen: χ^2-Vergleich der Modelle mit m und m-1 Faktoren; Satorra-Bentler-korrigierter χ^2-Differenz¬test (Satorra & Bentler, 2001); CFI = comparative fit index; RMSEA = root mean square error of approximation; SRMR = standardized root mean square residual.

Tabelle 2:   Faktorladungen des 1- und 3-Faktormodells aus Studie 1

Itemstamm: Eine zentrale Aufgabe des Lehramtsstudiums besteht darin, dass...	1-Faktormodell	3-Faktormodell		
Theoretisch-reflexive Professionalisierungsfunktion	F1	F1	F2	F3
TR1 ...gelernt wird, die Schulpraxis vor dem Hintergrund von Theorien zu reflektieren.	.37	.82	-.00	.41
TR2 ...eine theoretisch-reflexive Haltung zu Schule und Unterricht entwickelt wird.	.31	.67	.03	.01
TR3 ...eine forschend-reflexive Haltung gegenüber Schule und Unterricht entwickelt wird.	.20	.55	.00	.11
Berufseinführende Professionalisierungsfunktion				
BE1 ...unterrichtspraktische Fertigkeiten gelernt werden.	.79	.03	.75	.26
BE2 ...konkrete Handlungsmöglichkeiten als Lehrkraft vermittelt werden.	.81	-.01	.80	.41
BE3 ...das Gelernte unmittelbar im Unterrichtsalltag angewendet werden kann.	.80	-.03	.84	.01
BE4 ...die berufspraktische Qualifizierung im Vordergrund steht.	.72	.02	.75	.06

Anmerkungen: F1, F2, F3 = standardisierte Faktorladungen für die rotierte Lösung der exploratorischen Strukturgleichungsmodelle (ESEM).

Tabelle 3:   Items, Mittelwerte, Standardabweichungen, Faktorladungen sowie in-
             terne Konsistenz der zweifaktoriellen Skala „Einstellungen zur Theorie-
             und Praxisorientierung des Lehramtsstudiums" aus Studie 1

Itemstamm: Eine zentrale Aufgabe des Lehramtsstudiums besteht darin, dass...	M	SD	F1	F2
Theoretisch-reflexive Professionalisierungsfunktion, M = 3.10 (SD = .60) McDonalds ω = .68				
TR1 ...gelernt wird, die Schulpraxis vor dem Hintergrund von Theorien zu reflektieren.	3.21	.80	.14	**.62**
TR2 ...eine theoretisch-reflexive Haltung zu Schule und Unterricht entwickelt wird.	3.17	.71	-.00	**.74**
TR3 ...eine forschend-reflexive Haltung gegenüber Schule und Unterricht entwickelt wird.	2.94	.78	-.02	**.56**
Berufseinführende Professionalisierungsfunktion, M = 3.45 (SD = .67) McDonalds ω = .87				
BE1 ...unterrichtspraktische Fertigkeiten gelernt werden.	3.61	.70	**.80**	-.00
BE2 ...konkrete Handlungsmöglichkeiten als Lehrkraft vermittelt werden.	3.52	.78	**.84**	-.05
BE3 ...das Gelernte unmittelbar im Unterrichtsalltag angewendet werden kann.	3.33	.88	**.79**	.01
BE4 ...die berufspraktische Qualifizierung im Vordergrund steht.	3.32	.83	**.69**	.05

Anmerkungen: 4-stufige Skala (1 = stimme nicht zu, 4 = stimme genau zu); F1 und F2 = standardisierte
              Faktorladungen für die rotierte Lösung des exploratorischen Strukturgleichungsmodells
              (ESEM) mit 2 Faktoren; Ladungen > .40 sind fett hervorgehoben.

In Studie 2 konnte die postulierte zweidimensionale Struktur des Konstrukts mit
Hilfe einer konfirmatorischen Faktorenanalyse bestätigt werden. Das spezifizierte
Modell weist für den Prä- und Post-Messzeitpunkt einen akzeptablen Modellfit auf
(vgl. Tabelle 4). Die Faktorladungen für die Indikatoren fallen für das Messmodell
zu beiden Messzeitpunkten überwiegend hoch aus (vgl. Tabelle 5). Alle Indikatoren
tragen signifikant zur Varianzaufklärung bei. Die latenten Korrelationen der Einstellungsdimensionen in dem CFA-Modell sind zum ersten Messzeitpunkt gering
(r = .22, p = .006), zum zweiten Messzeitpunkt moderat (r = .34, p = .000).

Tabelle 4:   Fit-Indizes des Zwei-Faktorenmodells aus Studie 2

	χ^2	df	p	CFI	RMSEA	SRMR
MZP 1	37.33	13	.000	.955	.085	.060
MZP 2	40.61	13	.000	.956	.097	.074

Anmerkungen: CFI = comparative fit index; RMSEA = root mean square error of approximation; SRMR = standardized root mean square residual.

Tabelle 5:   Standardisierte Faktorladungen (λ) und Standardfehler (SE) der Indikatoren für das Zwei-Faktorenmodell aus Studie 2

	MZP 1	MZP 2
	λ (SE)	λ (SE)
TR1	.52 (.08)	.67 (.07)
TR2	.85 (.07)	.89 (.07)
TR3	.59 (.06)	.54 (.07)
BE1	.82 (.03)	.84 (.03)
BE2	.81 (.03)	.93 (.02)
BE3	.81 (.03)	.85 (.03)
BE4	.66 (.05)	.77 (.03)

Anmerkungen: Alle Werte auf dem Niveau p < .001 signifikant; MZP = Messzeitpunkt.

Die Kennwerte für die beiden Subdimensionen der Skala sind in Tabelle 6 dargestellt. Wie die Ergebnisse verdeutlichen, liegen die arithmetischen Mittel der Skalenwerte sowohl der Einstellungen zur theoretisch-reflexiven Professionalisierungsfunktion des Lehramtsstudiums als auch der Einstellungen zur berufseinführenden Professionalisierungsfunktion des Lehramtsstudiums vor und nach dem Praxissemester über dem theoretischen Mittel von 2.5. Beiden Professionalisierungsfunktionen wird zugestimmt, wobei die Streuung der Mittelwerte für die Dimension „berufseinführende Professionalisierungsfunktion" größer ausfällt. Die Werte für die interne Konsistenz liegen zwischen .70 und .91 und können für die Subdimension „theoretisch-reflexive Professionalisierungsfunktion" als akzeptabel, für die Subdimension „berufseinführende Professionalisierungsfunktion" als gut bewertet werden.

Tabelle 6:   Subdimensionen der Skala und Kennwerte aus Studie 2

Messzeit-punkt	Subdimension	Item-anzahl	n	M	SD	McDonalds ω
M. A. Prä	Theoretisch-reflexive Professionalisierungsfunktion	3	294	3.01	.54	.70
	Berufseinführende Professionalisierungsfunktion	4	294	2.84	.79	.86
M. A. Post	Theoretisch-reflexive Professionalisierungsfunktion	3	259	2.87	.65	.75
	Berufseinführende Professionalisierungsfunktion	4	260	2.71	.90	.91

Anmerkungen: 4-stufige Skala (1 = stimme nicht zu, 4 = stimme genau zu)

4.2   Längsschnittliche Befunde zur Veränderung der Einstellung zur Theorie- und Praxisorientierung des Lehramtsstudiums

Tabelle 7 zeigt die Ergebnisse des t-Tests für abhängige Stichproben. Wie die Ergebnisse verdeutlichen, verändern sich beide Einstellungsdimensionen im Verlauf des Praxissemesters in Richtung einer geringeren Zustimmung. Allerdings ist der Mittelwertunterschied für die Dimension „berufseinführende Professionalisierungsfunktion des Lehramtsstudiums" statistisch nicht bedeutsam. Der Mittelwertunterschied für die Dimension „theoretisch-reflexive Professionalisierungsfunktion des Lehramtsstudiums" ist dagegen signifikant und als kleiner Effekt (Cliff's delta = .13) zu beurteilen (vgl. Vargha & Delaney, 2000).

Tabelle 7:   Mittelwertunterschiede in den Einstellungen

	M (SD) Prä	M (SD) Post	t (df)	p	Cliff's delta
Theoretisch-reflexive Professionalisierungsfunktion	3.02 (.55)	2.87 (.65)	2.75 (256)	.006	.13
Berufseinführende Professionalisierungsfunktion	2.85 (.77)	2.72 (.90)	1.77 (258)	.078	

Anmerkungen: 4-stufige Skala (1 = stimme nicht zu, 4 = stimme genau zu)

5   Zusammenfassung und Diskussion

Das Hauptziel der vorliegenden Studie bestand darin, Einstellungen von Studierenden zur Theorie-Praxis-Orientierung des Lehramtsstudiums empirisch in den Blick zu nehmen und deren Veränderung in einem Praxissemester zu untersuchen. Die Einstellungen zur Theorie-Praxis-Orientierung des Lehramtsstudiums wurden mit einer neu entwickelten Skala erfasst, welche die Einstellungsdimensionen „theoretisch-reflexive Professionalisierungsfunktion" und „berufseinführende Professionalisierungsfunktion" unterscheidet und sich zufriedenstellend als Einstellungsskala operationalisieren ließ. Die Ergebnisse zeigten, dass die Studierenden nach dem Praxissemester über weniger positive Einstellungen gegenüber einer „theoretisch-reflexiven Professionalisierungsfunktion" verfügen. Die Mittelwertsdifferenz entspricht dabei einer kleinen Effektstärke (Cliff's delta = .13). Die Einstellungen zur „berufseinführenden Professionalisierungsfunktion" unterschieden sich nicht statistisch bedeutsam nach dem Praxissemester. Bezüglich des Itemstamms der Skala kann allerdings nicht ausgeschlossen werden, dass die Einschätzungen zu faktischen Aufgaben des Lehramtsstudiums erfragt werden und nicht eindeutig das persönliche Urteil, was zentrale Aufgaben des Lehramtsstudiums sein sollten. Weitere Analysen (z. B. mit Hilfe der Think-Aloud-Methode) müssten diesbezüglich durchgeführt werden und der Itemstamm müsste ggf. verändert werden.

Die Ergebnisse deuten darauf hin, dass Einstellungen von Lehramtsstudierenden in verlängerten Praxisphasen durchaus veränderungssensitiv sind. Theoretisch ist davon auszugehen, dass Struktur- und Prozessmerkmale schulpraktischer Lerngelegenheiten eine bedeutsame Rolle spielen, die allerdings in der vorliegenden Studie nicht empirisch berücksichtigt werden konnten. In dem hier untersuchten Kontext verbringen die Studierenden den überwiegenden Teil des Praxissemesters an der Praktikumsschule mit einem erheblich großen Anteil selbst geplanter und durchgeführter Unterrichtsstunden. Forschendes Lernen im Praxissemester, das am Standort Flensburg in Form einer von den Studierenden zu bearbeitenden Forschungsaufgabe umgesetzt wird, und damit gerade jener Bereich, der insbesondere auch die Aneignung von theoretischem Reflexionswissen im Praxissemester intendiert, wird von den Studierenden mehrheitlich abgelehnt, wie in einer Evaluation zum Praxissemester (Bach, 2015) deutlich wurde. Die Studierenden waren mit der Forschungsaufgabe hoch unzufrieden, erlebten diese als belastend und hatten erhebliche Schwierigkeiten in der Umsetzung (vgl. ebd., S. 15-17). Hieraus lässt sich einerseits die häufig vorgetragene Forderung ableiten, Bestandteile des Praxissemesters zum Forschenden Lernen intensiver vorzubereiten und zu begleiten, so dass Studierende die intendierte Theorieorientierung für das eigene Lehrerhandeln nachvollziehen können. Es stellt sich außerdem die Frage, inwiefern erfolgreiche theoretisch-reflexive Lernprozesse genügend im Praxissemester angeregt werden können, die möglicherweise auch einen Rückgang von Einstellungen zur Theorieorientierung des Lehramtsstudiums verhindern können. Vor dem Hintergrund professionstheoretischer Überlegungen lässt sich aus den Ergebnissen dieser Studie zumindest schlussfolgern, dass verlängerte Praxisphasen auch hemmende Wirkungen für Professionalisierungsprozesse von angehenden Lehrkräften haben können, da ein Hauptziel von Praxisphasen, vor allem in Verbindung mit dem Anspruch des Forschenden Lernens, in der Ausbildung einer wissenschaftlich-reflexiven Haltung zu Schule und Unterricht besteht. Diese Theorieorientierung wird als zentrales professionalisierendes Moment von universitären Praxisphasen herausgestellt und begründet u. a. die Funktion von Schulpraxis in der ersten Phase der Lehrerbildung (vgl. Rothland & Boecker, 2014).

Weiterführende Forschungen müssten aufzeigen, welche Faktoren diese Veränderungen erklären könnten und z. B. ausgearbeitete Wirkungsketten unter Berücksichtigung relevanter intervenierender Bedingungen (Vor- und Nachbereitung der Praxisphasen – professionsspezifische Begleitung in Praxisphasen) untersuchen. Es fehlen elaborierte Studien, die spezielle Lerngelegenheiten in Praxisphasen mit Blick auf ihre Theorie-Praxis-Vermittlung betrachten und untersuchen, wie sie sich auf die Wahrnehmung und Nutzung von Lernsituationen bei Studierenden auswirken – und zwar unter Berücksichtigung der Herausforderungen, die Studierende im Praxissemester aufgrund ihrer handlungsnahen Eingebundenheit in den Unterricht erleben. Es bietet sich an, entsprechende Untersuchungen hochschul- und schulformspezifisch sowie hochschul- und schulformvergleichend durchzuführen, denn die externen Bedingungen der Gestaltung, Begleitung und Verzahnung der theorie- und praxisorientierenden Ausbildungsanteile variieren erheblich.

Literatur

Arnold, K.-H., Hascher, T., Messner, R., Niggli, A., Patry, J.-L. & Rahm, S. (2011). Empowerment durch Schulpraktika: Perspektiven wechseln in der Lehrerbildung. Bad Heilbrunn: Klinkhardt.

Asparouhov, T. & Muthén, B. O. (2009). Exploratory structural equation modeling. Structural Equation Modeling, 16, 397-438.

Bach, A. (2013). Kompetenzentwicklung im Schulpraktikum. Ausmaß und zeitliche Stabilität von Lerneffekten hochschulischer Praxisphasen. Münster: Waxmann.

Bach, A. (2015). Das Praxissemester in der Lehrerinnen- und Lehrerbildung. Ergebnisse einer Evaluationsstudie zum Praxissemester an der Europa-Universität Flensburg (Schriften zur Professionalisierung im Rahmen einer phasenübergreifenden Lehrerinnen- und Lehrerbildung (SPiRaLe)). Flensburg: Zentrum für Lehrerinnen- und Lehrerbildung. Verfügbar unter: www.uni-flensburg.de/zfl/wer-wir-sind/ver oeffentlichungen/ [09.05.2018].

Bauer, J., Festner, D., Gruber, H., Harteis, C. & Heid, H. (2005). The effects of epistemological beliefs on workplace learning. In H. Gruber (Ed.), Bridging individual, organisational, and cultural aspects of professional learning (pp. 239-243). Regensburg: Roderer.

Baumert, J. & Kunter, M. (2013). Professionelle Kompetenz von Lehrkräften. In I. Gogolin, H. Kuper, H.-H. Krüger & J. Baumert (Hrsg.), Zeitschrift für Erziehungswissenschaft [Sonderausgabe] (S. 277-337). Wiesbaden: Springer.

Berliner, D. C. (2001). Learning about and learning from expert teachers. International Journal of Educational Research, 35 (5), 463-482.

Berliner, D. C. (2004). Describing the behavior and documenting the accomplishments of expert teachers. Bulletin of Science, Technology & Society, 24 (3), 200-212.

Calderhead, J. (1996). Teachers: Beliefs and knowledge. In D. C. Berliner & R. C. Calfee (Eds.), Handbook of educational psychology (pp. 709-725). New York: Macmillan.

Chitpin, S., Simon, M. & Galipeau, J. (2008). Pre-service teachers' use of the objective knowledge framework for reflection during practicum. Teaching and Teacher Education, 24 (8), 2049-2058.

Cramer, C. (2013). Beurteilung des bildungswissenschaftlichen Studiums durch Lehramtsstudierende in der ersten Ausbildungsphase im Längsschnitt. Zeitschrift für Pädagogik, 59 (1), 66-82.

Cramer, C. (2014). Theorie und Praxis in der Lehrerbildung. Die deutsche Schule, 106 (4), 344-357.

Darling-Hammond, L. & Bransford, J (Eds.). (2005). Preparing teachers for a changing world. What teachers should learn and be able to do. San Francisco: Jossey-Bass.

Doyle, W. (2006). Ecological approaches to classroom management. In C. M. Evertson & C. S. Weinstein (Eds.), Handbook of classroom management. Research, practice, and contemporary issues (pp. 97-126). New York, NY: Routledge.

Endedijk, M. D. (2014). How student teachers learn: the role of self-regulated learning. In K. H. Arnold, A. Gröschner & T. Hascher (Eds.), Pedagogical field experiences in teacher education: Theoretical foundations, programmes, processes, and effects (pp. 87-102). Münster: Waxmann.

Feiman-Nemser, S. (1990). Teacher preparation: Structural and conceptual alternatives. In W. R. Houston, M. Haberman & J. Sikula (Eds.), Handbook of research on teacher education (pp. 212-233). New York: Macmillian.

Fischer, T., Bach, A. & Rheinländer, K. (2016). Einstellungen zum Theorie-Praxisverhältnis von Lehramtsstudierenden. In J. Košinár, S. Leineweber & E. Schmid (Hrsg.), Professionalisierungsprozesse angehender Lehrpersonen in den berufspraktischen Studien (S. 49-64). Münster: Waxmann.

Fives, H. & Buehl, M. M. (2012). Spring cleaning for the "messy" construct of teachers' beliefs: What are they? Which have been examined? What can they tell us? In K. R. Harris (Ed.), APA handbooks in psychology. APA educational psychology handbook, Volume 2: Individual differences and cultural and contextual factors (1st ed., pp. 471-499). Washington, D. C.: American Psychological Association.

Fraefel, U. (2012). Berufspraktische Studien und Schulpraktika: Der Stand der Dinge und zwei Neuorientierungen. Beiträge zur Lehrerbildung, 30 (2), 127-152.

Fraefel, U., Bernhardsson-Laros, N. & Bäuerlein, K. (2017). Partnerschulen als Ort der Professionalisierung angehender Lehrpersonen. Konzept, Implementierung, forschungsbasierte Weiterentwicklung und generelle Einführung im Bildungsraum Nordwestschweiz. In U. Fraefel & A. Seel (Hrsg.), Konzeptionelle Perspektiven Schulpraktischer Studien. Partnerschaftsmodelle – Praktikumskonzepte – Begleitformate (S. 57-76). Münster: Waxmann.

Fuller, F. & Brown, O. (1975). Becoming a teacher. In K. Ryan (Ed.), Teacher education (74th Yearbook of the National Society for the Study of Education. Part 2, pp. 25-52). Chicago: University of Chicago Press.

Großmann, K., Bach, A. & Winkel, J. (2016). Das Praxissemester an der Europa-Universität Flensburg. In R. Schüssler, A. Schöning, V. Schwier, S. Schicht, J. Gold & U. Weyland (Hrsg.), Forschendes Lernen im Praxissemester. Zugänge, Konzepte, Erfahrungen (S. 81-87). Bad Heilbrunn: Klinkhardt.

Grossman, P., Hammerness, K. & McDonald, M. (2009). Redefining teaching, re-imagining teacher education. Teachers and Teaching: Theory and Practice, 15 (2), 273-289.

Haider, H. & Frensch, P. (1996). The role of information reduction in skill acquisition. Cognitive Psychology, 30 (3), 304-337.

Hascher, T. (2005). Die Erfahrungsfalle. Journal für LehrerInnenbildung, 5 (1), 39-45.

Hascher, T. (2006). Veränderungen im Praktikum – Veränderungen durch das Praktikum. Eine empirische Untersuchung zur Wirkung von schulpraktischen Studien in der Lehrerbildung. In C. Allemann-Ghionda & W. Terhart (Hrsg.), Kompetenzen und Kompetenzentwicklung von Lehrerinnen und Lehrern: Ausbildung und Beruf (Zeitschrift für Pädagogik, 51. Beiheft, S. 130-148). Weinheim: Beltz.

Hascher, T. (2011). Vom „Mythos Praktikum". Journal für Lehrinnen- und Lehrerbildung, 11 (3), 8-16.

Hascher, T. (2012a). Forschung zur Bedeutung von Schul- und Unterrichtspraktika in der Lehrerinnen- und Lehrerbildung. Beiträge zur Lehrerinnen- und Lehrerbildung, 30 (1), 87-98.

Hascher, T. (2012b). Lernfeld Praktikum – Evidenzbasierte Entwicklungen in der Lehrer/innenbildung. Zeitschrift für Bildungsforschung, 2 (2), 109-129.

Hascher, T., Cocard, Y. & Moser, P. (2007). Forget about theory – practice is all? Student teachers' learning in practicum. Teachers and Teaching, 10 (6), 623-637.

Hayashi, K., Bentler, P. M. & Yuan, K.-H. (2007). On the likelihood ratio test for the number of factors in exploratory factor analysis. Structural Equation Modeling, 14, 505-526.

Homt, M. & Van Ophuysen, S. (2017). Gelingensbedingungen für den Aufbau einer forschenden Grundhaltung im Praxissemester – eine qualitative vergleichende Fallstudie. In L. Pilypaitytė & H.-S. Siller (Hrsg.), Schulpraktische Lehrerprofessionalisierung als Ort der Zusammenarbeit (S. 255-260). Wiesbaden: Springer.

Korthagen, F. A. J. & Kessels, J. P. A. M. (1999). Linking theory and practice: Changing the pedagogy of teacher education. Educational Researcher, 28 (4), 4-17.

Leonhard, T. & Rihm, T. (2011). Erhöhung der Reflexionskompetenz durch Begleitveranstaltungen zum Schulpraktikum? – Konzeption und Ergebnisse eines Pilotprojektes mit Lehramtsstudierenden. Lehrerbildung auf dem Prüfstand, 4 (2), 240-270.

Maio, G. R. & Haddock, G. (2009). The psychology of attitudes and attitude change. Los Angeles: Sage.

McDonald, R. P. (1999). Test theory: A unified treatment. Mahwah, NJ: L. Erlbaum Associates.

Messner, H. & Reusser, K. (2000). Die berufliche Entwicklung von Lehrpersonen als lebenslanger Prozess. Beiträge zur Lehrerbildung, 18 (2), 157-171.

Moser, P. & Hascher, T. (2000). Lernen im Praktikum. Projektbericht. Bern: Universität Bern, Forschungsstelle für Schulpädagogik und Fachdidaktik.

Muthén, L. K. & Muthén, B. O. (2009). Mplus 5.21 (Software). Los Angeles.

Murphy, P. K. & Mason, L. (2006). Changing knowledge and beliefs. In P. A. Alexander & P. H. Winne (Eds.), Handbook of educational psychology (pp. 305-324). Mahwah, NJ: Lawrence Erlbaum Associates Publishers.

Offenberg, E. & Walke, J. (2013). Die Reform der Praxisphasen in der Ersten Phase der Lehrerbildung. Eine qualitative Dokumentenanalyse. Verfügbar unter: https://www.stifterverband.org/reform-der-praxis phasen-der-ersten-phase-der-lehrerbildung [09.05.2018].

Ortenburger, A. & Kuper, H. (2010). 'Professional beliefs' von Lehramtsstudierenden. In J. Abel & G. Faust (Hrsg.), Wirkt Lehrerbildung? Antworten aus der empirischen Forschung (S. 187-194). Münster: Waxmann.

Pajares, M. F. (1992). Teachers' beliefs and educational research: Cleaning up a messy construct. Review of Educational Research, 62 (3), 307-332.

Rajuan, M., Beijaard, D. & Verloop, N. (2007). The role of the cooperating teacher: Bridging the gap between the expectations of cooperating teachers and student teachers. Mentoring & Tutoring, 15 (3), 223-242.

Reusser, K. & Pauli, C. (2014). Berufsbezogenen Überzeugungen von Lehrerinnen und Lehrern. In E. Terhart, H. Bennewitz & M. Rothland (Hrsg.), Handbuch der Forschung zum Lehrerberuf (S. 642-661). Münster: Waxmann.

Richardson, V. (1996). The role of attitudes and beliefs in learning to teach. In J. Sikula (Ed.). Handbook of research on teacher education (2nd ed., pp. 102-119). New York: Macmillan.

Rothland, M. & Boecker, S. K. (2014). Wider das Imitationslernen in verlängerten Praxisphasen. Die Deutsche Schule, 106 (4), 386-397.

Satorra, A. & Bentler, P. M. (2001). A scaled difference chi-square test statistic for moment structure analysis. Psychometrika, 66, 507-514.

Schermelleh-Engel, K., Moosbrugger, H. & Müller, H. (2003). Evaluating the fit of structural equation models: Tests of significance and descriptive goodness-of-fit measures. Methods of Psychological Research Online, 8 (2), 23-74.

Schuhbarth, W., Gottmann, C. & Krohn, M. (2014). Wahrgenommene Kompetenzentwicklung im Praxissemester und dessen berufsorientierende Wirkung: Ergebnisse der ProPrax-Studie. In K.-H. Arnold, A. Gröschner & T. Hascher (Hrsg.), Schulpraktika in der Lehrerbildung: Theoretische Grundlagen, Konzeptionen, Prozesse und Effekte (S. 201-219). Münster: Waxmann.

Terhart, E. (Hrsg.). (2000). Perspektiven der Lehrerbildung in Deutschland. Abschlussbericht der von der Kultusministerkonferenz eingesetzten Kommission. Weinheim: Beltz.

Thon, C. (2014). Theorie und Praxis in der universitären Lehre: Empirische Rekonstruktionen studentischer Verhältnisbestimmungen. In U. Unterkofler & E. Oestereicher (Hrsg.), Theorie-Praxis-Bezüge in professionellen Feldern. Wissensentwicklung und -verwendung als Herausforderung (S. 219-237). Opladen: Leske + Budrich.

Vargha, A. & Delaney, H. D. (2000). A critique and improvement of the CL Common Language Effect Size statistics of McGraw and Wong. Journal of Educational and Behavioral Statistics, 25 (2), 101-132.

Weyland, U. & Wittmann, E. (2015). Langzeitpraktika in der Lehrerausbildung in Deutschland – Stand und Perspektiven. Journal für Lehrerinnen- und Lehrerbildung, 15 (1), 8-21.

Wolff, C. E., Jarodzka, H., Van den Bogert, N. & Boshuizen, H. P. A. (2016). Teacher vision: expert and novice teachers' perception of problematic classroom management scenes. Instructional Science, 44 (3), 243-265.

Wolff, C. E., Van den Bogert, N., Jarodzka, H. & Boshuizen, H. P. A. (2014). Keeping an eye on learning: Differences between expert and novice teachers' representations of classroom management events. Journal of Teacher Education, 66 (1), 68-85.

Attitude change towards the theoretical and practical orientation of teacher training during a practical semester

The present paper examines the attitudes of student teachers towards the theory-practice orientation of teacher training in the course of a 10-week internship. The study is part of the project ISabEL at the University of Flensburg. With regard to the objectives of extended practical phases, it is analyzed whether and to what extent change in the attitudes of student teachers change in the course of a practical semester. The analyzes are based on a newly developed scale, which measures the attitudes towards the theory-practice-orientation on the dimensions "theoretical-reflexive function of professionalization" and "professional introductory function of professionalization". The results show that student teachers have less positive attitudes towards the dimension "theoretical-reflexive function of professionalization" after the practical semester, while the attitudes towards the "professional introductory function of professionalization" do not differ statistically significant after the practical semester.

Keywords: attitudes – internships – teacher education – theory-practice relationship

Autoren:

Thomas Fischer, Dipl.-Päd., Europa-Universität Flensburg, Institut für Erziehungswissenschaften, Abteilung Schulpädagogik.

Ass.-Prof. Dr. Andreas Bach, Universität Salzburg, School of Education.

Dr. Kathrin Rheinländer, Europa-Universität Flensburg, Zentrum für wissenschaftliche Weiterbildung.

Korrespondenz an: thomas.fischer@uni-flensburg.de

Lehrerbildung auf dem Prüfstand
2018, 11. Jahrgang, Heft 1, S. 168-185

Kooperation von Lehrkräftebildnern im Langzeitpraktikum – Tandems und Fachnetze aus universitären und schulpraktischen Lehrenden

Timo Beckmann und Timo Ehmke

An der Ausbildung von Lehrkräften sind Lehrende der Universität, Schulpraxis und der Studienseminare beteiligt. Im Rahmen der Lehre zur niedersächsischen Praxisphase des GHR-Lehramtsstudiums kooperieren diese Akteure, um ihre unterschiedlichen Perspektiven einzubringen. In dieser Studie wurden an der Praxisphase beteiligte Lehrkräftebildner/-innen (N = 133) mittels Online-Fragebogen befragt, wie sie ihre Kooperation einschätzen. Es zeigt sich, dass die Akteure die Kooperation untereinander auf mehreren Ebenen wichtig finden und intensiv kooperieren. Weiterhin wird deutlich, dass es vergleichbare Einschätzungen hinsichtlich der Kooperation zwischen den Lehrkräftebildner/-innen der Universität und Lehrkräften in der Praxisphase gibt und dass die Befragten durch die gemeinsame Lehre ihre eigenen Lehrkonzepte verändert haben. Fachnetze – als Zusammenschlüsse aller an der Praxisphase beteiligten Lehrenden eines Faches – werden von den Befragten unterschiedlich stark als „kollektive Ressource" wahrgenommen.

Schlagwörter: Langzeitpraktikum – Lehrkräftebildung – Niedersachsen – Phasenübergreifende Kooperation

1 Einleitung

Die Einführung von Langzeitpraktika in der ersten Phase der Lehrkräftebildung in einer Vielzahl von Bundesländern ist auch verbunden mit dem Ziel einer intensiveren Kooperation zwischen Lehrkräftebildner/-innen der Universität und der schulpraktischen Phase des Vorbereitungsdienstes. In Niedersachsen werden hierzu auch Lehrendentandems umgesetzt. Diese Tandems aus Lehrenden der Universität und ‚Lehrkräften in der Praxisphase', welche auch im Vorbereitungsdienst aktiv sind, gestalten die Praxisphase in gemeinsamen Seminaren und Unterrichtsbesuchen, was eine enge Kooperation erforderlich macht. Diese Situation ist in Teilen vergleichbar mit einer multiprofessionellen Kooperation unter Lehrkräften im Fachunterricht. In Fachnetzen stimmen sich darüber hinaus alle Lehrkräftebildner/-innen eines Faches in Bezug auf die Lehre zur Praxisphase ab. In dieser Untersuchung wurden Lehrkräftebildner/-innen zur Kooperation innerhalb der Lehrendentandems und der Fachnetze befragt, um die Bedeutung von Kooperationen für die Lehrenden bei der Gestaltung der Praxisphase herauszuarbeiten. Im Fokus stehen dabei Fragestellungen zur wahrgenommenen Wichtigkeit und Umsetzung von Kooperationen sowie zur Wahrnehmung des Fachnetzes als kollektive Ressource. Weiterhin wurden die Lehrkräftebildner/-innen dazu befragt, ob die Erfahrungen in der Tandemlehre die jeweilig eigenen Lehrkonzepte beeinflusst haben.

2 Theoretischer Hintergrund und Forschungsstand

2.1 Lehrkräftebildung als System von zwei Phasen

Lehrkräftebildung findet in Deutschland in einem System aus mehreren aufeinander aufbauenden, voneinander jedoch in ihren Zielen und Organisationsformen unterschiedlichen Phasen statt. Während die erste Phase, das Studium, an Universitäten angesiedelt ist und insbesondere dem Erwerb von fachwissenschaftlichen, fachdidaktischen und bildungswissenschaftlichen Grundlagen sowie einer theoretischen Reflexion dieser dient (Baumert et al., 2007; Terhart, 2000; Schubarth, 2010), hat die zweite Phase, der Vorbereitungsdienst, insbesondere den Aufbau unterrichtlicher Handlungskompetenz zum Ziel (Niedersächsisches Kultusministerium, 2017; Richter, Kunter, Lüdtke, Klusmann & Baumert, 2011). Durch diese Mehrphasigkeit wird eine Trennung zwischen einer ‚theoretischen' und einer ‚praktischen' Ausbildung begünstigt, welche vielfach kritisiert (Hericks, 2004), jedoch nicht grundsätzlich in Frage gestellt wird (Baumert et al., 2007; Terhart, 2000). Obgleich diese grundsätzliche Trennung der Phasen besteht, ist die erste Phase für Studierende nicht frei von Erfahrungen in der ‚Praxis'. Insbesondere schulpraktische Zeiten sind während des Studiums fest integriert. Diese sind eine besondere Lerngelegenheit, in der mehrere Erwartungen zusammengebracht werden, die sich gegenseitig konzeptionell widersprechen bzw. ergänzen können. So wird in begleiteten, reflexiven Beobachtungen fremden Unterrichts oder selber handelnd in Unterrichtssituationen regelmäßig sowohl das Ziel verfolgt, dass Studierende über Unterricht reflektieren als auch erste eigene unterrichtliche Handlungskompetenzen erlangen (Arnold, 2015; Felten, 2005; Schön, 1987).

Über die Wirksamkeit von Schulpraktika gibt es inzwischen eine Reihe von empirischen Studien (zur Übersicht siehe Arnold, Gröschner & Hascher, 2014; Besa & Büdcher, 2014). Diese fokussieren oft auf die Studierenden und teilweise auf die schulischen Praxislehrpersonen bzw. die Interaktion von Studierenden mit diesen (Crasborn, Hennissen, Brouwer, Korthagen & Bergen, 2010; Staub, Waldis, Futter & Schatzmann, 2014). Gröschner (2015) hebt besonders hervor, dass neben der Gestaltung von Unterrichtsbesprechungen die Einstellungen von Praktikumslehrpersonen eine wichtige Ressource für den Lernerfolg der Studierenden darstellen. Es zeigt sich, dass im Falle einer kohärenten Praktikumsbegleitung die hochschulische Lernbegleitung deutlich zum Lerngewinn im Praktikum beiträgt (Gröschner, Schmitt & Seidel, 2013). Insofern haben die betreuenden Lehrkräftebildner/-innen eine besondere Bedeutung.

2.2 Lehrkräftebildner/-innen und ihre Kooperation im Kontext schulpraktischer Phasen

Die Qualifikationen, Expertise, Aufträge und Rollen des in Universitäten und Studienseminaren tätigen Personals unterscheiden sich strukturell voneinander (Dengerink, Lunenberg & Korthagen 2015; Schubarth, 2010; Tremp & Weil, 2015). Sie stammen aus unterschiedlichen ‚Kulturen' (Kraler, Schnabel-Schülze, Schratz & Weyand, 2012). Lehrende der zweiten Phase verfügen hierbei oft nicht über eine spezielle Ausbildung für diese Tätigkeit (Schubarth, Speck, Seidel & Große, 2007), jedoch über eine hohe Unterrichtserfahrung. Eine Übersicht zum Forschungsstand in Bezug auf Lehrkräftebildner/-innen der zweiten Phase findet sich bei Abs und Anderson-Park (2014). Eine Kooperation der in diesen Phasen handelnden Akteure wird regelmäßig gefordert, über die Wirkungen ist empirisch jedoch wenig bekannt (Arnold, 2010; Jorzik & Schratz, 2015; Schubarth et al., 2007). Lehrende an Universitäten und Studienseminaren zeigen sich in bisherigen Studien insgesamt als kooperationsbereit (Beutel & Soremski, 2006; Schubarth et al., 2007). Zeichner (2010) entwickelt auch für die Kooperation zwischen schulischen und universitären Akteuren das Konzept des ‚Third Space' bzw. der ‚hybriden Räume', nach dem sich durch eine ko-konstuktive Kooperation der Akteure etwas ‚Neues' entwickelt.

Sowohl durch regionale Projekte (z. B. Gröschner, Senge & Lütgert, 2007; Knüppel, 2012), als auch insbesondere durch die in vielen Bundesländern erfolgte Einführung von Langzeitpraktika in der Lehrkräftebildung (Arnold, 2015; Weyland, 2012) ergeben sich aktuell solche ‚hybriden Räume' zwischen Lehrkräftebildner/-innen. In der Praxisphase im Masterstudium für Studierende der Lehrämter an Grund-, Haupt- und Realschulen in Niedersachsen gestalten Fachdidaktiker/-innen aus der Universität gemeinsam mit Lehrkräften aus Schulen sowie Ausbilder/-innen der Studienseminare bzw. in der Ausbildung erfahrenen Lehrkräften vor, während und nach einem Langzeitpraktikum Präsenzveranstaltungen und Unterrichtsbesuche (Niedersächsisches Ministerium für Wissenschaft und Kultur, 2014). Dabei bilden eine Person aus der Universität und eine Person aus der Schulpraxis ein Lehrendentandem, welches für die gesamte Begleitung eines Studierenden zuständig ist. Analog zu Lehrkräften eines Teams im Unterricht kooperiert ein Lehrendentandem in diesem Setting in Bezug auf die Lehre für die Studierenden im Vorbereitungs-, Begleit- und Nachbereitungsseminar. Alle Lehrendentandems eines Faches bilden gemeinsam das Fachnetz, in welchem tandemübergreifende, aber fachspezifische Themen diskutiert werden – beispielsweise eine gemeinsame Konzeption der Prüfungen oder der Unterrichtsbesuche. Neben dem Ziel, dass die Vorbereitung und Begleitung der Studierenden in Bezug auf das Langzeitpraktikum sich durch die Kooperation der Lehrkräftebildner/-innen verändert, ist es Ziel der Einführung der Tandems, dass die Kooperation im Lehrendentandem auch zu einer Veränderung der Lehrkonzepte der Tandempartner/-innen führt. Als zentrale Gelingensbedingung für Praxissemester kann die Ausgestaltung der Kooperation zwischen Personen der verschiedenen Phasen und Lernorte angesehen werden (Villiger, 2015; Weyland & Wittmann, 2015).

2.3   Kooperation unter Lehrkräften und im Lehrkräftekollegium

Die Lehrenden der beiden Phasen sind in der Tandemlehre zum Praxissemester in einer ähnlichen Situation wie Lehrkräfte eines Kollegiums an einer Schule. Sie erstellen gemeinsam anhand einer Rahmenvorgabe ein fachspezifisches Umsetzungskonzept, entwickeln daraus eine konkrete Seminarplanung und führen diese zusammen durch. Nach Keller-Schneider und Albisser (2013, S. 36) sind Lehrpersonen in Schulen „gefordert, ihre berufliche Identität vom Einzelkämpferdasein zum Teammitglied [...] weiter zu entwickeln". In den letzten Jahren sind die (multiprofessionellen) Kooperationserwartungen, insbesondere durch Inklusion, Ausbau von Ganztagsschulden oder offenere Lernformen in der Schule gestiegen (Arndt, 2014; Speck, Olk & Stimpel, 2011). Multiprofessionelle Kooperation im Kontext des Ganztages oder der Umsetzung der inklusiven Schule ist durch besondere Herausforderungen (z. B. verschiedene Vorstellungen in Bezug auf die Gestaltung von Lernprozessen, Absprachen und Verantwortlichkeiten, Rollenunklarheiten) als auch positive Aspekte (emotionale und unterrichtliche Unterstützung) geprägt (Hellmich, Hoya, Görel & Schwab, 2017). Nach Spieß (2004, S. 199) ist Kooperation „gekennzeichnet durch den Bezug auf andere, auf gemeinsam zu erreichende Ziele bzw. Aufgaben, sie ist intentional, kommunikativ und bedarf des Vertrauens. Sie setzt eine gewisse Autonomie voraus und ist der Norm von Reziprozität verpflichtet". Diese sehr komplexe Form der Kooperation wurde durch Fussangel (2008) um zwei weniger komplexe Dimensionen erweitert. Unter „Austausch" wird verstanden, wenn Lehrende miteinander im Dialog sind und sich gegenseitig Wissen oder Material zur Verfügung stellen. Dies können beispielsweise Unterrichtsmaterialien oder auch Wissen über bestimmte Schüler/-innen sein. Unter „Arbeitsteilung" wird verstanden, wenn ein größeres Aufgabenpaket gemeinsam in mehrere kleinere Aufgaben geteilt wird und diese dann individuell bearbeitet werden. Eine „ko-konstruktive" Situation, die der Definition nach Spieß (2004) entspricht, entsteht, wenn durch die Mitarbeit mehrerer Akteure gemeinsam etwas Neues geschaffen wurde. Keller-Schneider und Albisser (2013) haben nach einer empirischen Validierung im Kontext der Begleitung eines Schulentwicklungsprojektes eine weitere Ausdifferenzierung von „Ko-Konstruktivität" vorgenommen. Sie unterscheiden zusätzlich die Dimensionen „gemeinsame Planung" (Vereinbarung von Lernzielen und deren Überprüfung, Vorgehen im Unterricht), „Diskussion pädagogischer Fragen" (Auseinandersetzung mit Sichtweisen Anderer auf das eigene Tun, Klärung der Erwartungen an die Schüler/-innen, Diskussionen zur Bewältigung unerfreulicher Situationen) und „gemeinsame Unterrichtsverantwortung" (gemeinsame Unterrichtsplanung, Erwartungen an Leistungsstand der Schüler/-innen und der selbstständig zu leistenden Aufgaben).

Trotz der steigenden Anforderungen erleben sich Lehrkräfte weiterhin insbesondere im Unterricht als individuell handelnde Personen (Richter & Pant, 2016), wobei weniger intensive Formen der Kooperation an Schulen vergleichsweise häufig vorkommen, intensive Kooperation ein eher seltenes Phänomen sind (Dizinger, 2015). Die Erforschung von multiprofessioneller Kooperation, die aus der Perspektive der Schulpädagogik stark an die Diskussion um Ganztagsschulen und die Einbindung außerunterrichtlich tätigen Personals an Schulen gebunden ist, steht dabei noch am Anfang (Fussangel & Gräsel, 2012, 2014). In der Forschung werden auch Instrumente der Lehrkräftekooperationsforschung auf multiprofessionelle Settings übertragen (Dizinger, 2015). Gemäß Hellmich et al. (2017, S. 38) spielen bei einer Kooperation zwischen Regelschul- und Sonderschullehrkräften „neben externen Faktoren wie räumlichen oder finanziellen Ressourcen auch Variablen auf der individuellen Persönlichkeitsebene der Lehrerinnen und Lehrer (z. B. Einstellungen, Selbstwirksamkeitsüberzeugungen, Erfahrungen aus dem inklusiven Unterricht) und auf der Teamebene (z. B. Einstellungen zur Teamarbeit, Quantität und Qualität von Kooperation im inklusiven Klassenzimmer) eine besondere Rolle". Es kann vermutet werden, dass bei der Kooperation von Lehrerbildner/-innen aus den unterschiedlichen Phasen eine vergleichbare Situation entsteht wie bei der multiprofessionellen Kooperation in der Schule.

Neben der Betrachtung der Kooperation von Einzelpersonen ist es von Relevanz, inwiefern durch Kollegien Kooperation unterstützt und als Möglichkeit des Umgangs mit externen Belastungen und Anforderungen gesehen wird, da das eigene Handeln immer durch die Organisation mitbestimmt wird (Helsper, 2008). „In nachweislich guten Schulen [ist] das Ausmaß höher und vor allem: die Art der Kooperation zwischen Lehrkräften anspruchsvoller [...] als in weniger erfolgreichen Schulen" (Terhart & Klieme 2006, S. 163).

Kooperation kann dabei als ein Prozessfaktor angesehen werden, welcher sowohl die Ergebnisse von Bildungsprozessen als auch die Entwicklung von individuellen und kollektiven Ressourcen mitbestimmt (Keller-Schneider & Albisser, 2013). Ressourcen unterstützen dabei den individuellen Umgang mit Belastungen, welche von außen einwirken. Kollegien können in diesem Kontext besondere „Qualitätsmerkmale" aufweisen, insbesondere sind „eine hohe Übereinstimmung bezüglich gemeinsamer Ziele und Werte, ein[...] auf das Lernen der Schüler/innen fokussierte[r] reflexive[r] Dialog [...], Konsens und Kohärenz im Kollegium, ein lernförderliches Schulklima, wie auch eine auf pädagogische Aufgaben ausgerichtete Schulleitung" (Keller-Schneider & Albisser, 2013, S. 37) von Relevanz.

Für den Kontext der Praxisphase in Niedersachen wird hier angenommen, dass sich diese Ansätze auf Lehrendentandems und Fachnetze übertragen lassen. Das tatsächliche Kooperationsverhalten zwischen Lehrenden der beiden Phasen insbesondere bei der gemeinsamen Begleitung von Studierenden ist bislang empirisch wenig untersucht. So lässt sich fragen, inwiefern eine intensive Kooperation von den jeweiligen Akteuren als wichtig erachtet wird bzw. wie intensiv die Kooperationsmöglichkeiten genutzt werden. Weiterhin wird für den spezifischen Kontext des Fachnetzes davon ausgegangen, dass die Übereinstimmung bezüglich gemeinsamer Ziele, die Kultur eines reflexiven Dialogs, eine konstruktive Konfliktbewältigung und eine auf den Unterricht bezogene Kooperation von den Akteuren des Fachnetzes als kollektive Ressourcen zur Bewältigung der Anforderungen gesehen werden kann. Hierbei ist es ein Desiderat, wie ausgeprägt kollektive Ressourcen in Fachnetzen von Lehrkräftebildner/-innen gesehen werden.

3 Fragestellungen

Aus dem bisher Gezeigten lässt sich festhalten, dass eine Kooperation der Lehrenden der ersten und zweiten Phase der Lehrkräftebildung in zentralen Debatten gefordert wird, jedoch insbesondere aufgrund der unterschiedlichen ‚Kulturen', Wissensformen und Strukturen der Phasen nicht unproblematisch ist. Es wird erwartet, dass die Akteure zwar einerseits einer Kooperation offen gegenüberstehen, andererseits intensive Formen der Kooperation nicht konfliktfrei ablaufen und eventuell gemieden werden.

Die Einführung der Praxisphase in den Masterstudiengängen Lehramt an Grundschulen bzw. Haupt- und Realschulen in Niedersachsen eröffnet die Möglichkeit einer standortübergreifenden Untersuchung der Einstellungen der handelnden Akteure hierzu. Da durch die Tätigkeit von Lehrkräften aus der zweiten Phase im Rahmen der universitären Praxisphase in Niedersachsen insbesondere ‚Kulturen' der zweiten Phase die universitäre Praxisphase beeinflussen, wird erwartet, dass Lehrende der ersten Phase der Kooperation kritischer gegenüberstehen könnten. Im Fokus stehen die folgenden Fragestellungen:

(1) Wie wichtig ist Lehrkräftebildner/-innen eine Kooperation mit Akteuren der jeweilig anderen Phase bei der Gestaltung des Langzeitpraktikums im Masterstudium?

(2) Wie intensiv kooperieren diese Lehrkräftebildner/-innen im Kontext gemeinsamer Lehre miteinander?

(3) Wie stark lassen sich berichtete Veränderungen in den Lehrkonzepten der Lehrkräftebildner/-innen durch die Kooperation im Lehrendentandem aufklären?

(4) Wie intensiv nehmen Lehrkräftebildner/-innen Fachnetze bei dieser Kooperation als kollektive Ressource wahr?

(5) Inwiefern unterscheiden sich die Lehrenden der Universität und der zweiten Ausbildungsphase in Bezug auf ihre Einstellungen zur Kooperation und Realisierung der Kooperation?

Die Auswahl der Fragestellungen konzentriert sich somit auf die Einstellung und Wahrnehmungen der Lehrkräftebildner/-innen im Kontext der gemeinsamen Lehre in der Praxisphase und damit auf einen spezifischen Ausschnitt der Kooperation zwischen der ersten und zweiten Phase.

4   Methode

4.1   Durchführung

Zur Bearbeitung der Fragestellungen wurden in der niedersächsischen Praxisphase Lehrkräftebildner/-innen mittels eines Online-Fragebogens an fünf der sechs niedersächsischen Standorte mit entsprechendem Studienangebot befragt. Die Lehrenden wurden durch die jeweilige regionale Koordination per Mail im Zeitraum von Mai bis August 2016 um eine Teilnahme gebeten. An einem Standort erfolgte die Befragung strukturell gekoppelt an eine größere Evaluation der neu eingeführten Studienprogramme.

4.2   Stichprobe

Es liegen Rückmeldungen von N = 133 Lehrenden vor. 69 Personen (52 %) geben an, als Fachdidaktiker/-in tätig zu sein, 64 geben an, als „Lehrkraft in der Praxisphase" (48 %) tätig zu sein. Von den „Lehrkräften in der Praxisphase" geben 57 Personen an, Fachseminarleitung zu sein oder über Ausbildungserfahrung zu verfügen (Tabelle 1). Es liegen Rückmeldungen von 81 Frauen (61 %) und 47 Männern (35 %) vor. Es ist nicht bekannt, an wie viele Einzelpersonen der Fragebogen verschickt wurde, da der Versand aus Datenschutzgründen dezentral durch die jeweiligen Universitäten erfolgte. Auch die konsequente Zuordnung von konkreten Lehrendentandems bzw. Standorten ist nicht möglich.

Die Berufserfahrung (in Jahren) in der Stichprobe bildet ein breites Spektrum ab (M = 7.71; SD = 6.54 Jahre). Von den Befragten geben 81 Personen (61 %) an, Mitglied in einem Fachnetz zu sein. Die deutlich geringere Zahl gegenüber der Gesamtstichprobe erklärt sich vermutlich aus der Situation, dass in Fächern mit wenigen Studierenden nur ein Lehrendentandem existiert. In diesem Fall sind das Lehrendentandem und das Fachnetz personell identisch.

Tabelle 1:   Hintergrund der Lehrkräftebildner/-innen

Akteursgruppe	n	%
Fachdidaktiker/-in		
Professur	21	16
Wissenschaftliche Mitarbeiter	35	26
Abgeordnete Lehrkraft oder Lehrbeauftragter	12	9
Keine Angabe	1	1
Lehrkraft in der Praxisphase		
Fachseminarleitung an einem GHR-Studienseminar	32	24
Andere Fachseminarleitung	10	8
Lehrkraft mit Ausbildungserfahrung	15	11
Lehrkraft ohne Ausbildungserfahrung	6	5
Keine Angabe	1	1
Gesamt	133	100

4.3   Variablen

Auf der Basis von erprobten Skalen zur Kooperation von Lehrkräften in der Schule (Keller-Schneider & Albisser, 2013) wurden Skalen zum „Austausch", zur „Arbeitsteilung", zur „gemeinsamen Planung von Unterricht", zur „Diskussion pädagogischer Fragen" und zur „gemeinsamen Unterrichtsverantwortung" adaptiert. Zur Entwicklung der Skalen wurden sämtliche Originalitems sprachlich auf die Situation im Langzeitpraktikum übertragen (z. B. „Studierende" statt „SchülerInnen"). Auch wurden die Tätigkeiten leicht an die Situation in der Universität angepasst. Die Items wurden dabei nicht auf eine spezifische Teilgruppe der Lehrenden zugeschnitten, sondern so formuliert, dass mögliche kooperative Tätigkeiten im Kontext der gemeinsamen Lehre und Unterrichtsbesuche im Fokus stehen. Hierdurch soll erreicht werden, dass die Items nicht unterschiedlich verstanden werden. Jedes Item wurde von den Befragten auf den beiden Dimensionen „Wichtigkeit" (0 = nicht wichtig, 1 = eher nicht wichtig, 2 = eher wichtig, 3 = wichtig) und „Umsetzungshäufigkeit" (0 = fast nie umgesetzt, 1 = ..., 2 = ..., 3 = sehr oft umgesetzt) eingeschätzt. Über die Einschätzung der „Wichtigkeit" sollte die Einstellung der befragten Personen und über die „Umsetzungshäufigkeit" die konkrete Realisierung im Lehrendentandem erfasst werden.

Tabelle 2:   Kennwerte der eingesetzten Skalen

Skala	Beispielitem	α – Wichtigkeit (Anzahl Items)	α – Umsetzungshäufigkeit (Anzahl Items)	α – Zustimmung (Anzahl Items)
Kooperation				
(1) Austausch	Wir stellen einander Materialien mit Bezug zu den Veranstaltungen zur Verfügung.	.60 (3)	.76 (3)	
(2) Arbeitsteilung	Wir erarbeiten Materialien für Seminare oder Besuche arbeitsteilig und stellen diese einander zur Verfügung.	.66 (3)	.74 (3)	
(3) G. Planung	Wir vereinbaren übergeordnete Lernziele.	.66 (4)	.74 (4)	
(4) Diskussion pädagogischer Fragen	Wir geben einander Rückmeldungen und Impulse aufgrund von gegenseitigen Beobachtungen.	.73 (3)	.73 (3)	
(5) G. Unterrichtsverantwortung	Unser Teamteaching steht auf einer gemeinsam erarbeiteten Unterrichts- bzw. Seminarplanung.	.73 (3)	.78 (3)	
Kollektive Ressourcen des Fachnetzes				
(a) G. Ziele	Das Fachnetz arbeitet verbindlich auf die gemeinsam vereinbarten Ziele hin.			.92 (3)
(b) Reflexiver Dialog	Wir überprüfen, ob sich das gewählte Vorgehen bewährt hat.			.84 (4)
(c) Konfliktbewältigung	Konflikte werden offen und konstruktiv ausgetragen.			.93 (4)
(d) Unterrichtsbezogene Kooperation	Ins Fachnetz eingebrachte Verbesserungsvorschläge werden weiterentwickelt und angenommen.			.90 (4)

Anmerkungen: G. = Gemeinsame

Inwiefern die Erfahrungen aus der Tandemlehre die eigenen Lehrkonzepte beeinflusst haben, wurde über ein Einzelitem erfasst (0 = trifft nicht zu, 1 = trifft eher nicht zu, 2 = trifft eher zu, 3 = trifft zu).

Zur Fragestellung, inwiefern die Zusammenarbeit im Fachnetz bewertet wird, wurden Skalen zur „Zieltransparenz", zum „Reflexiven Dialog", zur „Konfliktbewältigung" und zur „Unterrichtsbezogenen Kooperation" eingesetzt (0 = trifft nicht zu, 1 = trifft eher nicht zu, 2 = trifft eher zu, 3 = trifft voll zu). Diese basieren ebenfalls auf Skalen zur Kooperation im Lehrkräftekollegium (Keller-Schneider & Albisser, 2013) und wurden auf die Situation im Fachnetz adaptiert. Sämtliche Items weisen ein vier-stufiges Antwortformat (Likert-Skala) auf.

Die Skalen haben mit einem Cronbachs Alpha von $\alpha = 0.60$ bis $\alpha = 0.93$ eine ausreichende bis sehr gute Reliabilität (Tabelle 2).

5   Ergebnisse

Im Folgenden werden zunächst die Ergebnisse der auf gemeinsame Lehre zum Langzeitpraktikum bezogenen Kooperation dargestellt und im Anschluss daran die Ergebnisse der auf das Fachnetz bezogenen Skalen.

5.1   Kooperation im Lehrendentandem

Die Skalen zur Wichtigkeit (Fragestellung 1) weisen Mittelwerte zwischen M = 2.54 und M = 2.76 sowie Standardabweichungen zwischen SD = .35 und SD = .50 auf (Tabelle 3). Die Mittelwerte sind damit jeweils höher als das theoretische Skalenmittel von 1.5 Punkten. Die Standardabweichungen sind relativ gering, sodass sich ein homogenes Bild ergibt. Von besonderer Bedeutung ist, dass die Skalen, die Ko-Konstruktivität in der Kooperation erfordern, ähnlich hohe Mittelwerte aufweisen wie die Dimensionen, die dies nicht erfordern. Die Lehrenden geben an, dass sie beispielsweise die gemeinsame Vereinbarung übergeordneter Lernziele (Skala „Gemeinsame Planung", M = 2.68) und die „Diskussion pädagogischer Fragen" (M = 2.66) wichtig finden. Die Mittelwerte der Skalen zur Umsetzungshäufigkeit (Fragestellung 2) liegen ebenfalls höher als das theoretische Skalenmittel von 1.5 Punkten (Tabelle 3). Am niedrigsten sind die Umsetzungshäufigkeiten bei den Skalen „Arbeitsteilung" (M = 2.35) und „Gemeinsame Unterrichtsverantwortung" (M = 2.35) ausgeprägt. Die Varianzen der Einschätzung zur Umsetzungshäufigkeit sind höher als die der jeweilig korrespondierenden Einschätzung zur Wichtigkeit (z. B. Levene-Test zu „Diskussion pädagogischer Fragen": $F(1,228) = 14.84$, $p = .00$, n = 230).

Es wird angenommen, dass ein Zusammenhang zwischen der kooperationsbezogenen Einstellung der einzelnen Lehrperson und der Umsetzung im Lehrendentandem besteht. Zur Untersuchung dieser Hypothese wurden Korrelationen zwischen den Skalen gebildet (Tabelle 4). Es ergeben sich signifikante mittelhohe bis starke Korrelationen (zwischen r = .52 (Skala „Austausch") und r = .79 (Skala „Diskussion pädagogischer Fragen")). Personen, die Kooperation im Lehrendentandem als wichtig einschätzen, berichten auch statistisch bedeutsam häufiger von einer Umsetzung.

Die Lehrkräftebildner/-innen geben an, dass die Erfahrungen aus der Tandemlehre ihre eigenen Lehrkonzepte beeinflusst haben (M = 1.97, SD = .96) (Tabelle 3, Fragestellung 3). Die Standardabweichung ist dabei relativ hoch. Zur Prüfung, inwiefern die Umsetzungshäufigkeit von kooperativen Tätigkeiten die Varianz in Bezug auf die Beeinflussung der Lehrkonzepte erklären kann, wurden in einem ersten Schritt Korrelationen berechnet. Es ergeben sich signifikante, mittelhohe Korrelationen (zwischen r = .36 (Skala „Gemeinsame Unterrichtsverantwortung") und r = .49 (Skala „Arbeitsteilung")). In einem zweiten Schritt wurde zur Ermittlung der durch die Skalen zur Häufigkeit der Kooperation aufgeklärten Varianz für das Item zur Beeinflussung der Lehrkonzepte eine Regressionsanalyse durchgeführt (R^2 = .28, F(5,113) = 9.68; p < .001). Durch das Modell können 28 % der Varianz aufgeklärt werden, was zeigt, dass die Umsetzungshäufigkeit von Kooperation ein wichtiger Indikator für die Veränderung der Lehrkonzepte der Lehrkräftebildner/-innen ist. Von besonderer Bedeutung bei der Varianzaufklärung sind die Skalen „Arbeitsteilung" und „gemeinsame Planung" (Tabelle 5), die jeweils einen spezifischen Vorhersagebeitrag leisten.

Aufgrund der oben beschriebenen möglichen Differenz zwischen den Akteuren in der Lehrkräftebildung wurde geprüft, ob zwischen den Gruppen der Lehrenden der Universität und der Lehrkräfte in der Praxisphase Unterschiede bestehen (Fragestellung 5). Für alle Skalen wurde ein t-Test für unabhängige Stichproben berechnet. Es ergeben sich keine signifikanten Gruppenunterschiede (z. B. t(114) = -.16, p = .87 für die Skala „Arbeitsteilung Wichtigkeit"; t(115) = 1.46, p = .15 für die Skala „Austausch Umsetzungshäufigkeit"; Tabelle 3).

Tabelle 3: Deskriptive Ergebnisse Kooperationswichtigkeit / Kooperationshäufigkeit, Beeinflussung Lehrkonzepte, Kollektive Ressourcen

Skala	Alle Teilnehmenden			Nur Fachdidaktiker/-innen			Nur Lehrkräfte in der Praxisphase			
	M	SD	n	M	SD	n	M	SD	t	p
Kooperation – Wichtigkeit										
(1) Austausch[1]	2.76	.35	58	2.76	.34	58	2.75	.36	.27	.79
(2) Arbeitsteilung[1]	2.54	.56	57	2.53	.58	59	2.54	.47	-.16	.87
(3) G. Planung[1]	2.68	.40	58	2.69	.40	59	2.66	.41	.35	.73
(4) Diskussion pädagogischer Fragen[1]	2.66	.46	57	2.68	.50	58	2.64	.43	.40	.69
(5) G. Unterrichtsverantwortung[1]	2.60	.54	58	2.57	.59	58	2.64	.49	.58	.56
Kooperation – Umsetzungshäufigkeit										
(1) Austausch[2]	2.58	.57	58	2.66	.51	59	2.51	.61	1.46	.15
(2) Arbeitsteilung[2]	2.35	.70	57	2.38	.69	59	2.32	.73	.49	.63
(3) G. Planung[2]	2.44	.58	58	2.51	.51	59	2.37	.64	1.34	.18
(4) Diskussion pädagogischer Fragen[2]	2.43	.62	57	2.51	.58	58	2.37	.65	1.21	.23
(5) G. Unterrichtsverantwortung[2]	2.35	.74	58	2.39	.75	59	2.31	.74	.59	.56
Beeinflussung Lehrkonzepte										
Beeinflussung[3]	1.97	.96	59	1.97	.93	61	1.97	1.00	-.01	.99
Kollektive Ressourcen des Fachnetzes										
(a) G. Ziele[4]	2.33	.64	35	2.34	.64	47	2.32	.65	.19	.85
(b) Reflexiver Dialog[4]	2.34	.60	35	2.34	.54	47	2.35	.64	-.02	.98
(c) Konfliktbewältigung[4]	2.38	.65	34	2.30	.69	45	2.37	.62	-.44	.66
(d) Unterrichtsbezogene Kooperation[4]	2.38	.67	35	2.39	.69	47	2.38	.67	-.18	.99

Anmerkungen: [1] 0 = nicht wichtig, ..., 3 = wichtig; [2] 0 = fast nie umgesetzt, ..., 3 = sehr oft umgesetzt; [3] 0 = trifft nicht zu, ..., 3 = trifft zu; Item: Die Erfahrungen aus der Tandemlehre haben meine eigenen Lehrkonzepte beeinflusst. [4] 0 = trifft nicht zu, ..., 3 = trifft voll zu. G. = Gemeinsame

Tabelle 4: Korrelationskoeffizienten – Kooperationshäufigkeit / Kooperationswichtigkeit, Kollektive Ressourcen

	Umsetzungshäufigkeit Kooperation				
Wichtigkeit Kooperation	(1)	(2)	(3)	(4)	(5)
(1) Austausch	.52**	.45**	.37**	.50**	.37**
(2) Arbeitsteilung	.45**	.76**	.35**	.40**	.29**
(3) Gemeinsame Planung	.42**	.50**	.71**	.44**	.62**
(4) Diskussion pädagogischer Fragen	.45**	.39**	.47**	.79**	.36**
(5) G. Unterrichtsverantwortung	.38**	.37**	.48**	.36**	.77**
Kollektive Ressourcen					
(a) Gemeinsame Ziele	.45*	.57**	.37**	.30**	.35**
(b) Reflexiver Dialog	.28*	.34**	.30**	.28*	-.33**
(c) Konfliktbewältigung	.32**	.38**	.37**	.35*	.41**
(d) Unterrichtsbezogene Kooperation	.38**	.40**	.40**	.28*	.40**

Anmerkungen: **p < .01; *p < .05

Tabelle 5: Korrelations- und Regressionskoeffizienten zwischen Beeinflussung
der Lehrkonzepte und Kooperationshäufigkeit

Prädiktoren auf Beeinflussung Lehrkonzepte	Korrela-tionen r	Regressionskoeffizienten B	SE B	β
(1) Austausch	.38**	.03	.21	.02
(2) Arbeitsteilung	.49**	.51	.15	.37**
(3) Gemeinsame Planung	.45**	.62	.24	.36*
(4) Diskussion pädagogischer Fragen	.35**	-.06	.17	-.01
(5) Gemeinsame Unterrichtsverantwortung	.36**	-.20	.18	-.14

Anmerkungen: $R^2 = .28$, $F(5,113) = 9.68$; $p < .001$; $f^2 = .38$; **p < .01; *p < .05

5.2 Wahrnehmung des Fachnetzes als kollektive Ressource

Während die Lehrendentandems insbesondere für die Vorbereitung und Durchführung von Vorbereitungs-, Begleit- und Nachbereitungsveranstaltungen sowie
für die Durchführung von Unterrichtsbesuchen verantwortlich sind, wird im Fachnetz des Unterrichtsfaches das übergreifende Konzept der Begleitung der Studierenden in der Praxisphase entwickelt und abgestimmt (Niedersächsisches Ministerium für Wissenschaft und Kultur, 2014). Wie beschrieben, werden die Fachnetze

hier in Analogie zu Lehrkräftekollegien gesehen. Fachnetze können also als kollektive Ressource wahrgenommen werden (Fragestellung 4). Es geben nur 61 % der befragten Personen an, Mitglied in einem Fachnetz zu sein, obwohl die Etablierung von Fachnetzen fester Bestandteil des landesweiten Konzeptes ist. Sämtliche Mittelwerte der Skalen liegen über dem theoretischen Mittel von 1.5 Punkten (Tabelle 3). Die Teilnehmenden berichten davon, dass gemeinsame Ziele ($M = 2.33$) vereinbart werden, eine Reflexion über das gemeinsame Vorgehen ($M = 2.34$) stattfindet, Konflikte offen und konstruktiv bewältigt ($M = 2.38$) werden und auf den Unterricht bezogen kooperiert ($M = 2.38$) wird. Die Standardabweichung der Skalen liegt zwischen $SD = .60$ und $SD = .67$ und ist damit vergleichsweise hoch. Dies zeigt, dass es Fachnetze gibt, die eher als kollektive Ressource wahrgenommen werden als andere. Wie bereits in Bezug auf die Kooperation im Tandem gezeigt wurde, bestehen auch hier keine signifikanten Gruppenunterschiede zwischen fachdidaktischem Personal und Lehrkräften in der Praxisphase.

Korrelationskoeffizienten zum Zusammenhang zwischen den kollektiven Ressourcen des Fachnetzes und der Umsetzungshäufigkeit von Kooperationen im Lehrendentandem zeigen, dass Fachnetze unterschiedlich intensiv als kollektive Ressource wahrgenommen werden und die Kooperation im Fachnetz mit der Kooperation im Lehrendentandem wechselseitig zusammenhängt (Tabelle 4). Es ergeben sich (mit wenigen Ausnahmen) mittelhohe Korrelationen (zwischen $r = .28$ und $r = .57$).

6   Diskussion

Zusammenfassend lässt sich festhalten, dass Lehrende beider Phasen den unterschiedlichen, auf die Lehre bezogen, Kooperationsformen im Tandem eine hohe Wichtigkeit beimessen und von einer intensiven Kooperation berichten. Insofern scheint es, dass die Akteure in einer, auf ihre gemeinsame Lehre bezogene, Kooperation zwischen Lehrkräftebildner/-innen der beiden Phasen der Lehrkräftebildung Vorteile sehen. Dies ist insofern einerseits überraschend, da traditionell eher wenig Kooperation zwischen den Akteuren besteht. Das Ergebnis ordnet sich andererseits in bisherige Untersuchungen ein, die zeigen, dass beide Seiten kooperationsbereit sind (Beutel & Soremski, 2006). Daneben zeigt sich, dass Kooperation, die Ko-Konstruktivität erfordert, weniger häufig praktiziert wird, welches sich mit Ergebnissen der Lehrkräftekooperationsforschung deckt (Dizinger, 2015). Zudem wird, ähnlich wie in der Lehrkräfteforschung (Keller-Schneider & Albisser, 2013), deutlich, dass die beschriebene Realisierung mit der Einstellung zur Kooperation zusammenhängt. Für die Weiterentwicklung der Lehrkräftebildung impliziert dies, dass gemeinsame Lehre der Akteure der ersten Phasen nicht nur zu einem Austausch von Konzepten führt, sondern zu einer ko-konstruktiven Entwicklung. Weiterhin zeigt sich, dass in einigen Fachnetzen intensiver kooperiert wird als in anderen Fachnetzen und dass die Varianz in den Skalen zur Umsetzungshäufigkeit höher ist als bei der korrespondierenden Skala zur Wichtigkeit. Es besteht ein Zusammenhang zwischen der Wahrnehmung von Fachnetzen als kollektive Ressource und der Kooperation im Tandem. Insofern zeigt sich, dass in den Lehrendentandems, deren Fachnetze beispielsweise eher gemeinsame Ziele vereinbaren, auch intensiver kooperiert wird.

Die Lehrenden geben an, dass die Erfahrungen in der Tandemlehre ihre eigenen Lehrkonzepte verändert haben, welches ein Ziel der Reform darstellt. Weiterhin wird deutlich, dass die Kooperation im Lehrendentandem, insbesondere durch die Kooperationsformen „Arbeitsteilung" und „Gemeinsame Planung", einen wichtigen Teil der Varianz hierzu aufklären kann.

Der Einsatz von Erhebungsinstrumenten aus der Lehrkräftekooperation birgt die Chance, an diese Forschungstradition anzuknüpfen und die für die Planung und Realisierung von Unterricht entwickelten Instrumente auf Situationen an der Universität zu adaptieren. Weiterhin ergeben sich auch diskussionswürdige Nachteile. So ist die Situation, in der sich Lehrkräfte an Schulen befinden, nicht komplett mit der Situation an der Universität vergleichbar. Auch das Verhältnis der Akteure zueinander unterscheidet sich. Während in der klassischen Lehrkräftekooperation die Beteiligten in der Regel einen ähnlichen Hintergrund mitbringen, besteht in der Kooperation im Lehrendentandem, ähnlich wie bei einer multiprofessionellen Kooperation in der Schule, potentiell eine Expertise- und Professionalitätsdifferenz die eine Kooperation erschweren kann (Hellmich et al., 2017).

7   Grenzen und Ausblick

Nicht im Fokus dieser Untersuchung stehen Fragen, zu welchen Inhalten in den Tandems und Fachnetzen gearbeitet wird und welche Perspektiven bzw. Argumentationsmuster von den Akteuren eingenommen werden. Es bleibt beispielsweise unklar, ob und inwiefern sich die Perspektiven der Lehrenden gegenseitig beeinflussen, inwiefern sich vorhandene Expertise- und Professionalitätsdifferenzen auswirken und ob bzw. wie eine Theorie-Praxis-Verzahnung sich in der tatsächlichen Lehre zeigt. Auch die Frage nach der Wirkung auf den Lernerfolg der Studierenden bleibt bei dieser Erhebung ungeklärt. Die Studie bietet keine Möglichkeiten, direkte Einblicke in das tatsächliche Kooperationshandeln der Akteure zu gewinnen und so Aspekte der tatsächlichen Realisierung zu untersuchen. Es ergeben sich im Anschluss an die Untersuchung unter anderem die Fragen, in welche Richtung sich die Veränderung der Lehre an den Standorten zeigt und ob diese lernwirksamer für die Studierenden ist. Weiterhin bleibt offen, ob eine Veränderung in der Lehre auch nach einer durchgeführten Kooperation erhalten bleibt. Hierzu bedarf es Methoden, die deutlich dichter an der tatsächlichen Handlung in der Kooperation ansetzen. Eine Möglichkeit wäre es, die Akteure in konkreten Situationen der Kooperation, zum Beispiel bei der Durchführung von Besprechungen zum Unterricht der Studierenden, zu beobachten.

An eine Zusammenarbeit zwischen den Akteuren der ersten und zweiten Phase werden vielfältige Erwartungen gestellt. Eine Grundvoraussetzung für deren Gelingen stellt die Einstellung der Akteure zur Kooperation dar. Im untersuchten Kontext sehen die Akteure eine intensive Kooperation als wichtig an. Die Bildung von Lehrendentandems in der Praxisphase führt zu einer intensiven Kooperation zwischen den beteiligten Akteuren. Die Bildung von Fachnetzen als fachliches Gremium der Zusammenarbeit wird positiv gesehen, jedoch scheinen Fachnetze unterschiedlich intensiv als kollektive Ressource wahrgenommen zu werden.

Literatur

Abs, H. J. & Anderson-Park, E. (2014). Programme zur Berufseinführung: die zweite Phase der Lehrerbildung. In E. Terhart, H. Bennewitz & M. Rothland (Hrsg.), Handbuch der Forschung zum Lehrerberuf (S. 489-510). Münster: Waxmann.

Arndt, A.-K. (2014). Multiprofessionelle Teams bei der Umsetzung inklusiver Bildung. ARCHIV für Wissenschaft und Praxis der sozialen Arbeit, 45 (1), 72-78.

Arnold, E. (2010). Kooperationen zwischen der ersten und zweiten Phase der Lehrerausbildung. Zeitschrift für Erziehungswissenschaft, 21 (40), 69-77.

Arnold, E. (2015). Das Kernpraktikum an der Universität Hamburg. Journal für LehrerInnenbildung: jlb, 15 (1), 52-57.

Arnold, K.-H. (2015). Die Nachbesprechung von Unterrichtsversuchen als Lerngelegenheit: Zur Verknüpfung von theoriebasierten Aspekten und Praktikerempfehlungen. In C. Villiger & U. Trautwein (Hrsg.), Zwischen Theorie und Praxis: Ansprüche und Möglichkeiten in der Lehrer(innen)bildung; Festschrift zum 65. Geburtstag von Alois Niggli (S. 71-90). Münster: Waxmann.

Arnold, K.-H., Gröschner, A. & Hascher, T. (Hrsg.). (2014). Schulpraktika in der Lehrerbildung: Theoretische Grundlagen, Konzeptionen, Prozesse und Effekte. Münster: Waxmann.

Baumert, J., Beck, E., Beck, K., Glage, L., Götz, M., Freisel, L. & Werning, R. (2007). Ausbildung von Lehrerinnen und Lehrern in Nordrhein-Westfalen. Empfehlungen der Expertenkommission zur Ersten Phase. Düsseldorf: Ministerium für Innovation, Wissenschaft, Forschung und Technologie des Landes Nordrhein-Westfalen.

Besa, K.-S. & Büdcher, M. (2014). Empirical evidence on field experiences in teacher education: A review of the research base. In K.-H. Arnold, A. Gröschner & T. Hascher (Hrsg.), Schulpraktika in der Lehrerbildung. Theoretische Grundlagen, Konzeptionen, Prozesse und Effekte (S. 129-146). Münster: Waxmann.

Beutel, S.-I. & Soremski, R. (2006). Lehrbildung im Wandel: Eine Expertenbefragung zu den Perspektiven einer inhaltlichen und strukturellen Reform. Jena: IKS Garamond.

Crasborn, F., Hennissen, P., Brouwer, N., Korthagen, F. & Bergen, T. (2010). Capturing mentor teachers' reflective moments during mentoring dialogues. Teachers and Teaching, 16 (1), 7-29.

Dengerink, J., Lunenberg, M. & Korthagen, F. (2015). The professional teacher educator: Six roles. Beiträge zur Lehrerinnen- und Lehrerbildung, 33 (3), 334-344.

Dizinger, V. (2015). Professionelle und interprofessionelle Kooperation von Lehrerinnen und Lehrern im Kontext schulischer Belastung und Beanspruchung. Dissertation. Bielefeld: Universität Bielefeld.

Felten, R. v. (2005). Lernen im reflexiven Praktikum: Eine vergleichende Untersuchung. Münster: Waxmann.

Fussangel, K. (2008). Subjektive Theorien von Lehrkräften zur Kooperation: eine Analyse der Zusammenarbeit von Lehrerinnen und Lehrern in Lerngemeinschaften. Dissertation. Wuppertal: Universität Wuppertal.

Fussangel, K. & Gräsel, C. (2012). Lehrerkooperation aus der Sicht der Bildungsforschung. In E. Baum (Hrsg.), Kollegialität und Kooperation in der Schule: Theoretische Konzepte und empirische Befunde (S. 29-40). Wiesbaden: Springer VS.

Fussangel, K. & Gräsel, C. (2014). Forschung zur Kooperation im Lehrerberuf. In E. Terhart, H. Bennewitz & M. Rothland (Hrsg.), Handbuch der Forschung zum Lehrerberuf (S. 846-864). Münster: Waxmann.

Gröschner, A. (2015). Praxisphasen im Lehramtsstudium: Ausgewählte Befunde zu Wirksamkeit und Gelingensbedingungen. In S. Barsch, M. Dziak-Mahler, M. Hoffmann, & P. Ortmanns (Hrsg.), Fokus Praxissemester. Das Kölner Modell kritisch beleuchtet – Werkstattberichte (S. 41-49). Köln.

Gröschner, A., Schmitt, C. & Seidel, T. (2013). Veränderung subjektiver Kompetenzeinschätzungen von Lehramtsstudierenden im Praxissemester. Zeitschrift für pädagogische Psychologie, 27 (1-2), 77-86.

Gröschner, A., Senge, K. & Lütgert, W. (Hrsg.). (2007). Kerncurricula zur strukturellen Verknüpfung von Aus- und Weiterbildung: Abschlussbericht der Forschungsgruppe. Jena: ZLD.

Helsper, W. (2008). Schulkulturen – die Schule als symbolische Sinnordnung. Zeitschrift für Pädagogik, 54 (1), 63-80.

Hellmich, F., Hoya, F., Görel, G. & Schwab, S. (2017). Unter welchen Voraussetzungen kooperieren Grundschullehrkräfte im inklusiven Unterricht? – Eine Studie zu den Bedingungen der Kooperationsbereitschaft von Grundschullehrerinnen und -lehrern im inklusiven Unterricht. Empirische Sonderpädagogik, 8 (1), 36-51.

Hericks, U. (2004). Verzahnung der Phasen der Lehrerbildung. In S. Blömeke, P. Reinhold, G. Tulodziecki & J. Wildt (Hrsg.), Handbuch Lehrerbildung (S. 301-312). Bad Heilbrunn: Klinkhardt.

Jorzik, B. & Schratz, M. (2015). Editorial. Journal für LehrerInnenbildung, 15 (2), 4-6.

Keller-Schneider, M. & Albisser, S. (2013). Kooperation von Lehrpersonen und die Bedeutung individuellen und kollektiven Ressourcen. In M. Keller-Schneider (Hrsg.), Professionalität und Kooperation in Schulen: Beiträge zur Diskussion über Schulqualität. Bad Heilbrunn: Klinkhardt.

Knüppel, A. (2012). Weiterentwicklung der schulpraktischen Lehrerbildung durch Kooperation der Ersten und Zweiten Phase am Beispiel der Region Nordhessen. Kassel: Universitätsbibliothek Kassel.

Kraler, C., Schnabel-Schüle, H., Schratz, M. & Weyand, B. (2012). Einleitung. In C. Kraler, H. Schnabel-Schüle, M. Schratz & B. Weyand (Hrsg.), Kulturen der Lehrerbildung. Professionalisierung eines Berufsstands im Wandel (S. 7-19). Münster: Waxmann.

Niedersächsisches Kultusministerium (2017). Verordnung über die Ausbildung und Prüfung von Lehrkräften im Vorbereitungsdienst. APVO-Lehr.

Niedersächsisches Ministerium für Wissenschaft und Kultur (2014). Vereinbarung zur Implementierung einer Praxisphase in die viersemestrigen Masterstudiengänge für das Lehramt an Grundschulen und das Lehramt an Haupt- und Realschulen. Hannover. Verfügbar unter: https://www.mk.niedersachsen.de/download/91683/Kooperationsvereinbarung_zur_Implementierung _einer_Praxisphase_in_die_viersemestrigen_Masterstudiengaenge_fuer_das_Lehramt_an_Grundschulen _und_das_Lehramt_an_Haupt-_und_Realschulen_GHR_300_.pdf [13-06.2018].

Richter, D., Kunter, M., Lüdtke, O., Klusmann, U. & Baumert, J. (2011). Soziale Unterstützung beim Berufseinstieg ins Lehramt. Zeitschrift für Erziehungswissenschaft, 14 (1), 35-59.

Richter, D. & Pant, H. A. (2016). Lehrerkooperation in Deutschland: Eine Studie zu kooperativen Arbeitsbeziehungen bei Lehrkräften der Sekundarstufe I. Gütersloh: Bertelsmann Stiftung.

Schön, D. A. (1987). Educating the reflective practitioner: toward a new design for teaching and learning in the professions (1st ed.). San Francisco: Jossey-Bass.

Schubarth, W. (2010). Lohnt sich Kooperation? – Erste und zweite Phase der Lehrerbildung zwischen Abgrenzung und Annäherung. Erziehungswissenschaft, 21 (40), 79-88.

Schubarth, W., Speck, K., Seidel, A. & Große, U. (2007). Endlich Praxis! Die zweite Phase der Lehrerbildung: Potsdamer Studien zum Referendariat. Frankfurt am Main: Lang.

Speck, K., Olk, T. & Stimpel, T. (2011). Auf dem Weg zu multiprofessionellen Organisationen? Die Kooperation von Sozialpädagogen und Lehrkräften im schulischen Ganztag. Empirische Befunde aus der Ganztagsforschung und dem Forschungsprojekt „Professionelle Kooperation von unterschiedlichen Berufskulturen an Ganztagsschulen" (ProKoop). In W. Helsper & R. Tippelt (Hrsg.), Pädagogische Professionalität (Zeitschrift für Pädagogik, 57, Beiheft, S. 184-201). Weinheim: Beltz.

Spieß, E. (2004): Kooperation und Konflikt. In H. Schuler (Hrsg.), Organisationspsychologie – Gruppe und Organisation (S. 193-247). Göttingen: Hogrefe

Staub, F., Waldis, M., Futter, K. & Schatzmann, S. (2014). Unterrichtsbesprechungen als Lerngelegenheiten im Praktikum. In K.-H. Arnold, A. Gröschner & T. Hascher (Hrsg.), Schulpraktika in der Lehrerbildung. Theoretische Grundlagen, Konzeptionen, Prozesse und Effekte (S. 335-338). Münster: Waxmann.

Terhart, E. (Hrsg.). (2000). Perspektiven der Lehrerbildung in Deutschland: Abschlussbericht der von der Kultusministerkonferenz eingesetzten Kommission. Weinheim: Beltz.

Terhart, E. & Klieme, E. (2006). Kooperation im Lehrerberuf – Forschungsproblem und Gestaltungsaufgabe. Zeitschrift für Pädagogik, 52 (2), 163-165.

Tremp, P. & Weil, M. (2015). Lehrerbildnerinnen und Lehrerbildner: Ansprüche und Kontexte – Einleitung ins Themenheft. Beiträge zur Lehrerinnen- und Lehrerbildung, 33 (3), 309-318.

Villiger, C. (2015). Lehrer(innen)bildung zwischen Theorie und Praxis: Erörterungen zu einer ungelösten Problematik. In C. Villiger & U. Trautwein (Hrsg.), Zwischen Theorie und Praxis: Ansprüche und Möglichkeiten in der Lehrer(innen)bildung (S. 9-18). Münster: Waxmann.

Weyland, U. (2012). Expertise zu den Praxisphasen in der Lehrerbildung in den Bundesländern. Hamburg: Landesinstitut für Lehrerbildung und Schulentwicklung.

Weyland, U. & Wittmann, E. (2015). Langzeitpraktika in der Lehrerausbildung in Deutschland: Stand und Perspektiven. Journal für LehrerInnenbildung: jlb, 15 (1), 8-21.

Zeichner, K. (2010). Rethinking the connections between campus courses and field experiences in college- and university-based teacher education. Journal of Teacher Education, 61 (1-2), 89-99.

Cooperation of teacher educators in the long-term internship – "teaching tandems" and "subject networks"

University-level educators, teachers in schools, and internship supervisors ("Studienseminare") are all involved in the education of teachers. Within the framework of the long-term school internship in Lower Saxony, these different teacher educators cooperate in seminars and during lesson observations as a "teacher tandem" in order to provide different perspectives to the teacher education process. Utilizing an online questionnaire, these tandems (N = 133 individuals) were asked to evaluate this approach. An analysis of the results reveals that the participants value the cooperation and that they cooperate extensively. These findings were consistent across the various groups of actors. In addition, they report that their participation in these tandems has effected changes in their own teaching concepts. At the same time, however, there are discrepancies regarding the perceived value of the subject-specific network, as a network of all tandems of a subject area, as a "collective resource".

Keywords: cooperation of teacher educators – long-term internship – lower saxony – teacher education

Autoren:

Timo Beckmann, Leuphana Universität Lüneburg, Zukunftszentrum Lehrerbildung.

Prof. Dr. Timo Ehmke, Leuphana Universität Lüneburg, Institut für Bildungswissenschaft.

Korrespondenz an: timo.beckmann@leuphana.de

Geschäftsbericht der Redaktion
zum Jahrgang 10 (2017)

Im 10. Jahrgang der *Lehrerbildung auf dem Prüfstand* erschienen in zwei offenen Heften insgesamt 12 Originalbeiträge. Darüber hinaus wurde ein Sonderheft mit dem Titel „Peer Coaching in der praxissituierten Ausbildung von Lehrpersonen" mit Annelies Kreis und Stefanie Schnebel als Herausgeberinnen veröffentlicht, das neben dem Editorial sechs Originalarbeiten sowie zwei Rezensionen enthält.

Für die offenen Hefte wurden im Laufe des Jahres 2017 19 Manuskripte eingereicht. Elf davon mussten aufgrund ihres fehlenden Bezugs zur Lehrerbildung im Allgemeinen direkt abgelehnt werden. Drei weitere Manuskripte wurden nach der ersten Begutachtungsrunde abgelehnt. Somit konnten fünf Manuskripte nach Prüfung durch die geschäftsführenden Herausgeber Barbara Pflanzl und Martin Rothland angenommen werden. Drei dieser Manuskripte wurden bereits veröffentlicht. Zusätzlich gab es zum Call for Papers für ein Themenheft mit dem Titel „#Lehrerbildung. Lehren und Lernen mit digitalen Medien in der Lehreraus-, fort- und -weiterbildung" acht weitere Einreichungen. Aus diesen konnte kein Themenheft zusammengestellt werden, da sechs Manuskripte nach der Begutachtung durch zwei externe Gutachter/-innen aufgrund ihrer Qualität abgelehnt werden mussten. Die verbliebenen zwei Manuskripte erschienen im ersten Heft des Jahrgangs.

Zum veröffentlichten Call for Papers für ein Themenheft mit dem Titel „Forschung zum Praxissemester in der Lehrerbildung" mit Martin Rothland und Niclas Schaper als Herausgebern gab es 22 Einreichungen, von denen 15 in die Begutachtung gingen. Fünf Manuskripte mussten nach der ersten Sichtung durch die Herausgeber aufgrund mangelnder inhaltlicher Passung abgelehnt werden.

Seit Herbst 2017 sind die ersten Manuskripte der *Lehrerbildung auf dem Prüfstand* frei bei https://www.pedocs.de/ abrufbar. Die zur Verfügung stehenden Manuskripte werden nach und nach ergänzt.

Lehrerbildung auf dem Prüfstand
2018, 11. Jahrgang, Heft 1, S. 187

© Verlag Empirische Pädagogik

Impressum

Lehrerbildung auf dem Prüfstand

ISSN 1867-2779
ISBN 978-3-944996-50-9
Bürgerstraße 23, 76829 Landau/Pfalz
Telefon: +49 6341 280 32180; Telefax: +49 6341 280 32166
E-Mail: lbp@vep-landau.de
Homepage: http://www.vep-landau.de

Herausgeber

Ludwig Haag (Bayreuth), Annelies Kreis (Zürich), Barbara Pflanzl (Graz), Martin Rothland (Siegen), Niclas Schaper (Paderborn), Christoph Schneider (Trier)

Beirat

Karl-Heinz Arnold (Hildesheim), Christine Bieri Buschor (Zürich), Rainer Bodensohn (Landau), Thorsten Bohl (Tübingen), Günter Dörr (St. Ingbert), Andreas Frey (Mannheim), Alexander Gröschner (Jena), Petra Herzmann (Köln), Elke Hildebrandt (Windisch), Gabriele Hörl (Salzburg), Reinhold S. Jäger (Landau), Manuela Keller-Schneider (Zürich), Ewald Kiel (München), Johannes König (Köln), Christian Kraler (Innsbruck), Kathrin Krammer (Luzern), Johannes Mayr (Klagenfurt), Florian Müller (Klagenfurt), Matthias Proske (Köln), Peter Reinhold (Paderborn), Horst Schecker (Bremen), Andreas Seifert (Paderborn), Annette Tettenborn Schärer (Luzern)

Redaktion

Zentrum für Empirische Pädagogische Forschung: Carolin Hass

Beiträge

Die Zeitschrift veröffentlicht Beiträge im weitesten Sinne zu Inhalten der Lehrerbildung unter folgenden Rubriken: Originalarbeiten, Überblicksbeiträge und Metaanalysen, Kurzbeiträge, Diskussionsbeiträge und Positionspapiere sowie Buch- oder Testbesprechungen. Eingehende Beiträge unterliegen einem anonymisierten Double-Blind-Peer-Review-Verfahren. Die Zeitschrift veröffentlicht auch Beiträge in englischer Sprache. Beiträge nimmt die Redaktion entgegen.

Manuskriptgestaltung

Die aktuellen Autorenrichtlinien finden Sie im Internet unter http://www.vep-landau.de. Im Übrigen müssen die eingereichten Beiträge den „Richtlinien zur Manuskriptgestaltung" (Göttingen: Hogrefe, 2007) entsprechen. Abgabe des Manuskripts per E-Mail als Word- oder pdf-Datei. Endfassung (Text und Abbildungen) auf CD-ROM oder als E-Mail-Anhang.

Erscheinungsweise/Preis

Die Zeitschrift erscheint zweimal jährlich. Der Bezugspreis beträgt € 36,00/Jahr (Studierende: € 18,00/Jahr) zzgl. Porto. Kündigung bis 8 Wochen vor Jahresende.

Verlag Empirische Pädagogik e. V.
Bürgerstraße 23
76829 Landau/Pfalz
Telefon: +49 6341 280-32180
Telefax: +49 6341 280-32166
E-Mail: info@vep-landau.de
Homepage: www.vep-landau.de

Annelies Kreis & Stefanie Schnebel (Hrsg.). (2017).

Peer Coaching in der praxissituierten Ausbildung von Lehrpersonen

Lehrerbildung auf dem Prüfstand, 10, Sonderheft

ISSN 1867-2779, ISBN 978-3-944996-40-0, 136 S., € 14,90

Editorial

Originalarbeiten

Lea de Zordo, Gerda Hagenauer und Tina Hascher
Verschiedene Formen des Teamteaching als Lerngelegenheiten im kooperativen Praktikum

Urban Fraefel, Nils Bernhardsson-Laros und Kerstin Bäuerlein
Partnerschaftliches Lehren und Lernen angehender und erfahrener Lehrpersonen im Schulfeld – Aufbau von Professionswissen mittels Peer-to-Peer-Mentoring in lokalen Arbeits- und Lerngemeinschaften

Hedda Bennewitz und Anna Grabosch
Peer Coaching in der universitären Lehrerbildung: Empirische Befunde zur Begleitung von Praxiserfahrungen

Silvia Greiten und Silke Trumpa
Co-Peer-Learning in Praxisphasen – ein Ausweg aus der „Tradierungsfalle" didaktischer Konzeptionen zur Unterrichtsplanung

Annelies Kreis, Stefanie Schnebel and Stephanie Musow
What do pre-service teachers talk about in collaborative lesson planning dialogues? Results of an intervention study with Content-focused Peer Coaching

Stefanie Schnebel, Annelies Kreis und Stephanie Musow
Wie schätzen Studierende ihre Planungskompetenz und den Nutzen kooperativer Unterrichtsplanung ein? – Ergebnisse einer Interventionsstudie zu Peer Coaching in der Lehrpersonenausbildung nach dem Ansatz des Kollegialen Unterrichtscoachings

Rezensionen

Empirische Berufsbildungs- und Hochschulforschung

Die Reihe *Empirische Berufsbildungs- und Hochschulforschung* wird von Olga Zlatkin-Troitschanskaia herausgegeben. Publiziert werden empirische Arbeiten aus dem nationalen und internationalen Schul- und Hochschulbereich. Thematisch stehen insbesondere die (berufsbildende) Schule als Organisation, Lehrkräfte und Schulleitungen als Akteure sowie die Lehrerbildung im Mittelpunkt. Der Schwerpunkt der Arbeiten mit dem Fokus Hochschulbereich liegt auf der Erfassung und Erklärung akademischer Bildungsprozesse.

Bisher erschienene Bände:

▸ Buske, R. (2014). Die Entwicklung kollektiver Innovationsbereitschaft von Lehrkollegien. Empirische Bildungs- und Hochschulforschung, Band 1. ISBN 978-3-944996-05-9, 396 S., € 33,90.

▸ Kuhn, C. (2014). Fachdidaktisches Wissen von Lehrkräften im kaufmännisch-verwaltenden Bereich. Empirische Bildungs- und Hochschulforschung, Band 2. ISBN 978-3-944996-06-6, 348 S., € 27,90.

▸ Förster, M. (2015). Organisationale und motivationale Einflussfaktoren auf das Reformhandeln von Lehrkräften. Empirische Bildungs- und Hochschulforschung, Band 3. ISBN 978-3-944996-08-0, 435 S., € 34,90.

▸ Preuße, D. (2016). Wissen und Überzeugungen von Lehrkräften zu schul- und unterrichtsbezogenen Evaluationen. Empirische Bildungs- und Hochschulforschung, Band 4. ISBN 978-3-944996-09-7, 258 S., € 22,90.

▸ Happ, R. (2017). Die Entwicklung des volkswirtschaftlichen Grundlagenwissens im Studienverlauf – Effekte von Eingangsvoraussetzungen auf den Wissenserwerb. Empirische Bildungs- und Hochschulforschung, Band 5. ISBN 978-3-944996-35-6, 350 S., € 27,90.

▸ Brückner, S. (2017). Prozessbezogene Validierung anhand von mentalen Operationen bei der Bearbeitung wirtschaftswissenschaftlicher Textaufgaben. Empirische Bildungs- und Hochschulforschung, Band 6. ISBN 978-3-944996-34-9, 374 S., € 29,90.

Empirische Pädagogik
Zeitschrift zu Theorie und Praxis
erziehungswissenschaftlicher Forschung

ISSN 0931-5020

Vier Hefte pro Jahr, € 45,00/Jahr (zzgl. Versand-
kosten); Einzelhefte: € 15,90;

Themenhefte: ab € 15,90

Empirische Pädagogik – 2017 – 31 (1)

Themenhefte des Jahrgangs 31 (2017)

▸ Pietsch, M. & Hosenfeld, I. (Hrsg.). (2017). Inspektionsbasierte Schul- und Unterrichtsentwicklung (Empirische Pädagogik, 31 (2), Themenheft). Landau: Verlag Empirische Pädagogik. ISBN 978-3-944996-37-0.

▸ Trauntschnig, M. & Schwab, S. (Hrsg.). (2017). Diversität – Inklusion und Exklusion im Kontext Schule (Empirische Pädagogik, 31 (3), Themenheft). Landau: Verlag Empirische Pädagogik. ISBN 978-3-944996-39-4.

▸ McElvany, N. & Sander, A. (Hrsg.). (2017). Bildung und Integration – Sprachliche Kompetenzen, soziale Beziehungen und schulbezogene Zufriedenheit (Empirische Pädagogik, 31 (4), Themenheft). Landau: Verlag Empirische Pädagogik. ISBN 978-3-944996-41-7.